Next 教科書シリーズ

心理学

［第4版］

和田 万紀 編

弘文堂

はじめに［第4版］

　本書を執筆した2020年は、人類の存在そのものに挑戦するかのような
COVID-19の流行に世界中が戦った年であり、現在もその戦いは続いている。この戦いのなかで私たちは、人と人との直接的な関わりを制限されることから、逆にその重要性を経験することになった。

　こころについての探求は、はるか昔から形を変えながら、現在もそして将来においても、探求され続けるであろう。そして、いま、私たちは、こころについて何を考え、何を知ることができるのだろうか。

　考える、という時間が私たちに許されるならば、いまこそ考えることが必要とされるときなのだろう。本書が、考える始まりとなり、さらに本書を通して、考えを深めることにつながるならば、これ以上のよろこびはない。

2021年2月

執筆者を代表して

和田　万紀

はじめに［第3版］

　最近心理学は、教養としてまたは専門職を目指して、多くの人が学び、関連する資格も多く設置されている。また、心理学が対象とする領域も広範囲になり、他の学問分野との融合や学際的な学問として発展している。

　この様な背景のなかで、本書は、心理学を初めて学ぶ人を対象として出版するものである。その内容は、まず、心理学の基本的知識の獲得を目標とする。さらにそれを「考える」ことへと発展させることも目標とする。本書は、心理学を学ぶと同時に、「心理学を通して学ぶ」ことをも目標としているのである。

　本書の特徴として、各章ごとに執筆者が、知識の確認をするための設問と、その解答と解説を行っている。そこではまず、設問の内容を分析していただきたい。それによって筆者が各章で、読者に何を理解してほしいのかについて、その意図を理解することになるだろう。また設問を解くことで、獲得した知識の確認の助けとなるだろう。索引とともに、これらの設問と解説を十分に利用して、筆者と対話をしていただきたいと考えている。

　本書の執筆者は、編者が心理学を学び始めた時から現在に至るまで、ある時は困難な道を切り開き、道幅を広くし、そして、さまざまな方角に道をつないでいくという作業を、ともに続けてきた女性研究者達である。私たちとともに、心理学を学び、心理学から何かを考え、それらが読者にとって楽しみと喜びとなり、何かの力につながるのであれば、幸いである。

第3版によせて
2017年　晩秋の木漏れ日のなかに

本書を恩師である故末永俊郎先生に捧げます

和田　万紀

目　次　■　Next教科書シリーズ『心理学』［第4版］

はじめに…iii

序　章…1

　1　現代心理学の対象と方法…2

　　　A.現代心理学の姿…2　　B.意識と行動の観察…3

　2　実験心理学の出現…5

　　　A.感覚生理学の貢献…5　　B.ヴントの研究…6

　3　心へのアプローチ…8

　　　A.ギリシャ時代…8　　B.近世における心の学問…10
　　　C.経験主義と連合主義…11　　D.理性主義…12

　4　現代心理学の基礎…13

　　　A.個人差の研究…13　　B.精神分析…16
　　　C.ゲシュタルト心理学の立場…17　　D.行動主義の立場…18
　　　E.認知科学の台頭…19　　F.社会心理学の源流…20
　　　●トピック　日本の女性心理学者──原口鶴子と高良とみ…23

第1章　心理学の方法…27

　1　心理学の実験、調査、検査…28

　　　A.実験…28
　　　●トピック1-1　心理学における動物実験の重要性…34
　　　B.調査法…36
　　　●トピック1-2　測定の尺度水準…42
　　　C.心理検査法…43
　　　●トピック1-3　生理心理学…48

　2　心理学の方法の長所と短所…49

　　　●知識を確認しよう…53

第2章　感覚・知覚・認知・感性…55

　1　感覚・知覚・認知・感性の定義…56

　2　感覚…57

　　　A.感覚の分類…57　　B.感覚間相互作用…57
　　　C.感覚間での情報の統合…59　　D.他我問題…60

　　　　　E. 感覚の限界…61　　　F. 感覚の現象と性質…63

　　3　知覚…65
　　　　　A. 知覚の現象と性質…65　　　B. 問題解決・無意識的推論…69

　　4　認知…71
　　　　　A. 文脈効果…71　　　B. 選択的注意…72
　　　　　●トピック　視線コミュニケーション…73

　　5　知覚の発達と学習効果…74
　　　　　A. 乳幼児の視覚発達…74　　　B. 先天性盲人の知覚学習…75
　　　　　C. 逆転眼鏡による知覚運動学習…75

　　6　感性…76
　　　　　A. 多様な感性次元…76　　　B. 感性知…77

　　　　　●知識を確認しよう…81

第 3 章　　記憶と学習…83

　　1　記憶…84
　　　　　A. はじめに…84　　　B. 記憶の貯蔵庫…84
　　　　　C. 長期記憶への情報の転送…86　　　D. 長期記憶の種類…87
　　　　　E. 日常記憶…89　　　F. おわりに…91
　　　　　●トピック 3-1　ワーキングメモリー…92

　　2　学習…93
　　　　　A. はじめに…93　　　B. 連合的学習…94　　　C. 認知的学習…98
　　　　　D. おわりに…101
　　　　　●トピック 3-2　学習におけるメタ認知の役割…102

　　　　　●知識を確認しよう…105

第 4 章　　感情…107

　　1　感情とは何か…108
　　　　　A. 感情の機能…110　　　B. 感情と表情…114

　　2　感情の生起メカニズム…117
　　　　　A. 末梢起源説…117　　　B. 中枢起源説…118　　　C. 二要因理論…118

　　3　感情のコントロール…119
　　　　　A. 怒りのコントロール…120　　　B. 怒りのコントロールと健康…121

　　4　動機づけとは何か…123
　　　　　A. マズローの欲求階層説…124　　　B. 内発的動機…124
　　　　　C. 欲求不満と葛藤…125

　　5　ストレスとは何か…126

　　　　●トピック　脳の奥深くにひそむ感情を司る器官——扁桃体…128

　　　　●知識を確認しよう…133

第5章　性格…135

　　1　「性格」とは…136

　　　　A.性格と行動…136　　　B.性格とパーソナリティ…137

　　2　性格の発達に関与する要因…138

　　　　A.内的要因…138　　　B.外的要因…139　　　C.自己形成の要因…141
　　　　D.気質と性格…141

　　3　性格の理論…142

　　　　A.類型論…142　　　B.特性論…145　　　C.クロニンジャーの理論…151
　　　　D.精神分析学の理論…153　　　E.その他の理論…154
　　　　●トピック　血液型で性格は理解できるか…155

　　　　●知識を確認しよう…159

第6章　心の発達…161

　　1　生後3年間のめざましい発達…162

　　　　A.新生児のまどろみと目覚め…162　　　B.自己感の発生…163
　　　　C.養育者との絆の形成…165　　　D.一人立ちに向けての歩み…169

　　2　子どもたちの成長を認知的な発達からとらえる…171

　　　　A.言語の発達…171　　　B.認知の発達…172　　　C.社会性の発達…173

　　3　身体を基盤とする心の発達…175

　　　　A.フロイトのとらえた発達における心と身体の関連…175
　　　　B.エリクソンによる心理・社会・性的発達モデル…177
　　　　●トピック　発達課題か個性化か？…191

　　　　●知識を確認しよう…193

第7章　社会行動…195

　　1　社会的認知…196

　　　　A.自己…196　　　B.対人認知…199

　　2　対人関係…203

　　　　A.対人魅力…203　　　B.対人的影響…204　　　C.対人行動…206

3　集団・集合…210

A. 集団…210　　B. 集合…214
● トピック　社会心理学からとらえる新型コロナウイルス感染症（COVID-19）
　…215

●知識を確認しよう…219

第8章　臨床心理…221

1　臨床心理学とは…222

A. 臨床心理学の特徴…222
B. 心理アセスメントと心理カウンセリング／心理療法…223

2　西洋における臨床心理学の歴史…224

A. 近代臨床心理学の誕生…224
B. 紀元前〜「鎖からの解放」——西洋における精神障害者の処遇史…227
C. 心理療法の誕生…228
D. ロジャーズ——心理カウンセリングの祖…229

3　日本における臨床心理学の歴史…230

A. 記紀の時代から——「気」…230
B. 日本における精神障害者の処遇史…231
C. 明治以降の臨床心理学…231

4　臨床心理学の実際…233

A. 心理アセスメント…233　　B. 心理療法…237
C. 臨床心理職の活動領域…239　　D. 臨床心理職の倫理と訓練…241
● トピック 8-1　臨床心理学に関係する資格について…242
● トピック 8-2　大規模災害と危機介入——新型コロナウイルス感染症の流行
　…244

●知識を確認しよう…246

●知識を確認しよう　解説…248

索引…256

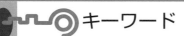
キーワード

意識	連合心理学
行動	法則定立的
精神物理学	個性記述的
実験心理学	無意識
内省	要素主義
経験主義	ゲシュタルト
連合主義	行動主義

本章のポイント

　心とは何か。私たちは何回となく、その身近
な問いにぶつかり、答えをみつけようとする。
しかしその問いは、複雑でとらえどころがなく、
答えなどみつからないとあきらめてしまったり、
永遠に理解不能のままであってほしいと願った
りもする。

　人は古来より、さまざまな立場、方法で人の
心について考えてきた。それだけ人の心とは、
不思議で複雑で、そして魅力的であるために、
私たちをとらえてはなさないのである。

　現代の心理学は、心理学というひとつの枠組
みのなかに収まりきらないほど、その対象や範
囲を広げている。本章では、現代の心理学の姿、
形がどのように作られてきたのかを振り返り、
その歴史をたどることによって、心とは何か、
心理学とは何かについて考えることとする。

1　現代心理学の対象と方法

A　現代心理学の姿

　心理学は、その対象を人間の心、もしくは人間そのものとする学問である。もちろん、心という身近な対象であるがゆえに、日常生活のなかでの経験や知識によって、誰でもが「素朴な心理学者」となることもできる。しかしそれだけでは、学問として心理学を成立させることにはならない。

　それでは、私たちが人の心について普段の生活から知ろうとするときと、学問として人の心をとらえようとするときとでは、一体何が、どのように違うのだろうか。

　私たちが他者の心を知りたい、と思うときのことを考えてみよう。まず、その人の態度や行動、話の内容、または表情などに注意を向けて、観察するであろう。そしてそのなかから、この人はいまこのように考え、感じているのだろう、と解釈したり推測をする。しかしそれは、その人が外面に表出した手掛かりのなかから、感受することができるものだけを使用して、その人の心について仮定的な推察をしているに過ぎない。したがって、このような日常生活のなかでの心の推測や理解には、誤りを含む場合が多く、また、心についての体系的な知識を構成しているとは言い難い。

　一方、自分自身の心についても、他者の場合と同じような過程で推論や推察をしていることがわかる。そこでは、自分が行動したり、考えたり、感じたこと、または自分の体に生じている変化を思い起こしながら、自分の心について解釈している。ただし自分自身の場合には、自分が直接思い出したり、意識できるという点が、他者の心を知ろうとするときとの大きな差となる。

　以上の例から、まず日常生活の経験のなかで私たちは、自分も自分以外の人も、心をもちあわせているということを認識している。そして多くの経験や観察から、心についてのさまざまな具体的な知識をもち、そこから自分や他者の心を推測して理解しようとすることがわかる。

　たとえば、Ａさんに対する自分の気持ちを意識してみる。すると、いつも明るいＡさんが好きだとわかる。しかし、Ａさんが他の人と楽しそう

に話をしていると、好きなはずの A さんに対して意地悪をしてしまう。つまり、心は、意識される部分だけを分析して、その内容や仕組みを考えても十分な理解とはいえず、心がどのように働くのか、といった心の機能や過程なども考慮しながら理解を進めなければならないことがわかる。

　一方、現代の心理学は、心の理解を主観的な観察や仮定的な推論、推察だけに頼ることはない。できる限り客観的なデータを収集して解析することで、心の仕組みや機能、過程について、事実に基づいた説明をすることを目標としているのである。しかし現代の心理学がもつそのような特徴も、19 世紀における物理学や生理学、生物学などの自然科学の発展にともなって、これらの学問に共通する自然科学的方法論を心の探求に導入したことに始まったばかりである。自然科学的方法とは、実証性を基礎として自然の法則を探求するという方法である。つまり、いつ、だれが行っても同一のデータが得られるような条件と方法とを用いて、そこから集められたデータを検証して、論理的飛躍を排除しつつ、それらのなかにある規則性や法則性を見出そうとするのである。

　現代の心理学は、可能な限り自然科学が用いる実証的方法に基づいて、多くの細かい観察や評定、測定から、心の仕組みや機能、過程に関する仮説を立て、それが事実かどうかを確認して解明しようとしているのである。

B　意識と行動の観察

　自分の体験として、見る、聞く、考える、感じる、欲する、などの意識された経験をするとき、自分の心の存在を確認するであろう。それが本人にのみわかる主観的な経験や体験であっても、他者にも自分と同じように主観的な経験や体験から意識される心が存在する、と推察することができる。心の仕組みや機能、過程について、そこに存在する規則や法則を明らかにしようとする際の方法のひとつに、自分の意識を直接注意深く観察して、それを言語報告するという方法がある。これを内観法という。

　しかし、内観法という方法にはいくつかの問題点が考えられる。まず、自分の意識を、自分のなかにあるもうひとつの別の意識で観察することが可能かどうか、という点である。観察の対象となる意識と、観察の主体となる意識とを区別することの困難さがあると同時に、それらの意識の相互

影響過程によって、対象となる意識が変化する可能性も考えられるだろう。

　次に、内観法は言語報告を基本とするために、言語の使用が困難な場合には使用ができず、信頼性が低くなることも考えられる。厳密にいうと、内観法では言語報告以外の非言語的指標は考慮されていない。たとえば、言葉にできないほどの悲しみに涙を流したり、緊張すると汗をかいたりすることがある。また、笑顔の人を見ると幸せなのだろうと推測したり、体が震えている人は恐怖に襲われているのかもしれないと考えることがある。言語以外にも、非言語的指標から心の有り様を知ることが可能なのである。

　さらに、そもそも意識される対象だけが心を反映しているのか、という問題がある。たとえば、好きな人には無意識的に親切にしたり、いつも通る通学路であれば、道順を意識せずに帰宅できる。このように、無意識のうちに、または無自覚的に心が作用し、機能することも考えられよう。むしろ無意識的な心の仕組みや機能を背景におきながら、意識が機能すると考えることもできる。それは、心の仕組みや過程、機能には、意識的な部分だけではなく、無意識的な部分も含まれることを意味している。もしも心に意識される部分と意識されない部分があるとすれば、意識されない部分を内観法でとらえることには困難がともなうことになる。

　内観法では、他者の意識を知りたいと思っても、それを直接知ることは困難である。もちろん他者に質問を行い、それに対する回答を指標にすることは可能である。そこで、しぐさや表情、体の生理的反応などの非言語的指標を加えることで、言語的および非言語的表出行動や身体の生理的反応などを含めた指標が必要になるであろう。

　このように内観法には多くの問題点があるが、それと同時に、現代の心理学の対象と方法を考えるときに、多くの示唆を与えてくれる。

　現代の心理学では、分析の対象として、意識だけではなく広い意味での行動も対象とする。それは、行動の背後にはそれを成立させる意識的または無意識的な心の仕組みや機能、過程が反映していると考えられるからである。そして、可能な限り客観的に意識と行動を観察し、測定することによって、心の仕組みや心の機能、過程にどのような規則や法則があるのかを実証的に明らかにすることが目標となるのである。

2 実験心理学の出現

A 感覚生理学の貢献

　人の心についての探求は、古来より哲学や文学、医学などさまざまな角度から行われてきた。しかし、現代の心理学が独立した学問として成立する過程には、自然科学の発展が大きく貢献してきた。特に19世紀前半から、技術の進歩にも支えられて、生理学や物理学において感覚と知覚に関する研究がドイツを中心として盛んとなった。従来は哲学のテーマとして考えられてきた分野に、自然科学のアプローチが始まったのである。

　生理学者であるミュラー（Müller, J. P. 1801〜1858）は、感覚神経には5種類の感覚に対応する個別の感覚神経が存在することを明らかにした。そして、各感覚神経のもつ性質は各感覚器官で異なり、固有な性質、つまり固有なエネルギーをもつという特殊神経エネルギー説を主張した。また生理学者であり物理学者でもあったヘルムホルツ（Helmholtz, H. L. F. von 1821〜1894）は、『生理光学ハンドブック』（1856〜1866）や『聴覚論』（1863）において、知覚現象を眼や耳などの末梢器官での物理的現象に還元して説明しようと試みた。彼は、刺激部位の差と、そこに刺激が与えられてから反応が生じるまでの反応時間の差との関係から、神経伝達速度の測定を試みている。

　これにならって、ドンデルス（Donders, F. C. 1818〜1889）は、精神的課題が与えられてからそれに反応するまでの反応時間を指標として、減算法を開発した。精神的課題が複雑になる程反応時間が長くなり、それが精神過程を反映すると考えたのである。精神的課題に対する反応時間を指標とする方法によって、意識を実験的に操作可能にすることを示した。それは後にヴント（Wundt, W. M. 1832〜1920）の研究においても使用されることになる。

　さて、たとえば海辺で波の音を聞いているときのことを考えてみよう。たとえ1滴の水音は聞きとることができなくても、それらが集まると「波の音」として聞くことができる。17世紀後半から18世紀にかけて、数学者であり形而上学者でもあったライプニッツ（Leibniz, G. W. 1646〜1716）は、この1滴の水音を微小知覚、波の音を統覚と考えた。

18世紀後半から19世紀にかけて、ヘルバルト（Herbart, J. F. 1776～1841）は、心を強度の異なる観念の集合と考えて、特定の強い力をもった観念のみが意識に上り、その力をもたない観念は無意識に止まる、とした。そして観念同士の相互作用や機能について、数学で記述して公式化しようとした。これらは、心における無意識の存在を示唆するとともに、次に述べるように、感覚を数量的に変化する意識として扱う精神物理学へと連なるものである。

生理学者のウェーバー（Weber, E. H. 1795～1878）は、触覚の研究から、重さの差を区別できる最小の重量の差異は、比較する標準の重量にほぼ比例して変化する、というウェーバーの法則をみいだした。彼は、感覚を数量化することで、刺激の大きさと感覚の強さとの関係を関数として表記して、そこに一定の法則が認められることを明らかにした。

さらに、フェヒナー（Fechner, G. T. 1801～1887）（図1）は、感覚の大きさは、刺激の強度の対数に比例して増大する、というフェヒナーの法則を導いた。

彼は、『精神物理学原論』（1860）に著されるように、物質世界と精神世界とを関連づける数量的関係の解明を目指した。そして、弁別行動に関する実験研究から、丁度可知差異法などの測定法を開発して、刺激閾、弁別閾、等価刺激という精神物理学における基本概念を樹立した。これらの測定法を体系化した精神物理学的測定法は、現代でも用いられている。精神物理学の成立は、心理学に数量的研究法を導入し、実験心理学の始まりとなった。

図1　フェヒナー
（Schultz, 1981）

B　ヴントの研究

19世紀の自然科学の研究の発展のなかから、医学、生理学、さらに哲学にも通じたヴントが現れた（図2）。彼は、ヘルムホルツの助手時代を経て、「自然科学の立場からみた心理学」「生理学的心理学」を講義して、『生理学的心理学綱要』（1873, 1874）を公刊した。さらに1879年にライプツィッヒ

大学哲学部に、教育および研究機関として公式の独立した「心理学実験室」を設置した。

　彼は、自己観察の対象となる直接経験された意識に現れる心的過程を、内観法でとらえようとした。彼の用いた内観法では、主観的で哲学的な自己観察は否定して、事前に一定の訓練を行って、同じ刺激には同じ反応を報告できることを必要とした。また、意識を一定の条件下において、その条件が変化するときに生起して変化する意識を自己観察する、という実験的観察を行った。これらの試みによって、心理学を哲学や文学などの人文科学から独立させて、精神科学の基礎となる学問として位置づけた。

　彼は、意識は有限の心的要素から構成されるという立場をとり、その要素を大別して単一感覚と単純感情とした。感覚は、質と強度から分類して位置づけ、感情は、快－不快、緊張－弛緩、興奮－鎮静の3次元で位置づけた。そして、意識がこれらの心的要素によってどのように構成されているのか、その要素間の結合様式を明らかにすることを試みた。しかし要素に分解するだけではなく、意識過程全体を取りまとめる心的過程を統覚と定義して、多様な要素をひとつの統一体にまとめる原理も考察している。彼は、反応時間の研究をはじめとして「心理学実験室」で行われた研究成果を、雑誌『哲学研究』(1891)を創刊して発表した。

　さらに彼は、集団生活のなかに現れる慣習や宗教、芸術などを、個人的意識ではなく民族の文化の歴史的研究によって解明しようとして、『民族

図2　実験のデモンストレーション中のヴント（中央）
(Popplestone & McPherson, 1994)

日本に実証的な心理学を導入し、その後の日本の心理学の研究、教育の基礎を築いた。

図3 元良勇次郎
　　　（1858〜1912）
（故元良博士追悼學術
講演会、1913）

心理学』10巻（1910〜1920）を刊行した。これは後に、社会心理学の発展へとつながった。

　ヴントのもとへは世界中から多くの研究者が集まり、彼らがその後、世界各地の大学で「心理学実験室」を開設することとなった。ヴントの研究とともに、ヴントのもとに集まり世界へ散った研究者たちによって、心理学が普及することになった。

　そして日本でも、アメリカを経由しながら「心理学」が導入されて、教育や司法場面への応用へと受容されていくことになった（図3）。

3 ● 心へのアプローチ

A　ギリシャ時代

　人の心についての叙述や考察は、古くはギリシャ時代の医学や哲学において既に見出されるものである。ギリシャ時代には、心はプシュケー（Psyche）という女神が代表しており、「生命の息」を意味した。これが英語ではサイコロジー（psychology）の語源となる。日本では、明治期に多くの西欧学問と同時に導入されて、「心理学」と翻訳された（図4）。

　古代ギリシャの哲学者にとって、心とは何か、を考えるとき、それはすなわち自然とは何か、その根源は何か、という問いであった。

　エンペドクレス（Empedoclēs　B. C. 493〜433頃）は、自然は、火、水、地、空気の4つの元素から構成されていると主張した。それは、心を、魂や神の存在からではなく、物的根拠から説明しようとする試みでもあった。「医学の祖」といわれるヒポクラテス（Hippocrates　B. C. 460頃〜375頃）は、エン

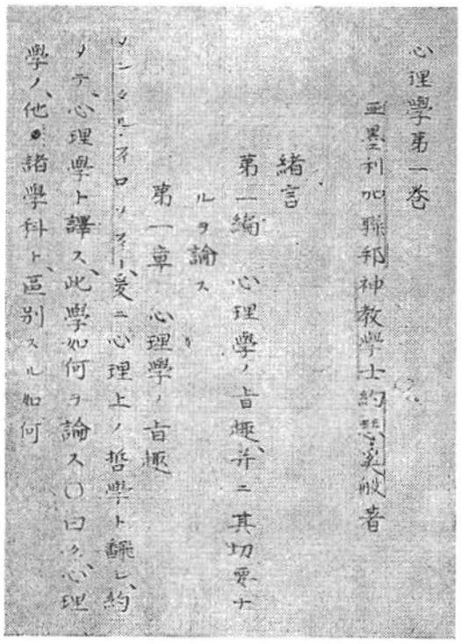

心理學飜譯凡例

一　原書ハ亞墨利加聯邦ノ約瑟、奚般氏ノ
著ハス所ニシテ、奚般氏ハ前時俺墨斯德ノ
大學校ニテ性理道德二科ノ博士ヨリ、後來
智加俄府ノ神教書院ニ轉シ、模範神理學ノ
博士タリシ人ナリ

一　書名ハ「メンタル、フィロソフィー、イン
クリューヂンク、インテレクト、センシ
ビリチース、エンド、キル」ト題シ、智情
意三部ヲ包括セル心理哲學ト云フ義ナリ、
今約シテ心理學名ク

第一圖　心理學の譯稿本

図4　西周により、「Mental Philosophy」が「心理学」と翻訳されて出版された
（「西周全集」総記 pp. 8-9）

ペドクレスの「自然を構成する4つの元素」になぞらえて、身体を構成す
る4つの体液を、血液、粘液、黒胆汁、黄胆汁とした。その後ガレノス
（Galēnos　129～200 頃）が、それらに対応する精神的傾向として、多血質、粘
液質、憂鬱質、胆汁質という4気質の特徴を挙げている。これは、現代の
心理学における性格に関する類型論に類似している。

　さらにヒポクラテスは、息をすることで体内に取り込まれる「呼吸」や
「精気」を、心の働きを司るものと考える精気説を唱えた。そして心の働き
と関連が深い「霊魂的精気」の概念を提唱した。また、アリストテレス
（Aristotelēs　B.C.384～322）（図5）は、心についての体系的な書物として『霊
魂論』を、感覚や記憶と想起などについて個別に論じた『自然学小論集』
を著した。彼は、心は生命の概念と通じており、心と体の関係はいずれか
の優位性を想定せず、相補的な不可分のものと考えた。そして、人を含め
て生物にとって魂とは、生物の機構と運動を決定する本質を意味する、と
した。さらに魂は、すべての生命に付与されており、栄養や生殖の機能が
ある植物的魂、それに加えて感覚と運動能力をもつ動物的魂、そしてそれ
以上に理性的機能があり、思考を司る人の魂の3種類を考えた。この3種
類の魂を階層的に位置づけて、人の魂を植物、動物の延長に置き、そして
それぞれの魂を比較することで、特徴を明らかにしようとした。

図5 アリストテレス（中央右）とプラトン（新ほか、1972）

また彼は、魂の合理的、理性的な部分を、人の魂すなわち「心の構造」、「心的過程」として機能的にとらえている。彼は、知識の獲得とは、特殊なものの知覚から普遍的な一般的知識を得ることで達成されるという。まず、主要な感覚からの情報が共通感覚に送られて統合されることで、意識的経験となる。共通感覚に統合された情報は、受動的な心に送られると同時に、記憶として残り、保持されて、心像が作られる。それはまた、検索が行われて想起されて意識される。このとき想起は、まとまり、つまり心象の連合があるほど簡単になり、そこに類似、対比、近接の３つの法則を挙げた。さらに共通感覚の情報は、人に共通で普遍的かつ能動的な「心」にも送られて、経験したあらゆる対象の形をとることができる。つまり能動的な心の作用による純粋な思考によってはじめて、合理的で普遍的な知識へと現実化されることで、知識が獲得されることになる。このような考え方は、現代では人の情報処理過程を説明する原型とも考えられる。

B 近世における心の学問

心の学問が学問であるためには、心とは何かを論理的に明確化することが必要である。デカルト（Descartes, R. 1596～1650）はそれを数学と物理学に求めた（図6、図7）。彼は、徹底した思考によって、物質と精神、体と心は論理的に分けることができるという。「我思う、故に我あり（cogito, ergo sum）」と示されるように、その存在が疑われたとしても、疑っている主体の存在は疑うことはできない。つまり心の存在を疑っても、「疑う」という「心の働きを行う私の存在」は疑うことができない。これは、内省という心の働きによって心は存在することを証明するものであり、内省が心理学の方法であり、内省の対象が心を表すことを意味した。

彼は、動物は心がない機械的な存在であるが、人は、体とは独立した心

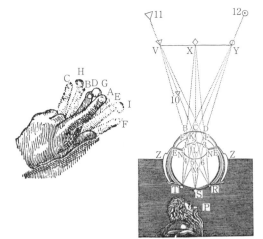

図6　デカルト
（National Library of
Medicine より）

図7　デカルト著『屈折光学』から、眼底で形づくられる形象について、および錯視の例
（デカルト、1973）

や観念をもつ存在として扱っている。この考え方はアリストテレスとは異なる。心は人にのみ経験される意識的事実であり、体はモノの世界の法則で支配される自動機械となる。しかし、デカルトは心と体には相互作用があり、神経を循環する動物精気が脳内の松果腺を刺激することで精神現象が起きると説明している。たとえば、火に近づくと熱いために足を引くという反射は、足の感覚器官が刺激されると、神経のなかにある糸のようなものが脳にある先端を引っ張って脳の空室が開き、そこから動物精気が神経のなかに流れ出して、そのなかの糸が足を引いて筋肉の反射を生じさせる、と説明した。また、心臓の熱によって暖められた血液から蒸発した精気が、神経を通じて脳に達して精神活動を生じさせ、逆に神経を経由して運動を生じさせると説明して、精神の統一性、心の座を脳においた。脳の働きの重要性を考えながら、心と体の働きをとらえようとしたのである。

C　経験主義と連合主義

17世紀、イギリスではロック（Locke, J.　1632～1704）（図8）が「心は『観

念』という要素から成立しており、それぞれの要素に分析できる。観念は、全て感覚的経験によって生じる」と唱えた。「心は白紙の状態で生まれてくる（tabula rasa 何も刻み込まれていない板）」、つまり、すべての観念は感覚によって得られた単純な観念を加工しながら作り上げられるという経験主義の立場である。

そして、感覚的経験によって外界から直接得られる観念としての感覚と、

図8 ロック
(Henry, 1986)

この感覚をもとにして行う内界の思考や解釈などに関する経験としての内省とに分類した。経験は感覚から構成されており、感覚からは単純観念が生まれる。この単純な観念と観念が連合や混合することで、複雑観念となり意識活動が生じる。逆に複雑観念は、単純観念に分解することも可能になる。そして、観念の連合という考え方を用いて、意識は物理学や化学における分子や原子の結合と同じく連合の法則で形成されると考えた。これはその後、連合心理学として発展することになる。

D 理性主義

経験主義がイギリスで19世紀まで主流であったのに対して、認知の主体性を重視した理性主義が、主にドイツを中心として発展した。経験主義は、目や耳などの感覚器官によって知覚する経験から観念や論理が得られて、世界の事象を認識できるという立場である。したがってそれは、実験や観察という感覚的経験によって確証しなければならない、という実証主義の基礎になる。一方理性主義は、経験的事実に先行する生得的な観念や理性の存在を認めて、理性があるからこそ合理的に事物の認識が可能になるのであり、思考や論理などの理性こそが本質であるという観念論となる。

ライプニッツは、経験主義では、経験は感覚によって受動的に与えられるものと考えられるが、受け取る主体、つまり心は、感覚以前に存在しているとして、心の能動性や主体性を重視した。

ライプニッツの主張する認知の主体性の重要性をさらに高めたのが、カント（Kant, I. 1724〜1804）である。彼は、事象が認知されるということは、

　その思考にカテゴリーや図式が、経験とは独立的に生得的に備わっているから可能になるという。そしてそのカテゴリーや図式で能動的に分類することが、知覚や認知を可能にする。つまり、知覚は受動的なものではなく、また感覚の要素から結合されるのでもなく、それらが統合されて積極的に体制化されているとした。

4　現代心理学の基礎

A　個人差の研究

[1]　知的能力の個人差

　科学的方法論をできる限り取り込み、主に物理学をまねて心的機能の一般的法則定立を目指した19世紀の実験心理学は、人の心の普遍性、一般性に焦点をあてるものであった。一方、ダーウィン（Darwin, C. R.　1809〜1882）の進化論に影響を受けて、ゴールトン（Galton, F., Sir　1822〜1911）が、遺伝的特性と個人差に注目した研究を行った（図9、図10）。彼は優生学を提唱して、家系調査による遺伝的天才の研究や、『人間能力とその発達の研究』（1883）にまとめたように、容姿や身体能力、感受性や感覚能力、心象や連想など

図9　ゴールトン
（Popplestone &
McPherson, 1994）

図10　ゴールトンが開発した最初の身体測定装置
（Popplestone & McPherson, 1994）

図11　ビネーと娘たち（Popplestone & McPherson, 1994）

の個人差の評定を、自ら考案した検査や装置を使用して測定した。そのなかでも、感覚弁別能力が知的能力を反映することを確かめるために多くの装置を開発して、多くのデータを収集した。

　さらにこれらの測定結果をもとにして、人の身長や試験の成績が正規分布曲線にあてはまることを明らかにした。これにより集団のなかの個人の相対的位置を特定して、個人差を示すことが可能となった。彼はまた、相関という測定値を生みだし、その後それはピアソン（Pearson, K.　1857〜1936）によるピアソン積率相関係数、スピアマン（Spearman, C. E.　1863〜1945）による因子分析法へと発展した。他にも中央値やパーセンタイル法などを用いた統計的手法は、現代の心理測定の基本となった。

　ビネー（Binet, A.　1875〜1911）（図11）は、心的機能のなかでも高次機能である記憶や理解、注意などの個人差をとらえようとした。彼は、パリの教育委員会からの依頼で、知的発達に問題が認められる学業不振児童を客観的にみつけて教育的支援を行うために、1905年にシモン（Simon, T. 1873〜1961）とともに「ビネー・シモン式知能検査」を考案した。それは多くの言語に翻訳され、教育や医学などに利用されることになった。

　ビネー・シモン式知能検査は、検査者と被検査者が1対1で行う個別式の検査であり、年齢尺度を用いて「精神年齢」を指標とした。その後、相対的な知能の程度を表す尺度として、暦年齢と精神年齢との比を用いた知能指数（IQ）が考案された。また、ウェクスラー（Wechsler, D.　1896〜1981）によって、動作性と言語性そして合計のそれぞれのIQを算出する知能検

査が考案された。

　一方、集団で実施が可能な知能検査がアメリカで開発された。集団式知能検査は、短時間に多くの対象者に知能検査が実施できるというメリットがあるものの、限定された時間内にどれだけ多くの「正解」に到達できるのかが求められた。知能検査の開発と発展は、知的能力とは何か、そしてそれを測ることは可能なのか、また、それをどのように測るのか、という問題提起となった。

[2] 性格

　人の行動には、その人らしさが表れるものである。その人らしい、安定して一貫した行動傾向や行動様式を性格という。シュテルン（Stern, W. 1871～1938）は、個性、個人差の科学として差異心理学を提唱した。彼は当時の心理学が普遍的な人間を前提にしているのに対して、多様な個性をもった統一体としての人格を重視した。また知能指数の概念を考案したり、実生活や教育への心理学の実践的な貢献を考えて、応用心理学の開拓者となった。

　一方、精神医学から注目を集めていた性格に関する研究は、性格を一定の原理、原則によっていくつかの類型に分けて考えるという性格の類型論となった。クレッチマー（Kretschmer, E. 1888～1964）は、精神医学者として患者と接するときに、病気の進行にともなって典型的な性格の変化が認められ、また体型もそれに関連することに注目した。そこで性格を、分裂気質、躁うつ気質、粘着気質の3種類に分類して、それぞれの典型的な体型を、細長型、肥満型、筋骨型として関連づけて性格の類型を考えた。

　オールポート（Allport, G. W. 1897～1967）は、正常な人の性格をどのように記述するのか、その統合性や独自性を探求することを主として、性格の特性論を主張した（図12）。彼は、法則定立的な自然科学に対して、個人の独自性の統合を目指す個性記述的立場をとった。そして、共通特性について他者と比較をすることで個人を位置づける次元的アプローチと、個人の発達を垂直的にとらえる形態発生的アプローチの必要性を主張した。また、状況とは無関係に個人の一貫した行動を示す個人的資質が存在して、それは個人内の深層部にあって、機能的な一貫した行動を始動させ、方向づけ

兄のオールポート，F. H.（1890〜1978）（左）は社会心理学を、弟のオールポート，G. W.（右）は
性格に関する研究を行い、アメリカ合衆国における心理学の発展に寄与した。

図12　オールポート兄弟（Popplestone & McPherson, 1994）

る動機づけを含む特性となる、と考えた。

B　精神分析

　精神医学者としてフロイト（Freud, S.　1856〜1939）（図13）は、シャルコー
（Charcot, J. M.　1825〜1893）のもとでヒステリーの研究を行った。そのなか
から、催眠法の暗示によって症状を発現したり消失させたりすることを学
び、ヒステリーは、そこに存在する感情を処することによって治療可能に
なると考えた。

　彼は、意識に上らない無意識のなかにも心的過程が存在する、という立
場を提唱した。その無意識を知るための方法として、空想や夢に現れる内
容の解釈や、自由連想法を考案した。そして患者自身が触れたくない出来
事や体験は、思い出したり話をすることが困難になるという抵抗に注目し
た。抵抗の内容は、無意識の世界へと抑圧されており、夢や言い間違い、
読み間違いに表れると考えたのである。

　また彼は、人の心の働きをエネルギー体系としてとらえている。心の底
にリビドーというエネルギーを仮定して、それが出現しようとする力をも
つ一方で、それを抑えようとする力も働く。そしてそれらが相互に拮抗し
ながら作用するなかで、葛藤が生じる。その過程を、欲求、衝動、抑圧、
防衛などの概念を用いて説明した。

彼の主張する精神分析論は、人
の性格形成や神経症の解明におい
て過度に性の問題を重視する点で、
当時としては受容され難いもので
あった。また、性格形成における
社会的条件を軽視する点に反論も
あった。しかし、その後の臨床心
理学、性格心理学の発展に大きな
影響を与えたことも重要である。

前列左から、フロイト、クラーク大学学長の
ホール（Hall, G. S.　1844〜1924）、そしてユン
グ（Jung, C.　1875〜1961）。

図13　1909年クラーク大学でのフロイト
（Popplestone & Mcpherson, 1994）

C　ゲシュタルト心理学の立場

　心を要素に分解して、要素間の関係を物理学の法則になぞらえて推定す
るという要素主義に対して、要素には還元できず、まとまり全体がひとつ
の統一体として構造を作る、という考えが主張された。ウェルトハイマー
（Wertheimer, M.　1880〜1943）（**図14**）から、ケーラー（Köhler, W.　1887〜1967）、
コフカ（Koffka, K.　1886〜1941）へと続くゲシュタルト心理学である。

　たとえばアニメーションのように、静止画像を短い時間間隔で1枚ずつ
提示していくと、その画像が滑らかに動いて見える、という仮現運動を考
えよう。対象が動いて見えるときに、その「要素」はそれぞれ1枚の画像
である。しかし、動いて見える対象そのものは、別個の画像がばらばらに
見えるのではなく、それらがつながってひとつの全体として見えるのであ
る。このように要素の総和としての全体ではなく、要素に還元できない、
まとまりのある全体がもつ構造的特性を、ドイツ語の「形態」を意味する
ゲシュタルトという。

　全体が部分の総和としてだけではとらえられないのと同時に、全体的な
特性が部分を規定することもある。要素は、全体のなかでどこに位置づけ
られるのか、どのような役割をもつのかによって、その性質が異なる。た
とえば、メロディーの移調を考えてみよう。あるメロディーを音の高さを

図 14 ウェルトハイマー
(Schultz, 1981)

図 15 多義図形の例
(Boring, 1930)

変えて演奏しても、メロディーそのものは変わっては聞こえない。その2種類のメロディーのなかに同じ高程の音が入っていたとしても、それぞれのメロディーのなかでの役割は全く異なる。それでもメロディーは同じに聞こえるのである。

ゲシュタルト心理学では現象学的方法をとることも特徴的であった。ルビン（Rubin, E. J. 1886～1951）は、同じ図形を提示しても、形として浮き上がる領域（図）とその背景となる領域（地）とに分けられることに注目した。そしてその2つの領域は時として、また被験者によって異なることが明らかになった。つまり何らかの形や物が「知覚」されるためには、それがまとまって周囲から分離することが必要である。図になる領域は、輪郭をもった形と領域を作り、地よりも前方に定位し、意識の中心となりやすい。このような図形は、図になる領域によって意味が異なって知覚されるために、多義図形（反転図形）という（図15）。ルビンは、このような現象学的な差と刺激条件などの差が、どのようなメカニズムによって関連するのかを知覚、記憶などにおいて研究した。

D 行動主義の立場

ワトソン（Watson, J. B. 1878～1958）（図16）は、『行動主義者から見た心理学』（1913）を公刊して、行動主義心理学を提唱した。彼は、「科学をめざす心理学の対象は、客観的観察や測定が可能で、それらが観察者間で一致するものを対象としなければならない。従って心理学の対象は、それが可能である行動のみを対象とする」という行動主義宣言を行った。「心理学の目的は、行動の予測とコントロールであり、そのために刺激と反応の間の法則関係を明らかにすればよいのであり、意識は必要が無い」という極端な立場である。ここでは、刺激と反応との間に介在する内的過程が全く想

定されていない。たとえ複雑な行動でも刺激と反応との連合であると考えるならば、どのような連合が形成されているのかがわかれば、刺激から行動を予測することが可能になる。思考のように高度な精神過程でも、内言語にともなった喉や舌の筋肉の末梢的な筋肉の動きによって説明する。彼は、人が生得的にもちあわせているのは、運動反射と情動的反射だけであり、行動や情動もすべて環境によって形成される、という立場をとった。

　一方、本来「心」の学問が研究対象としてきた意識の構造や機能といった内的過程の極端な排除には、「心」の学問である心理学としての疑問が出現した。

図16　ワトソン
(Popplestone & McPherson, 1994)

E　認知科学の台頭

　行動主義とその後に続く新行動主義の隆盛は、刺激と行動との関係の極端な重視と、その間にある内的過程の軽視に終始した。そして心の単位として習慣や条件反射を対象としたために、「客観的研究法」として採用された。しかし、観察できる行動だけに限定すれば、それをともなわない心的過程は、心理学の対象から除外されることになる。その頃、第2次世界大戦とともにコンピュータや通信機器が普及し、それにともなって情報科学が大きく発展した。それによって、人の知的な活動を情報処理過程や機械になぞらえて説明する、という観点が現れた。

　数学者のウィーナー（Wiener, N.　1894～1964）は『サイバネティックス』(1948) において、情報伝達と自己制御、特にフィードバックシステムを基

本として、通信網で結ばれた機器の間を流れる情報という概念を生んだ。これによって、情報が量的、客観的に測定されるようになった。またシャノン（Shannon, C. E. 1916〜2001）らによる情報理論では、情報とは不確定な状態を確定状態へと導くものであると定義して、不確定度の減少量という点から情報量をビット（bit）という単位で測定した。

　情報は、人が受容してはじめて意味をもつのであり、感覚や知覚、記憶といった意識の機能としてもとらえることができる。情報を、機械同士で送受信が可能な実体としてとらえて、人を情報処理体とみなすことで、機械とは異なる独自の情報処理過程の分析を促した。

　このような認知科学から心へのアプローチは、人の意識の機能を理論化、モデル化してとらえようとするところが特徴である。

F　社会心理学の源流

　ヴントは、実験という方法によって個人を対象とした研究を行う一方で、民族精神や制度の観察と記述を行っている。「人の集まり」が政治体制さえも変革させる力をもつことに注目したのである。

　ル・ボン（Le Bon, G. 1841〜1931）は、群集（crowd）の示す衝動性、情緒性、非合理性に注目して、暗示によって説明しようとした。そして、群衆のなかでは人の情緒や観念に同一の方向が認められるようになり、個性が消滅して集合的精神が現れるという。またタルド（Tarde, J. G. 1843〜1904）は、公衆（public）の概念を提唱した。新聞などの媒体を通して間接的に接している個人から構成される公衆は、群衆と異なり、合理的な思考や判断が可能であり、世論を形成すると考えた。そして、模倣が人から人、集合から集合へと伝播する過程を考察して、個人間の関係を対象とする相互心理学の必要性を言及した。

　しかし彼らの研究は実証的根拠が薄く、科学的方法論がとられていないという非難を受けることになった。そこで、民衆や群衆などの巨視的分析から、集団間関係、集団内影響過程、また、対人関係や態度などの個人内過程に焦点をあてたミクロ的視点の研究が現れることになった。

　一方、1908年にマクドゥーガル（McDougall, W. 1871〜1938）が社会現象を人の本能に還元してとらえようという『社会心理学序説』を、そして同年

に社会学者のロス（Ross, E. A.　1866〜1951）が『社会心理学』を公刊した。心理学的社会心理学と社会学的社会心理学の2つのアプローチから、「社会心理学」の書物が同時に公刊された。

　また、実験という方法を社会事象の解明に取り入れて考察しようという動きも始まっていた。トリプレット（Triplett, N.　1861〜1931）は、1897年に児童を対象として、単独条件と2人1組条件で、糸を巻きとる作業時間を比較して、後者の作業時間が短縮されることを明らかにした。社会的促進に関する実験社会心理学の出現といえる。そしてメーデ（Moede, W. 1888〜1958）は、『実験集団心理学』（1920）において、実験法の組織的導入とその成果を述べている。

　オールポート（Allport, F. H.　1890〜1978）は、社会的促進の実験的研究をはじめとして、実験社会心理学の立場から、社会的現象を個人に還元して説明しようとした。彼は、人の行動は本能や民族精神によって決定されるのではなく、そもそも民族精神や集団心などは集団錯誤であるとした。そして行動主義の立場から、社会現象や社会的行動は個人の行動の分析から説明できるという立場をとった。

　オールポートの主張を含みながら主にアメリカ合衆国においては、集団の理性的側面を重視して個人と社会との関係を解明しようとする立場が発展していった。そのなかでもジェームズ（James, W.　1842〜1910）らによる社会的自己（Social Self）の理論は、現在に至るまで重要なテーマとなっている。

　またレヴィン（Lewin, K. 1890〜1947）（図17）は、集団はそこに参加する個人とは別の実在として存在する、と考えた。人を取り囲む環境としての生活空間は「場」としての力をもち、人の行動を促進する力と抑制する力が働く（図18）。従って、人の行動は環境要因と個人要因と

前列中央レヴィン、左：佐久間鼎、右：谷田部達郎
図17　九州帝国大学心理学教室前でのレヴィン
（苧阪、2000）

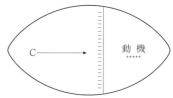

C——→ 動機
+++++

子ども（c）はその生活空間（楕円）にお
いて、映画に行きたいという動機（＋）
があるが、親が禁止（－）しており、映
画に行くという行動に障害が生じてい
る状態。

**図 18　親から映画に行くことを禁止
　　されている子どもの生活空間**
（苧阪、2000）

の関数として決定され、環境と遺伝の
相互作用を問題にした。

　さらに彼は、集団行動にゲシュタル
ト心理学を応用して、集団内での個人
の行動は、その集団のもつ性質や成員
によって影響されると考えた。そして
集団の特徴を、実験的操作と結びつけ
て明らかにする必要があると主張した。
レヴィンの立場は、グループ・ダイナ
ミックスという分野に発展し、さらに、
実践と研究との相互影響過程としての
アクション・リサーチを生むことにな
った。

▌▌トピック▐▐　日本の女性心理学者——原口鶴子と高良とみ

　悲運の女性心理学者として知られる原口鶴子（旧姓：新井、1886〜1915）は、群馬県の出身で、1906（明治36）年に日本女子大学校英文学部を卒業後、渡米してコロンビア大学のソーンダイク（Thorndike, E. L. 1874〜1949）などに師事して心理学を学んだ。日本女性としてはじめて Ph. D. を取得し、1912（明治45）年に帰国した。母校である日本女子大学校で心理学研究を広める予定であったが、結核のため 1915（大正4）年に逝去した。29歳の若さであった。

　この原口鶴子の葬儀に、日本女子大学校英文科の代表として参列していた当時19歳の高良とみ（旧姓：和田とみ、1896〜1993）は、その葬儀で原口鶴子の跡を継ぐことを堅く決意し、ソーンダイクのところへ留学して Ph. D. を取得した。彼女の研究は、飢餓状態の人の身体と心理状態を調べるもので、「私は、苦心の結果、洗たくばさみを利用してゴム風船を胃の中に入れ、そのなかでふくらませて胃の状態を調べました」（高良、1983）と本人が語っているように、このときの実験方法が、現在、どこの病院でも使われている胃カメラを生み出す基礎的研究となった。彼女は 1923（大正12）年に、九州帝国大学医学部精神科教室助手となり、そこでの様子は本人によって次のように記録されている。「九大精神科の木造ビルに、研究室を一つ与えられた私は、そこで児童の精神発育の研究をすることにしました。そして九大附属病院の小児科で毎年行われる健康優良児コンクールに集まってくる児童のデータをつくり、精神の発達の状態を調べ始めたのです」（引用同上）。このように、彼女の仕事は児童の心身に関する研究であり、いまでいう臨床心理職とは違っていた可能性が高いが、大正時代に、医師ではなく、女性の心理学者が医学部のなかで正規に働いていたというのは特筆に値する。

　彼女が九州大学に赴任して4年経ったところで、法文学部が作られることになり、そこで助教授として教鞭をとる予定であったが、女性であったために「未婚の女性が男子の学生に教えるなどとんでもない」（引用同上）といわれ、九州大学を去り、母校の日本女子大学校で教授となった。のちに参議院議員となり、世界平和のために活躍した。

　この2人のような先達の存在を、その後の平和な日本に生き、基本的には自由に職業を選択できる日本女性は忘れてはならない。日本で女性に参

政権が与えられたのも 1945（昭和 20）年のことで、歴史的にまだわずかな
ことである。 （津川律子・山口義枝）

引用文献

アリストテレス（著）山本光雄（訳）(1968). 霊魂論　山本光雄（編）アリストテレス
　　全集 6　岩波書店

新規矩男ほか（編）(1972). 大系世界の美術　第 14 巻　摩寿意善郎責任編集　ルネサン
　　ス美術　2（イタリア 16 世紀）　学習研究社

Bolles, R. C. (1993). *The story of psychology: A thematic history*. Wadsworth, a Thomson
　　Learning Company.
　　（ボールズ，R. C.（著）富田達彦（訳）(2004). 心理学物語　北大路書房）

Boring, E. G. (1930). A new ambiguous figures. *The American Journal of Psychology*, **42**,
　　444-445.

Boring, E. G. (1950). *A history of experimental psychology*. 2nd ed.（Ed. by R. M. Elliott）
　　New York: Appleton-Century-Crofts, Meredith Corporation.

Boring, E. G., Langfeld, H. S., & Weld, H. P. (1948). *Foundations of psychology*. New York:
　　John Wiley and Sons, Inc., London: Chapman and Hall, Limited.

デカルト（著）三宅徳嘉・小池健男（共訳）(1973). 方法序説　デカルト著作集 1　白水
　　社

Fraisse, P., & Piaget, J. (1963). *Traité de psychologie expérimentale: fascicule 1: Histoire
　　et Methode*. Presses Universitaries de France.
　　（フレス，P.，ピアジェ，J.（共編）波多野完治・滝沢武久・岩脇三良・吉田夏彦（訳）
　　(1971). 心理学とは何か　現代心理学 I　白水社）

Henry, G. (1986). *Psychology*. 4th ed. New York, London, Norton & Company.

池内　一（編）(1977). 集合現象　講座社会心理学　第 3 巻　東京大学出版会

Koffka, K. (1935). *Principles of Gestalt psychology*. Routledge & Kegan Paul.
　　（コフカ，K.（著）鈴木正爾（監訳）(1998). ゲシュタルト心理学の原理（新装版）
　　福村出版）

故元良博士追悼学術講演会（編）(1913). 元良博士と現代の心理学　弘道館

高良とみ (1983). 非戦を生きる——高良とみ自伝　ドメス出版　pp. 55-60.

Leahey, T. H. (1980). *A history of psychology: Main currents in psychological thought*.
　　Prentice-Hall Inc.
　　（リーヒー，T. H.（著）宇津木保（訳）(1986). 心理学史　誠信書房）

水原泰介（編）(1977). 個人の社会行動　講座社会心理学　第 1 巻　東京大学出版会

西川泰夫 (2001). わが国への心理学の受容と定着を担った先達たち　心理学評論 **44**(4)

441-465.

大久保利謙（編）（1960）．西周全集　第1巻　宗高書房

大山　正・今井省吾・和気典二・菊池　正（編）（1994）．新編感覚・知覚心理学ハンドブック　誠信書房

苧阪直行（編）（2000）．実験心理学の誕生と展開──実験機器と資料からたどる日本心理学史　京都大学学術出版会

Popplestone, J. A., & McPherson, M. W. (1994). *An illustrated history of American psychology.* The University of Akron Press.
　（ポップルストーン，J. A./マクファーソン，M. W.（著）大山　正（監訳）（2001）．写真で読むアメリカ心理学のあゆみ　新曜社）

相良守次（1968）．心理学概論　岩波書店

サトウタツヤ・高砂美樹（2003）．流れを読む心理学史　有斐閣

Schultz, D. (1981). *A history of modern psychology.* 3rd eds. Academic Press.
　（シュルツ，D.（著）村田孝次（訳）（1986）．現代心理学の歴史　培風館）

Smith, S. (1983). *Ideas of the great psychologists.* Harper & Row.
　（スミス，S.（著）望月一靖（監訳）井上隆二・山下富美代・丸茂湛祥（共訳）（1985）．心の研究史──心理学説ハンドブック　恒星社厚生閣）

末永俊郎（編）（1978）．集団行動　講座社会心理学　第2巻　東京大学出版会

梅本堯夫・大山　正（編著）（1994）．心理学史への招待　サイエンス社

八木　冕（監修）末永俊郎（編）（1971）．歴史と動向　講座心理学　第1巻　東京大学出版会

八木　冕（監修）田中良久（編）（1969）．計量心理学　講座心理学　第2巻　東京大学出版会

八木　冕（監修）八木　冕（編）（1986）．歴史的展開　現代基礎心理学　第1巻　東京大学出版会

Wiener, N. (1948). *Cybernetics.* The M. I. T. Press.

Wozniak, R. (1992). Mind and body : Rene Descartes to William James. Catalogue Accompanying an Exhibition of Books from the Collections of the National Library of Medicine, Held in Honor of the Centennial Celebration of the American Psychological Association, August 7 to December 15,1992. National Library of Medicine, Bethesda, Maryland and the American Psychological Association, Washington, D. C.

理解を深めるための参考文献

- サトウタツヤ・高砂美樹（2003）．流れを読む心理学史　有斐閣
- 梅本堯夫・大山　正（編）（1994）．心理学史への招待　サイエンス社

キーワード

実験法	独立変数と従属変数
調査法	推測統計
心理検査法	尺度水準
観察法	信頼性と妥当性
仮説	

本章のポイント

　心理学は、心と行動を科学的な方法によって観察・測定し、実証的なデータに基づいて解明することを目指す学問分野である。この章では、代表的な心理学の方法のうち、実験法、調査法、検査法を紹介する。実験は、心と行動の説明を可能にする方法である。調査は、集団の心理的特徴、行動様式を記述するために適した方法である。検査は、個人の心理的特徴（個人差）の記述のために適した方法である。

　心理学は、心という主観的な経験を研究対象とすることから、その測定のための方法・技法を独自に開発し、発展させてきた。心理学を学ぶために、まず研究法を理解する必要がある。

1 心理学の実験、調査、検査

　心理学は、心と行動を科学的な方法によって観察し、実証的なデータに基づいて解明することを目指す学問分野である。心理学に限らず、すべての科学研究の基本は観察である。一般的に科学的な方法は、①現象や事象を観察し、②観察から、現象や事象の規則性を見出し、③見出した規則性を説明するための仮説を立て、④仮説からの予測とともに現象・事象を観察し測定する、という手続きを経る。この手続きは何度も繰り返され、仮説は修正され、現象や事象を説明する理論が構築される。このような観察と測定の繰り返しを経て研究が行われることは、心理学においても同様である。

　観察といっても、日常で偶然に生じる行動を観察するだけでは、何の要因がどのように心や行動に影響を及ぼしているのかを決定することは難しい。日常環境での人間の心と行動には、あまりに多くの要因が複雑に関連し、それらは時間とともに変化する。さらに心理学では心という主観的な経験を研究対象とすることから、物理学や生物学などの自然科学と同じ方法を採用するわけにはいかない。心理学は独自の方法によって心と行動の科学的な観察を試みてきたのであり、心理学の歴史は方法の開発や発展の歴史でもある。

　心理学で採用する方法は、どのような心と行動に焦点を当てるのかに特徴をもち、それぞれの方法で観察の仕方が異なる。心理学が採用する代表的な科学的観察のうち、実験、調査、検査について紹介する。

A　実験

　単純化された人為的な条件のもとで行われる組織的な観察が実験である。心理学の研究において、可能である限り実験法を採用することが望ましい。なぜならば実験は、関心ある対象の心と行動を「説明」するために適した方法と考えられるからである。心理学において、なぜこのように実験法が位置づけられているのか、ハーロー（Harlow, H. F.）が1958年に発表した実験を通して考えよう。

　実験が頻繁に採用される心理学の研究分野は知覚、記憶、学習、社会行動、発達など多岐にわたる。実験を行って心と行動を測定する心理学分野を、実験心理学（experimental psychology）と呼ぶ。

[1]　ハーローの実験

　ハーローが問題とした心理学の対象は愛である。人は成長の過程に伴ってさまざまな愛情を経験するが、愛情の始まりは、生まれたばかりのときに母もしくは母に代わる養育者に対してのものであろう。ハーローは、愛情がどのように形成されるかを、実験によって調べたのである。

　ハーローが実験を計画した当時、母親に対する子どもの愛情は、授乳によって形成されるという説が有力であった。授乳によって、空腹やのどの渇きなどの生理的欲求が満たされることが、愛情の始まりであると考える説である。もうひとつは、母親の労わりの行動によって子どもの愛情が形成されるという説があった。母親が子どもを抱いたりあやしたりする行動が、子どもの愛情形成を規定すると考える説である。

　ハーローは、被験対象を生まれたばかりの子ザル（アカゲザル）とし動物実験を行った（トピック1-1参照）。研究は、子ザルを母ザルから離して一頭で飼育しているとき、子ザルが柔らかい布に執着を示すことを観察したことに始まる。子ザルの飼育中、衛生のために1日に1度は布を取り換えていたが、布を取り上げられた子ザルの嘆き方は尋常ではなく、この子ザルの行動は、人間の赤ん坊が人形や枕などに愛着を示す行動によく似ていた。このような観察から、ハーローは子どもが母親に愛情を感じる原因としての、授乳の要因と、肌の接触の要因の比較を試みた。

　実験では2種類の代理母を用意した。一方の代理母は、図1-1に示すように針金を筒状にしたものに、目鼻がついた頭を載せた針金製母である。もう一方は、その針金の筒に布をかぶせた布製母である。1頭ずつ飼育室に入れられた8頭のうち、半分の子ザルは針金製母からミルクを与えられ、もう4頭は布製母からミルクを与えられる。それぞれの飼育室はどちらの母にも自由に行き来できるようになっている。

　図1-2は、布製母から授乳を受けた子ザルと針金製母から授乳を受けた子ザルが、どちらかの母と一緒に過ごした1日の平均時間を示したもので

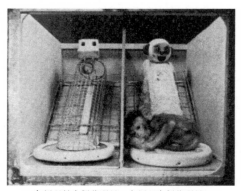

左側が針金製代理母。右側が布製代理母。

図 1-1　ハーローの実験の様子（Harlow, 1958 より）

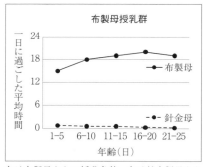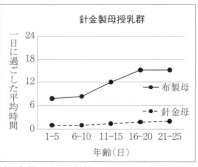

左は布製母からの授乳条件、右は針金製母からの授乳条件の結果。横軸は子ザルの日齢、縦軸は
子ザルが1日にどちらかの母と過ごした時間の平均。

図 1-2　ハーローの実験結果（Harlow, 1958 より）

ある。**図1-2**から明らかな通り、どちらの代理母から授乳を受けても、布
製母とともに過ごす時間が圧倒的に長かった。子ザルは、針金の母から授
乳を受けても、すぐにやわらかい布の母に登ったり、しがみついたり、く
っついたりする行動をとった。結果についてハーローは、「肌のふれあいと、
その時感じるやすらぎとが、母に愛着を感じる重要な要因、それも圧倒的
に重要な要因」（ハーロー、1971, p. 12）と述べている。

　これらの子ザルグループは、布と針金の両方の母に接触できた条件であ

る。もうひとつの子ザルのグループとして、布製母だけ、針金製母だけに
接触する条件も設けて、子ザルがミルクを飲む量や体重増加率を比較した。
その結果、飲んだミルクの量、体重増加率ともに、2つの単一母条件の間に
差異は認められなかった。

[2] 心理学実験に必要な知識
(1) 仮説
　心理学研究において、実験に限らず、研究に先立って研究者は仮説を考
える。ハーローの実験でいえば「愛情のために肌の接触が重要ならば、子
ザルは布の母とともに過ごす時間が長いだろう」、もしくは「授乳が重要な
らば、子ザルは授乳を受けた母と過ごす時間が長いだろう」となる。この
ように仮説とは「x ならば y である」という形式で表すことのできる記述
である。実験における仮説は、一般的には特定の条件と行動の因果関係に
関する予測である。実験が、心理学の他の方法と比較して優れた点は、原
因と結果という因果関係型の仮説検証が可能なことにある。
　ハーローの実験では、子ザルの飼育時の観察と当時の理論から仮説を構
築した。仮説の作り方には、一般的に定まった方法があるわけではないが、
関心ある対象をよく見る「観察」が重要な役割を果たす。
(2) 独立変数と従属変数
　仮説を検証するために、実験が計画される。計画の際に、実験者があら
かじめ考えなくてはならない変数が独立変数と従属変数である。独立変数
は実験者が操作する変数であり、仮説の x にあたる要因である。従属変数
は実験参加者や被験対象の反応であり、仮説の y にあたる要因である。
　ハーローの実験でいえば、独立変数は「接触の柔らかさの程度」であり、
従属変数は「子ザルが母と過ごす時間」となる。独立変数は原因にあたり、
従属変数は結果にあたる。なお、心理学において独立変数を刺激、従属変
数を反応と呼ぶこともある（トピック 1-1 参照）。
　紹介したハーローの実験は独立変数がひとつで、2 水準の実験であった。
水準とは、独立変数を構成するカテゴリーや値であり、この実験では布製
代理母と針金製代理母にあたる。独立変数の操作を受けた条件もしくは参
加者群を、実験条件、実験群と呼ぶ。

(3) 心理学実験における統制の重要性

　実験においては、統制が重要な意味をもつ。独立変数以外で従属変数に影響を与える可能性のある変数を、あらかじめできる限り一定にしておくなり、取り除いておく必要がある。このような変数を、剰余変数と呼ぶ。

　ハーローの実験で2種類の代理母を用意した。これが代理母ではなく、実際の母ザルであった場合、母ザルが子ザルに与える影響は、大変に複雑であることは容易に予想される。そこで母ザルが子ザルに与える影響、すなわち、剰余変数を統制し、接触の柔らかさという独立変数の効果を明確にするために、代理母を使用したのである。このような統制は、心理学実験において重要な操作のひとつである。

　ハーローの実験において、もうひとつの統制は最後に紹介した単一母条件である。実験結果が確かに実験条件のもたらした効果であることを示すために、比較対照する条件を設定する必要がある。ハーローの実験では、布の母だけ、針金の母だけの単一の母条件を設定し、子ザルのミルクの摂取量と体重増加率を調べ、両条件間に差異が認められなかったことを確認した。つまり布製母でも針金製母でもどちらからの授乳であっても、子ザルにとっては生理学的に等しかったわけである。

　この実験は図1-3に示すように、どちらの母からの授乳でも生理的に等しいことが保証されたのちに、肌の接触の柔らかさの程度（独立変数）が子

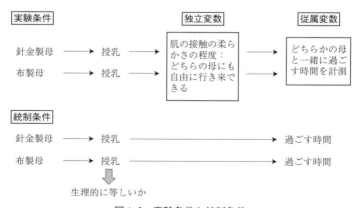

図1-3　実験条件と統制条件

ザルの行動（従属変数）に与える影響を推定する必要がある。単一母条件は、どちらの母からの授乳も生理的に等しいかどうかを、実験条件と比較対照した条件である。このように、独立変数の操作を受けていないこと（肌の接触の柔らかさの程度の比較はない）以外は、すべて実験条件と同じ条件のもとで行われるタイプの統制もある。このような条件を統制条件もしくは統制群と呼ぶ。

[3] 実験の利点

実験の利点は次のように要約できる。

①自然な環境のもとではめったに生じることのない条件を、人為的に単純化して作り出せること、

②同一の条件のもとで、何度も繰り返して観察できること、

③条件を組織的に変化させ、条件変化に伴った現象や事象の変化を定量的にも定性的にも記録できること、

④条件と結果の関係から因果関係型の仮説検証ができる。

ハーローの実験において、①人為的状況の設定に関しては、実際の母ザルに代わって、布製と針金製の代理母を用意して、接触の柔らかさの程度の違いを、単純化して作り出したことが挙げられる。②同一の条件下であれば、同じ現象が繰り返して観察されることは、実験にとって特に重要である。異なる子ザルが被験対象である場合、同じ行動が観察されないなら、特定の子ザルに特有の現象ということになる。また、別の実験者が同じ実験を行う「追試」によって、同じ現象を再現できるかを調べることも、実験の大切な特徴である。このような作業を通して、実験データの公共性や妥当性が検証され、実証的な証拠が蓄積されることになる。③条件の組織的変化に関しては、2種の代理母が用意されたことがそれにあたり、記録に関しては、どちらかの代理母と過ごした時間を定量的に計測できたことがそれにあたる。④仮説検証に関しては、布製代理母と過ごす時間が長かったという結果から、当時有力であった愛情形成のために授乳による生理的欲求の充足が重要という説では、説明が難しいことを明らかにした。

ハーローによる子ザルの愛情形成の実験結果は、ヒトが人として育ってゆくための基礎としての、発達初期の段階における社会的接触の重要性を

示唆するものである。これは動物実験の例であったが、社会的な人間関係や、誕生からのさまざまな行動の発達過程など、多岐にわたる心理学の問題を検討するために実験法が採用されている。

　ちなみにハーローの一連の実験は、倫理的な問題を含んでおり、動物愛護の立場などから厳しい批判を受けた。しかしながら、ハーローが研究で示したことは、心理学史上現在でも高い評価を受けている（ポップルストーン・マクファーソン、2001）。

[4] 実験の一般的な図式

　図1-4は、実験法を採用する場合の一般的な立場を示したものである。実験は、組織的に独立変数である実験条件を変化させ、その結果もたらされる従属変数である行動を観察、測定する。独立変数と従属変数の関係を分析することによって、そのときに生じた個体の内的な心の活動とそのメカニズムを解明することが、実験心理学の主な課題である。この際の内的な心の活動は、意識であっても無意識であっても心理学の対象となり得る。行動の指標である従属変数は、図に示したように、それぞれの研究目的によって、言語報告、表情の表出、身体動作、生理的反応を測定する場合などさまざまである（トピック1-3参照）。図はわかりやすさのために一方向の流れを描いたが、これらの活動は相互に影響しあって心の活動となっている。

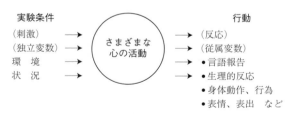

図1-4　心理学実験の基本図式

┃┃┃トピック1-1┃┃┃　心理学における動物実験の重要性

　心理学において、実験の対象が動物であることもしばしばある。心理学の最終的な目標は、人間の心と行動の理解にあるものの、動物行動の実験

からもたらされる知見は、ハーローの実験にもみる通り、人間の理解に大いに役立つ。動物の行動を研究する場合、大まかに分類すれば2つの立場があるだろう。ひとつは進化論に立脚した系統発生に関心がある立場と、もうひとつはヒトの代わりとして動物を被験対象とする立場である。これらの立場には明確な線引きがあるわけではなく、あくまで相対的なものである。

　前者の立場は、最終的な目標はヒトの理解であるが、ヒトだけを対象にしてヒトを研究したのでは十分ではないと考える立場である。たとえば松沢（2011）をはじめとして、ヒトの行動とチンパンジーの行動を比較する研究が数多く行われている。ヒトとチンパンジーの行動を比較することによって、それらの類似性や相違点の特徴を調べることは、人間の行動の発生や心の進化を探るための重要な手がかりとなる。

　後者は、ヒトを被験対象とすると実験的統制が困難な場合や、危険が予測されるなどの場合である。たとえば、知的能力など何らかの心理特性を調べる場合に、個体の生育環境が重要な要因となる場合がある。個体の育成をできる限り同じ状態にするなどの統制を行う場合には、動物実験が適している。ハーローの実験で被験対象がアカゲザルだったのは、人間の乳児では体の発達が遅く、正確な行動の記録が難しかったことも理由である。

　心理学の歴史からみれば、アメリカの心理学者ワトソン（Watson, J. B.）の主張も、今日の心理学における動物研究に貢献している。ワトソンは、20世紀の前半に、心理学は意識のような主観的な経験を研究対象とすべきではないと、当時の意識を中心とした心理学研究に反駁した。ワトソンは、心理学の研究対象は「行動」であると提唱した。行動であればヒトの行動でも動物の行動でも、誰もが観察でき客観的なデータとなり得る。この行動の科学的な観察に関する見解は、現代の心理学にも継承されている。ワトソンの心理学は行動主義と呼ばれる。行動は刺激と反応の結びつきによって説明することができ、ワトソンにとって心理学の課題は刺激と反応の結合の法則を調べることであった。ワトソンの行動主義はそのまま受け入れられたわけではなかったが、その主張の一部は新行動主義として継承された。新行動主義の立場から多くの動物実験の知見がもたらされ、それらの知見は教育、臨床などの分野に応用されている。今日では、動物を被験

対象とする心理学分野は比較心理学と呼ばれる。

B　調査法

　調査法は「集団」のもつ心理的特徴、行動様式などを調べるために適した方法である。調査は、個人の態度や意見などについて、質問に回答してもらう質問紙の形式で行われることが多い。たとえば「あなたは1日に何時間テレビをみますか」という質問に対し、①1時間以下、②2時間〜3時間、③4時間以上、などの回答の選択肢を用意したものが質問紙である。調査は個々に回答を求めるが、一度に大勢の人から回答してもらう場合が多いことから、集団のもつ心理的特徴に関する情報を、短時間で多く集めることができるという利点をもつ。

　研究の関心によっては、実験を行うことが難しい場合もある。たとえば地震に被災する以前と以後で意識や行動に変化はみられたか、という問題に関心がある場合、人為的に実験的な状況を作り出すことは難しい。このような場合には、実験よりも調査の方が適した方法といえる。また実験法では一度に調べられる変数は少数に限られるが、調査であればより多くの変数を取り扱うことが可能になるという利点ももつ。

[1]　調査法の特徴

　実際の調査例から、調査の特徴について考える。

(1)　幸福感の測定

　人生を幸せに過ごすことは、人間にとって重要な課題である。心理学においても、幸福感とそれに関わるさまざまな心理変数との関係に関する研究が行われている。研究に当たっては、幸福をどのように定義するかが問題となり、研究によってさまざまな定義が行われている。ここでは、幸福を人生に対する満足度ととらえて作成された質問紙調査の例を紹介する。

　ディーナー（Diener, E.）たち（1985 大石訳 2009）は、幸福の測定のために次のような人生満足度尺度を作成した。

　①ほとんどの面で、私の人生は理想に近い。
　②私の人生は、とてもすばらしい状態だ。

　③私は自分の人生に満足している。

　④私はこれまで、自分の人生に求める大切なものを得てきた。

　⑤もう一度人生をやり直せるとしても、ほとんど何も変えないだろう。

　この5つの質問それぞれに対して、以下の選択肢のうち、いずれか自分に最もよく当てはまる番号に印をつけてもらう。

　①まったく当てはまらない

　②ほとんど当てはまらない

　③あまり当てはまらない

　④どちらともいえない

　⑤少し当てはまる

　⑥だいたい当てはまる

　⑦非常によく当てはまる

　このような選択肢を用意して回答を求める方法を評定法と呼ぶ。評定法は個人の意見や、態度などの心理変数に段階をつけて評価を求める方法であり、調査において頻繁に利用される。この例は7段階評定であるが、調査目的によっては3段階や5段階の評定も採用される。

　人生満足度尺度は、それぞれの回答得点を合計したものが、人生の満足度得点となる。30点以上であれば人生に対する満足度が高く、10点未満なら非常に不満が強いことになる。この尺度と、幸福に関連すると考えられる経済的豊かさや、健康、家族、仕事などとの要因の関連が調べられている（調査の詳細は大石、2009を参照）。

(2)　人間関係と身体接触の国際比較調査

　調査は、文章による質問ばかりで行われるのではなく、図1-5に示すような質問によっても行われる。バーンランド（Barnlund, D. C., 1979）は、24ヶ所に番号の付けられた身体図を用意し、18歳〜24歳の日本とアメリカの男女大学生240名を対象とした調査を行った。母親、父親、異性の友人、同性の友人という身近な他者から、14歳以降、身体のどの領域に接触されたかの経験を尋ねた。身体接触はハーローの実験でも紹介したように愛情

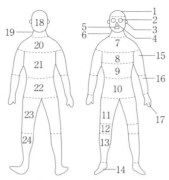

図 1-5　バーンランドが調査で使用した質問票（Barnlund, 1973 西山他訳 1979）

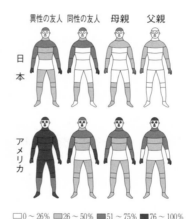

□ 0 ～ 26%　■ 26 ～ 50%　■ 51 ～ 75%　■ 76 ～ 100%

図には日米回答者の人間関係と身体接触部位と接触の割合を示す

図 1-6　バーンランドの実験結果（Barnlund, 1973 西山他訳 1979）

　の基本である。また人間関係によって身体接触の頻度や領域が異なること
は、容易に想像できる。ただしこのように性に関連した問題を調べるにあ
たり、参加者から正直で積極的な自己報告を、実験法によって求めること
は困難であろう。このような場合にも、調査法は適した方法である。
　図 1-6 には、身体のどの部位を、どの程度の割合で接触されたかを集計

した結果を示す。日米ともに、親に比べて友人からの身体接触の割合が多いことがわかる。ただし日本の青年は、アメリカの青年に比べて、特に親から接触を受けた身体部位、割合ともに少ないことも明らかである。

　バーンランドの調査は国際比較を行った研究であり、交差文化的研究（cross cultural study）と呼ばれる。交差文化的研究では、それぞれの文化での心理的特徴の共通性や特殊性を明らかにする目的で行われる。

　また紹介した調査例のように、調査が一度もしくは短期間で終了し、得られた回答に基づいて質問項目間の関係について調べる調査法を横断的調査という。分析では、年齢、性別、収入など何らかの基準で対象者を分類し、グループの特徴を、他のグループと比較しながら明らかにする。横断的調査は、短期間で比較的多くの情報を収集でき効率的であるという利点をもつ。ただし、横断的調査の場合には、因果関係型の仮説を検証することは困難であることが多い。横断的調査においては、変数間の相関関係（後述）に関する仮説（「占いを信じやすい人ほど、不安傾向も高い」など）や、変数間の関係を記述する仮説（「女性は男性に比べて占いを信じやすい」など）の検証が主として行われる。

[2]　標本調査と推測統計
(1)　母集団と標本集団

　調査を行うにあたり、どのような仮説に基づいて、どのような質問項目を作成するのかも重要であるが、どのような集団に行うのかを検討することも重要である。調査は一般的に、母集団から抽出された比較的少数の標本集団に対して行われる。これを標本調査と呼ぶ。母集団とは調査の対象となる集団であり、標本集団は母集団から抽出された回答者である。たとえば、実際に災害が発生し、被災した人たちの意識や行動を調べるのなら、災害が発生した地域の人たちが母集団であり、そのなかから抽出された調査協力者が標本集団である。

　一般的な調査研究の場合、標本調査の結果から母集団全体の傾向を推測することから、母集団から無作為に標本を抽出する無作為抽出の手続きが必要である。新聞社などが世論調査で採用することが多いRDD（Random Digit Dialing）方式も、無作為抽出のひとつの方法である。RDD法は、コン

ピュータによる乱数をもとに無作為に作成した番号に電話をかける方法である。またしばしば利用される無作為抽出法に、層化抽出法（層別抽出法ともいう）がある。この方法は、母集団をいくつかの層（グループ）に分け、各層から適切な比率で標本を抽出する方法である。たとえば大学生の意識を調査したい場合、女子学生だけ、もしくは特定の学部だけに偏ってはならない。母集団のそれぞれの層の構成員数に比例して、標本を選び出す必要がある。無作為抽出は、母集団を構成する人たちの地域、年齢、職業、性別など、母集団の姿を可能な限り正確に標本に反映する手続きである（無作為抽出の詳細は、安藤、2009 などを参照）。

　また標本の無作為抽出は、調査法だけに必要な手続きではない。実験法や検査法を採用した場合でも、可能な限り母集団の姿に配慮しながら、参加者を抽出する必要がある。

(2) 推測統計

　心理学においては、調査や実験などの方法で実証的にデータを収集することから、データの集約、解析する統計的分析が必要になる（トピック 1-2 を参照）。図 1-7 に示すように、標本集団のデータから母集団を推測する心理統計の手法を、推測統計と呼ぶ。推測統計は、比較的少数の標本データが母集団を代表しているかどうか、また集団間や実験条件間の平均などの差異は偶然に生じたものなのかどうかを決定するための統計的技法である。

　仮に、先の人生満足度尺度を、A 大学の男子学生 50 名、女子学生 50 名に実施したとしよう。母集団は A 大学の学生全員とすれば、標本集団は検査の回答者 100 名である。この検査で、男性の平均値が 20 点、女性の平均値が 25 点だったとしよう。この標本データの 5 点の平均の差から、A

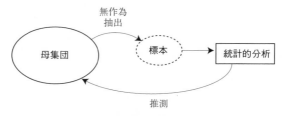

図 1-7　推測統計の基本的考え方

大学では女子学生の方が、男子学生よりも人生満足度が高いと結論するために、推測統計の手続きを必要とする。

推測統計では、まず検査の結果得られた平均の差は、真の差異を代表していない偶然に生じた差であると仮定する。次いで5点の差が偶然に生じたものかどうかを、確率によって示す。計算の結果、この差は100回中に5回以下（5%以下）の確率でしか生じなかったとする。その場合には、この差は偶然に生じたものではなく、実質的な差異であると判定する。これが推測統計の基本的な考え方である。

推測統計は、調査研究だけでなく心理学研究の全般で使用される。どのような心理学の方法においても、標本抽出に配慮が必要なことは既に述べた。実験の場合には、大学生など比較的少数の標本から実験データを得るが、その実験の母集団は人類全体の場合もある。心理学研究にとって、推測統計は重要な役割を果たす。

心理学研究においては、推測統計とともに記述統計も合わせて使用される。記述統計とは、収集したデータを要約して記述する統計の方法であり、測定したデータの代表値である平均値や、個々のデータがどのくらい平均値からずれているかを示す標準偏差などが計算される。

推測統計と記述統計にはさまざまな技法がある。詳細は他書を参照されたい（森・吉田編、2013；田中・山際、1992；山内、2009 など）。

（3）相関関係の分析

調査に限らず、心理学全般で頻繁に利用される代表的な統計技法に相関がある。相関とは、図1-8 に示すように、2変数間の関連の程度を示す統

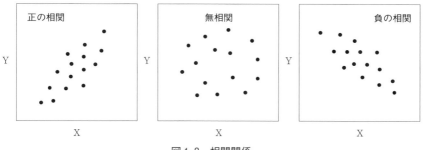

図1-8　相関関係

計指標である。相関には、一方の変数が増大するにつれて他方の変数も増大する正の相関と、一方の変数が増大すると他方の変数は減少する負の相関がある。相関係数（r）は＋1から−1に分布し、相関係数が1に近いほど2変数の間の相関関係が強いことを示す。2変数間に何らの関連が認められない場合、無相関となる（r＝0）。相関係数は、両変数間の因果関係を示す指標ではなく、一方の変数から他方の変数をどの程度予測可能かを示す指標である。相関は、標本から母集団を推計する推測統計としても、対象となる集団データの記述統計としても使用される。

■トピック1-2■　測定の尺度水準

　研究の仮説や目的をたてたなら、実験や調査など適した方法を使用して、関心のある対象や事象を測定する。測定は一般的に、規則に従って対象や事象に数値を割り当てて行う。同じ数値を割り当てるにしても、それぞれの規則により数値の持つ意味は異なる場合がある。測定において割り当てられる数値を、その性質によって Stevens（1946）は以下の4つに分類した。

(1)名義尺度：割り当てられた数値が、他との区別のための意味しか持たない。たとえば質問紙調査を実施した後、データ集計として男性回答者を1、女性回答者を2と割り当てるのが名義尺度である。この場合数値は男女の区別をするために割り当てられるので、女性を1、男性を2としても意味は変わらない。

(2)順序尺度：割り当てられた数値が区別に加えて、測定値間の順序、大小の関係を示す。たとえば水道水やミネラルウォーターなどを使用して、どの水がおいしいかを調べる実験を行った場合、水のおいしさの順番が順序尺度である。この測定で最もおいしい水から順に1、2、3と判断した場合、1と2の差と2と3の差は数値としては同じ1であるが、心理的な等間隔性は保証されていない。数値は単においしさ評価の順番を意味する。

(3)間隔尺度：区別、順番に加えて、測定値間の差の大きさが意味を持つのが間隔尺度である。例として温度（℃）や、西暦や元号の「年」が挙げられる。間隔尺度の場合、差の操作には意味があるが、比率の操作には意味はない。たとえば10℃と12℃と、36℃と38℃の差はどちらも等しく2℃である。また10℃の水は人間の平均体温（36℃）よりも冷たい、のように差に

よる比較は意味を持つ。しかし温度 0（ゼロ）℃は便宜的に定められたものなので、熱量がゼロであることを意味しない。そのために 20℃は 10℃の 2 倍であることにはならない。

　重要なこととして、心理学調査などで頻繁に使用される 5 段階評定、7 段階評定も間隔尺度とみなされる（議論の詳細に関心のある人は森・吉田［2013］などを参照）。先の水のおいしさ実験を例とすると、それぞれの水に対して「おいしい」と「まずい」を対として割り当てられた 5 段階評定の数値は、一般的に間隔尺度として扱われる。

(4)**比率尺度**：割り当てられた数値は、区別、順序、間隔に加えて、比率の操作が可能である。比率尺度は原点 0 が定まっていることが特徴である。間隔尺度とは異なって、比率尺度である長さや重さなどの物理量には原点を定められることが多い。身長や体重、年齢のように測定のための単位と原点が定められ、比率計算ができる数値が比率尺度である。

　これらの尺度は必ず数値で表す必要があるかないかを基準として、名義尺度と順序尺度を質的データ（数値でなくて、A、B、C などでも良い）、間隔尺度と比率尺度（必ず数値）は量的データと呼ばれる。

C　心理検査法

　性格や知能など、「個人」の心理的特徴の違いを記述し、理解するために適した方法が心理検査法である。個人の性格の理解のためには、面接法や観察法が採用されることもしばしばある。ただし、面接で性格を評価・判定するためには、十分な専門的訓練を必要とすることから、誰もが面接法によって個人の性格判定ができるわけではない。

　心理検査は、面接法のように十分な訓練を受けた専門家でなくても、検査の実施や判定を行うことができるという利点をもつ。また、①検査を実施する個人が異なっても、比較的一貫した結果が得られることや、②同じ検査を使用すれば、異なる被検査者の結果を比較することが容易であることなどが心理検査の利点として挙げられる。

　心理検査は、性格、知能、適性、発達など、さまざまな心理特性の測定のために開発されてきた。心理検査は通常、それぞれ背景となる理論から作成され、個別の心理的特徴が検査できるように作成されている。個人の

心理的特徴を包括的に評価したい場合には、性格、知能、発達などの複数の心理検査を組み合わせて実施する必要がある。この手続きをテスト・バッテリーと呼ぶ。

　心理検査は、個人の心理的特徴の記述に適した方法であるために、検査だけを使用して、実験や調査で行われるような仮説検証型の研究を行うことは難しい。仮説検証のためには、他の方法と組み合わせて使用することが多い。また心理検査の欠点として、回答者が質問に対して社会的に望ましい方向に回答する傾向や、質問に対して肯定的に回答する傾向など、さまざまな反応の歪みが生じることが挙げられる。

[1] 心理検査の標準化の手続き

　市販されている心理検査は、標準化の手続きを経て作成されている。この手続きの目的は心理検査の客観性を高めることにある。標準化された心理検査は、次のような条件を満たす必要がある。①信頼性が高いこと、②妥当性が十分に認められること、③検査を行う条件や実施方法が定められていること、④検査の採点法や処理法が定められていること、⑤採点結果が客観的に表示できること、である。

(1) 信頼性

　心理検査の信頼性とは、誰がいつ検査を実施しても、比較的一貫して安定した結果が得られるかどうかの指標である。信頼性を査定する代表的な方法には、再検査法がある。再検査法は、同じ検査を、時間をおいて同じ個人もしくは同じ集団に再度実施し、両者の結果を比較する方法である。信頼性が高いと認められる検査は、2回の検査結果の相関が高い検査である（p.36 **B 調査法**の節を参照）。1度目の検査と2度目の検査で、個人が比較的一貫した回答をしていれば、両者の成績の相関は高くなる。

　再検査法は、再実施の時期が近すぎれば練習の影響が考えられ、離れすぎれば個人の学習や発達の影響が考えられ、再実施の時期が測定結果に影響を与える。この再検査法の欠点を補う方法として、折半法や平行検査法がある。折半法は、ひとつの検査を、たとえば奇数番号と偶数番号の項目に折半し、両者の結果を比較する方法である。平行検査法は、当該検査と同じ性質の検査を作成し、両者の結果を比較する方法である。これらの方

法でも、信頼性の指標として相関係数が適用される。

(2) 妥当性

　心理検査の妥当性とは、検査の内容が検査で測定しようとする目的に適合しているかどうかで表される。妥当性は一般的に、構成概念妥当性、内容妥当性、基準関連妥当性に分類される。

　一般に心理検査で測定しようとする心理特性は、知能や社会的向性といった抽象的な構成概念である。構成概念妥当性は、検査において測定しようとする構成概念を、どの程度測定し得るのかで表される。先に、幸福という構成概念を測定するために、幸福を人生の満足度と定義した調査例を紹介した。人生満足度が、幸福を測定しているかどうかを調べるためには、幸福に関連した別の検査、たとえば人間関係や仕事の充実感などを測定する目的の検査を必要とする。人生満足度と人間関係の充実度検査の両方を同一の集団に実施して、2種類の検査結果に高い相関関係が認められるのなら、幸福という構成概念を測定し得ていると考えることができる。

　内容妥当性とは、検査項目の内容が測定しようとする心理特性を、どの程度適切に取り上げているかで表される。たとえば学期末の学力検査を作成しようとするとき、検査項目が、その学期の授業内容をまんべんなく取り上げているならば、内容妥当性が認められる。

　基準関連妥当性とは、検査得点がその検査以外の他の基準とどの程度関連しているのかで表される。たとえば知能検査の結果と、教師の評価（基準）との相関を求め、相関関係が認められるなら基準関連妥当性が認められる。

[2] 心理検査の種類

　心理検査は、被検査者が言語理解、言語表出ともに自由にできることを前提として作成されることが多い。被検査者に言語で回答を求める検査は、概ね質問紙法によって作成される。質問紙法による検査として、性格、知能、適性、学力などがあり、幅広い心理学分野で利用されている。質問紙法の場合には、大勢の人に一斉に検査を実施する集団式で行われることが多い。ただし質問紙法は、既に述べたように回答者の反応の歪みが生じやすい点や、集団式で実施した場合、個人の特性をどの程度正確に反映して

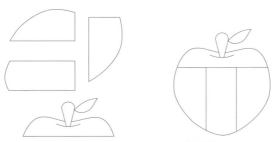

図1-9　ウェクスラー式知能検査の非言語性検査問題の一例
（ウェクスラー式知能検査を一部改変して作図）

いるかという検査結果の精度などに注意を必要とする。

　被検査者に言語による回答を求めないタイプの検査もある。言語理解や表出が十分ではない幼児や児童の個人的特徴を理解したい場合には、非言語性検査が採用されることが多い。知能検査や、発達検査が代表的な例である。一般に知能や発達検査は、個人ごとに検査を実施する個別式で行われることが多い。図1-9は、ウェクスラー式知能検査の非言語検査の一例を示している。子どもに図1-9の左図のような切断された図の部分を、右図のように、制限時間内にどのくらい正しく組み合わせることができるかで得点が与えられる。

［3］ 心理検査を利用した縦断的研究の例

　同一の集団（個人の場合もある）に対して期間をおいて、基本的に同じ調査や検査などを繰り返して行う研究法を縦断的研究と呼ぶ。同一対象を繰り返し観察するこの方法では、測定得点に変化があった場合、変化の原因が対象者の年齢によるものなのか、それ以外の要因、たとえば社会環境の変化などによるものなのか、ある程度の因果関係を推定することが可能になる。ただし縦断的研究は、調査にかかる費用もデータ収集のために必要な時間も多くかかることから、行われる頻度は先に紹介した横断的研究に比べれば、圧倒的に少ない。

　ここでは、国立長寿医療研究センターで行われている縦断的研究の一部で、知能の継時的変化に関する研究を紹介する（国立長寿医療研究センター・

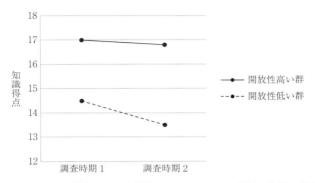

図 1-10　縦断的方法による高齢者のパーソナリティ特性と知能の関係
（西田・丹下・富田・安藤・下方［2012］より作図）

老化に関する長期縦断疫学研究）。日常の観察でも気づくように、高齢になっても知能を高く持ち続ける人と、そうでない人がいる。このことは超高齢社会の暮らしのあり方という実際的な問題に対しても重要な意味をもつが、どのように知能の個人差を説明できるかという心理学的な意味においても重要である。西田・丹下・富田・安藤・下方（2012）は、心理検査を使用して、パーソナリティ特性の開放性と知能の関係を縦断的に調べた。開放性というパーソナリティ特性は、さまざまな新しい経験に対して開かれている程度である（p.135 **第 5 章 性格**を参照）。研究では、ある特定の時期に、65歳から 81 歳までの高齢者たちに対して、開放性検査と知能検査を実施した。知能検査はウェクスラー式成人知能検査（WAIS-R-SF）を使用した。開放性の程度を明らかにするため、開放性検査の得点をもとに、高齢者を開放性特性の高い群と低い群に分けた。開放性の高い群は、独創性があり好奇心が強く、視野が広いなどといったパーソナリティ特性をもつことを意味する。次いで、これらの検査の 6 年後に同一の対象者に対し、今度は同じ知能検査だけを実施した。**図 1-10** は、2 回の検査時期の知能得点の変化を示す。図の縦軸は、WAIS-R-SF の下位検査である「知識」の得点である。この得点が高いほど、一般的な事実についての知識の量が多いことを意味する。**図 1-10** から明らかな通り、開放性が高い高齢者群は、6 年という時間経過があっても知識得点には大きな変化は見られなかった。一方、開放

性の低い高齢者群は知識得点が低下している。つまり結果は、開放性というパーソナリティ特性は、加齢に伴う知能の低下を軽減する要因となる可能性を強く示唆している。

　ただし縦断的研究であっても、調べた変数間の因果関係が、簡単に明確になるわけではない。図1-10を見ると、調査時期1の知識得点は、開放性が低い高齢者に比べて、開放性が高い高齢者の知識得点が高い。このことは開放性というパーソナリティ特性が知能の程度を決定するという可能性ばかりでなく、知能がパーソナリティ特性を決定する可能性も示している。変数間の関係を明確にするためには、西田たちの研究にもあるように、調査対象者の年齢層を広げる、他の知能得点も測定するなどの多くの工夫を重ねる必要がある。

▋トピック1-3▋　生理心理学

　心理学実験においてしばしば、従属変数として生理的反応を記録することがある。生理的反応には、皮膚電気活動、筋電位、心拍、瞳孔反応などがある（詳細は岡田・廣中・宮森、2015を参照）。このような生体活動は、実験参加者の意図によってはコントロールが難しいとされる反応である。

　心理学実験においては、参加者に言語報告を求めることがきわめて多い。たとえば対象の大きさ知覚を調べるとき、実験参加者にみえている大きさを言語で答えてもらうことが、参加者の負担も少なく自然な方法である。ただし研究の関心が、たとえば性や偏見などである場合、参加者に正直な言語報告を求めることは難しい。また自分をよくみせたいので本音を隠しておくなど、言語報告はさまざまな理由から歪むことも予想される。このような場合、生理的反応を記録して、その記録から参加者の心の状態を推測する方法がしばしば採用される。

　ヘス（Hess, E. H.）とポルト（Polt, J. M.）は、写真を見ているときの瞳孔の大きさを測定した（Hess & Polt, 1960）。瞳孔の拡大と縮小は自律神経系の交感神経、副交感神経によって制御されている。強い感情の状態にあるときには、交感神経の働きにより、瞳孔の拡大が予測できることから、従属変数として瞳孔の大きさを測定した。この実験で独立変数は写真の種類であり、参加者は赤ん坊、母親と赤ん坊、男性ヌード、女性ヌード、風景の5種類

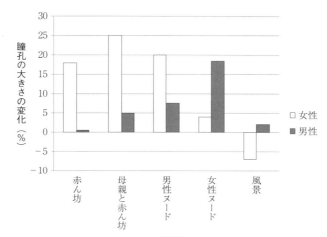

図1-11 ヘスとポルトの実験結果 （Hess & Polt, 1960）

の写真を観察した。ヘスとポルトの実験結果を図1-11に示す。女性参加者は男性のヌード、男性参加者は女性のヌードで瞳孔が大きくなったことがわかり、言語報告では得にくい写真に対する関心が顕著に表れた結果であった。

　このように、生理指標が従属変数としてきわめて有効な場合もある。心理現象と生理的反応の関係を調べる心理学分野を生理心理学と呼ぶ。

2　心理学の方法の長所と短所

　ここまで実験、調査、検査の方法について紹介した。実験は、関心ある行動を「説明」することが可能な方法である。条件と行動の因果関係に関する仮説検証が行えるという利点をもつ。また観察の対象は主に行動であることから、言語をもたない乳児や動物などの行動も調べられるという利点をもつ。ただし人為的で単純な状況を設定することから、その状況は不自然なことが多く、参加者に制約を課すこともある。

　調査は、集団の心理的特徴、行動様式を記述するために適した方法である。ただし調査法は、言語を使用して行われる方法であるために、言語をもたない対象には適用できない。

　実験や調査は、行動の一般性や集団の特徴を調べることを主眼とする方法である。比較的少人数に実施された場合でも、その母集団は人類全体の場合もある。これに対し、検査は個人差の記述に適した方法である。検査を使用すれば、訓練を受けた専門家でなくても、ある程度には個人のもつ心理的特徴を把握することができる。ただし言語を用いた検査では、質問に対する反応がさまざまな理由から歪むこと、また検査だけを使用して仮説検証型の研究を行うことは難しいなどの点に注意を要する。

　紹介した方法の他にも、心理学においては、観察法や面接法など、さまざまな研究法がある。観察法は、関心ある対象の行動を、自然な状況で制約を設けずに、よく見る方法である。観察法は、言語能力・表出が十分ではない子どもたち、あるいは日常場面に近い自然な状況での人間の行動の分析のために有効であり、発達や教育の分野をはじめ、心理学全般で利用される方法である。たとえば、子どもたちが自然に自由に遊ぶ場面を観察し、特定の時間ごとに生じた出来事や行動を記録する時間見本法や、または特定の行動に焦点を当て、その行動がどのように生起し経過したかを状況の文脈とともに記録する事象見本法などの方法によって、組織的な観察が行われる。実験法を、行動の量的なデータに基づいた組織的観察とすれば、観察法は、行動の質的なデータに基づいた組織的観察といえる。

　心理学のそれぞれの方法には必ず長所があるが、一方で、必ず短所もあわせもつ。観察法による観察結果を、実験法で検証するなど、それぞれの短所を補う複数の方法を組み合わせた研究も行われている。たとえば、フェスティンガー（Festinger, L.）・リーケン（Riecken, H. W.）・シャクター（Schachter, S.）は、実際の集団のメンバーの行動を観察することによって、フェスティンガーの認知的不協和理論に基づいた予測を検証した（Festinger et al., 1956）。彼らの観察の対象は、大洪水によって地球が壊滅状態に陥るなどの荒唐無稽な予言を信じる、実際に存在した宗教グループである。当然のことながら予言ははずれるが、はずれた後にかえって集団のメンバーの活動が盛んになり、結果として信者も増大する現象をフェスティンガ

ーたちは観察した。この結果は認知的不協和理論に一致するものであった。認知的不協和理論は、人が論理的に対立する2つの認知をもつとき、それらの認知は不協和の状態にあり、緊張や不快な感情を経験する。そこで人は不協和を低減し（不快感を少なくする）、バランスのとれた協和の状態への動機づけをもつというのが理論の概略である。協和のために最も単純な方法は、一方の認知を変えてしまえばよい。ただし宗教などの強固な信念は、通常自分の財産を処分するなど、本人が宗教に重大に関わってきた結果生まれたものである。この場合、簡単には「予言を含め、その宗教を信じる」認知と「予言ははずれた」認知の不協和の低減を図ることはできない。このような場合、理論では協和状態を増やすことによって解決を図ることを予測する。つまり、同じ信念を抱く人を多く見出し、自分の信念と協和的な要素をより多く得ることが解決法となる。実際にフェスティンガーたちの観察も、理論の予測を裏付けるものであった。

　認知的不協和理論は、主として実験によって検証を受けてきた理論である。多くの研究者が理論の検証のために仮説を構築し、多様な実験条件のもとで実験を何度も繰り返し、データが蓄積される。これは認知的不協和理論に限ったことではない。さらに上述の例のように実際の日常場面での行動観察なども組み合わせながら、理論の妥当性や一般性を確立するのが心理学の方法である。

引用文献

安藤清志他（編）（2009）．社会心理学研究入門（新版）　東京大学出版会

Barnlund, D. C.（1973）. *Public and Private Self in Japan and the United States*. Tokyo: Simul Press.

バーンランド, D.C.（著）西山　千・佐野雅子（訳）（1979）．日本人の表現構造　サイマル出版会　pp. 120-127.

Festinger, L., Riecken, H. W., & Schachter, S.（1956）. *When prophecy fails: An account of a modern group that predicted the destruction of the world*. The University of Minnesota.
　（フェスティンガー, L., リーケン, H.W., シャクター, S.（著）水野博介（訳）（1995）予言がはずれるとき──この世の破滅を予知した現代のある集団を解明する　勁草書房）

Harlow, H. F.（1958）. The nature of love. *American Psychologist, 13*, 673-685.

（サイエンティフィック・アメリカン（編）太田次郎（監訳）（1971）．子ザルの愛情　日本経済新聞社）

Hess, E. H., & Polt, J. M.（1960）. Pupil size as related to interest value of visual stimuli. *Science, 132*, 349-350.

松沢哲郎（2011）．想像するちから——チンパンジーが教えてくれた人間の心　岩波新書

森　敏昭・吉田寿夫（編）（2013）．心理学のためのデータ解析テクニカルブック　北大路書房

西田裕紀子・丹下智香子・富田真紀子・安藤富士子・下方浩史（2012）．中高年者の開放性が知能の経時変化に及ぼす影響——6年間の継時的検討　発達心理学研究, 23(3), 276-286.

大石繁宏（2009）．幸せを科学する　新曜社

岡田　隆・廣中直行・宮森孝央（2015）．生理心理学（第2版）　サイエンス社

Popplestone, J. A., & McPherson, M. W.（1994）. *An illustrated history of American psychology*. The University of Akron Press.
　　（ポップルストーン，J.A.，マクファーソン，M.W.（著）大山　正（監訳）（2001）．写真で読むアメリカ心理学のあゆみ　新曜社）

Stevens, S.S.（1946）. On the theory of scales of measurement. *Science, 103*, 677-680.

田中　敏・山際勇一郎（1992）．ユーザーのための教育・心理統計と実験計画法（新訂）　教育出版

山内光哉（2009）．心理・教育のための統計法（第3版）　サイエンス社

理解を深めるための参考文献

●安藤清志（編）（2009）．社会心理学研究入門（新版）　東京大学出版会
●大山　正・岩脇三良・宮埜壽夫（2005）．心理学研究法　サイエンス社

知識を確認しよう

・・・・・・・・・・・・・・・・・・・・・・・・・・・・・

択一問題

(1)　①から④に入る適切な語句を選択肢のなかから選びなさい。

[問題]

　実験は実験者が考えた（　①　）を検証するために計画される。実験には（　②　）と（　③　）が必要である。（　②　）は実験者が操作する要因であり、（　③　）はそれに対する実験参加者の反応である。（　②　）以外で（　③　）に影響を及ぼす可能性がある要因を（　④　）といい、出来る限りその影響を統制する必要がある。

ア　従属変数　　イ　剰余変数　　ウ　原因　　エ　実験群　　オ　仮説
カ　結果　　キ　独立変数　　ク　統制群

(2)　次の調査に関する説明のうち、適切な組み合わせを選びなさい。

①　実験を行うために、標準化の手続きを経る必要がある。

②　同一の個人や集団を、長い期間にわたって連続的に調査することを縦断的調査と呼ぶ。

③　母集団から抽出された比較的少数の標本集団に行われる調査を横断的調査と呼ぶ。

④　無作為抽出とは、母集団から標本集団を抽出する手続きである。

ア　①②　　イ　①③　　ウ　①④　　エ　②③　　オ　②④
カ　③④

(3) 次の心理検査に関する説明文が指す言葉として最も適切なものを選
  択肢の中から選びなさい。

① 誰がいつ検査を実施しても、比較的一貫して安定した結果が得られる
  かどうかの指標。

② 心理検査の内容が検査で測定しようとしている目的に適合しているか
  どうかを示す指標。

③ 同じ検査を時間をおいて同一の個人もしくは集団に実施し、1 回目と
  2 回目の結果を比較する。

④ ひとつの心理検査だけでは個人の心理状態を理解することは難しいこ
  とから、複数の心理検査を組み合わせて実施すること。

ア　妥当性　　イ　折半法　　ウ　信頼性　　エ　再検査法
オ　平行検査法　　カ　知能検査　　キ　標準化
ク　テスト・バッテリー

【論述問題】

(1) 心理学研究の方法としての実験について説明しなさい。

(2) 心理学研究における推測統計を説明しなさい。なお、説明には母集団、
  標本集団という言葉を使用すること。

(3) 私たちが日常で使用している尺度で、名義尺度、順序尺度、間隔尺度、
  比率尺度の例を、その根拠とともに 1 つ以上挙げなさい。

⚷ キーワード

モダリティ	シーンの知覚
感覚間相互作用	情報統合
閾	文脈効果
順応	選択的注意
対比・同化	知覚発達
錯覚	知覚学習
恒常性	知覚の可塑性
図と地	感性知

本章のポイント

　私たちは外部の情報や身体内部の状態を感知し（感覚）、それらを選択・統合あるいは補完して把握し（知覚）、記憶と照合して理解し（認知）、特定の印象評価をいだく（感性）。そこから考えをめぐらせたり、行動を起こしたりする。したがって、感覚・知覚・認知・感性といった心の働きは、私たちの活動の出発点であり、自分自身や他者を理解する基礎となる。

　本章では誰もが常に行っていながら、当たり前すぎて意識していない知覚や感性について考え、心を理解する第一歩としよう。気づかなかったことに目を向けることは、新しい見方、感じ方、考え方をするための扉を開けることになるだろう。

1 感覚・知覚・認知・感性の定義

　科学は定義から始まるといわれる。しかし、誰もが常に行っていて、よく知っているはずの感覚（sensation）、知覚（perception）、認知（cognition）、感性といった心の働きを正確に定義しようとすると難しい。心理学ではこれらを次のように区別している。すなわち、感覚は外界の情報を感覚器で感受し、それをもとに中枢で生じる過程やその結果、知覚はこの情報をまとめたり、欠けたものを補って意識する過程やその結果、認知は注意（attention）や記憶（memory）、感情（emotion）の影響を受けて情報を意味づけ理解する過程やその結果である。

　一方、感性は感覚・知覚・認知のすべての段階に関わり、それらを別の側面からとらえたものといえるかもしれない。感性は印象評価の形で行われる感覚や知覚であり（三浦、2010）、経験や文化の影響を受ける認知であり、直感的思考や身体知などの知の側面、創造・表現に関わる心の働きでもある。

　感覚、知覚、感性などの概念を直感的に理解するために、図 2-1 を例にとってみよう。この図には何が描かれているのだろう？

　白い背景に黒い点がでたらめに散らばっているという答えもあるだろう。「感覚」というのは、そうした見方に当たる。一方、左上に何かまとまった

図 2-1　何の絵だろう？　（James, R. C. による写真）

かたまりがみえ、その右下にも何やらまとまった形がありそうだ。この段階を「知覚」といってもよい。実際、この図は左上の木陰に向かって地面に頭をつけるように右下から近づいているダルメシアン犬を撮した写真である。コントラストが強調されているため、犬の斑点も地面に落ちた影も同じ黒になり、感覚レベルでは区別がつかない。しかし、いったんこの図に犬を発見できれば、あたかも輪郭があるかのように形態が浮かび上がり、影とも区別できる。このように、いくつかの要素をまとめ、欠けた部分を補って対象を見ることは知覚の働きによる。ただし、これが斑点のある"ダルメシアン犬"だと説明できるには、この犬に対する知識がなくてはならない。ここまでくると、「認知」ということになるだろう。一方、この写真を面白いとか、好きだとか、芸術的だと感じるのは、「感性」の働きによる。

2 感覚

A 感覚の分類

　感覚の種類はモダリティ（modality）と呼ばれ、視覚の他に、聴覚、皮膚感覚、嗅覚、味覚がある。皮膚感覚は触覚のほか、温覚・冷覚や圧覚・痛覚なども含む。これらの感覚は、それぞれ眼、耳、鼻、舌あるいは皮膚の受容器など、特定の感覚器で外界の情報を感受することによって発生する。

　一方、自分自身の内的状態を知るための感覚（自己受容感覚または体性感覚）もある。たとえば腕を曲げていることを自覚する運動感覚、重力や加速度を感じる平衡感覚、空腹や排尿感などを感知する内臓感覚などである。

　視覚や聴覚では、感覚と知覚あるいは認知の段階が区別できるのに対し、味覚や嗅覚では、感覚としてのみ扱われることが多い。

B 感覚間相互作用

　感覚は相互に影響しあう。こうした現象を感覚間相互作用（cross modal interaction, multi modal interaction）と呼ぶ。たとえば、オレンジ色に着色された砂糖水は甘酸っぱい味に感じられる。これは味覚が視覚に影響される例

である。一方、ポテトチップスのパリパリした触感は音によって左右される。これは触覚が聴覚に影響される例である。また、ga を発音している声を聞きながら、ba を発音しているときの顔映像をみると、da の音に聞こえる。これは視覚が聴覚に影響を与えることを示す例であり、マガーク効果と呼ばれている。視覚が触覚に影響を与える例としては、拡大鏡を通して物体を触ると、実際より大きく知覚されることが挙げられる。

遊園地にあるびっくりハウスも、視覚によって平衡感覚が影響される例である。実際には部屋の方が回転しているのだが、自分自身が回転しているように錯覚してしまう（図2-2）。

感覚間相互作用では、視覚が他の感覚に影響を及ぼす例が多い。しかし時間的な事象では、聴覚が視覚に影響を与えることが少なくない。たとえば、1回しか点滅していない光も、2回続けて鳴る音とともに提示されると、2回点滅したように知覚され、ダブルフラッシュ効果と呼ばれている。

なお、共感覚はある音を聞くとある色が見えるなど、共感保有者の感覚をいう。しかし、「黄色い声」などの感覚照応は多くの人が理解できる。

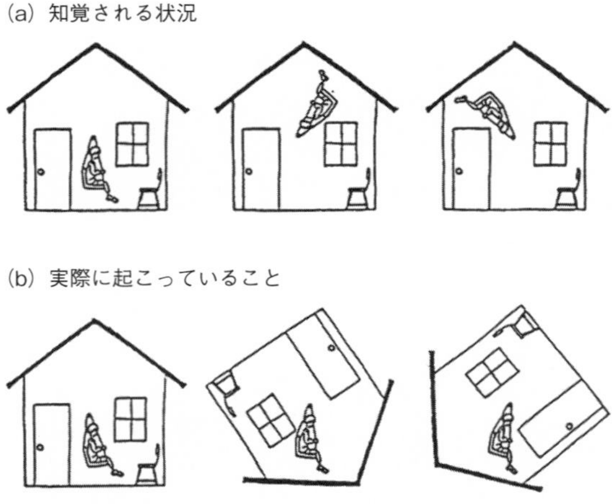

図2-2　びっくりハウス（Metzger, 1953）

C 感覚間での情報の統合

[1] 並列分散処理と情報統合

　それぞれの感覚器官からの情報は統合されてひとつの知覚として意識に上る。どのようにして統合されるのだろう？

　いまのところ、最終的にすべての感覚情報が集まる脳の高次領域は発見されていない。そうであれば、五感からの情報が脳のそれぞれ異なる部位で同時に処理（並列分散処理）されながら、そのことがそのまま情報の統合になっていると考えるしかない。この観点から提出されている仮説のひとつは、空間的な位置をベースにその位置に注意を向けることによって、色や形（方位）などの異なる情報が統合されるという考え方であり（特徴統合理論：Treisman & Gormican, 1988）、もうひとつは時間的な位置をベースに、同期して生起した感覚は統合して知覚されるという考え方である（Crick, 1994；苧阪、1996）。ただし、それぞれの感覚において入力信号は異なる速度で進んでいくことや、知覚が成立するために信号が神経回路を繰り返し回ることが必要だとすると、時間ベースの統合論においては、どの時点でどの情報を対応させるのかという難しい問題に直面する（三浦、2007；西田ほか、2009）。次にこの点をもう少し考えてみよう。

[2] 時間的同期と意識

　眼や耳などの各感覚器官に入った情報が意識に上るまでの時間は感覚によって異なる。たとえば、眼に入った単純な刺激が見えるには約 0.1 秒かかるが、耳から入った刺激は 0.02 秒〜0.04 秒で音として聞こえる（Pöppel, 1985）。それにもかかわらず、床に落としたスプーンの音が先に聞こえて、その後でスプーンが床に到達するのを見ることはない。スプーンが床に着くと同時に、音が聞こえるだろう。因果関係が考慮されるからである。

　一方、遠くで打ち上げられた花火は、光った後に音が聞こえてくる。光速は音速よりはるかに速いので、光刺激が眼に入るまでの時間は音刺激が耳に入るまでの時間より速いからである。

　このように異なる時間で各感覚器に届き、異なる時間をかけて各感覚系で分析される感覚情報をどのようにして、ひとつの事象として知覚しているのだろう？

　さまざまな情報を統合して、ひとつの知覚として認識するには、0.1秒〜0.5秒かかるといわれている（Pöppel, 1985；Libet, 2004；一川、2008）。この間に諸情報が整理されるのであろう。だがこれでは私たちが見たり聞いたりしている世界は半秒前のものだということになる。運転者が10 m 先から少年が飛び出してきたことに気づいたときには、既に少年は車のすぐ前にいる。少年に気づいてブレーキを踏んでも間に合わない。いや、この表現も事実に反する。ブレーキを踏むまでにかかる時間はおおよそ0.15秒だが、少年だとわかるにはおおよそ0.4秒必要だからである。とすれば、少年だとわかってブレーキを踏んだという私たちの実感は、後から記憶を再編したものだと考えられる（Libet, 2004）。このように後付け的に知覚を再編する脳の働きをポストディクション（post diction）と呼んでいる。

　一方、私たちは予測（prediction）によって脳での処理の遅延を補うことも行っている。フラッシュラグ効果（flash lag effect）はそうした可能性を示す現象のひとつだといえる。この現象は、動いている光点がある時点を通過する際に、同時に隣り合う位置で光点をフラッシュさせた場合、動いている光点は点滅した光点よりも移動方向に進んだ位置に知覚されるというものである。予測可能な場合、私たちは実際にみたものより先の、つまり未来の事象を「知覚」することを示すものである。

　しかし、誰もが同じように次に起きる出来事を予測するだろうか？　誰もが同じような遅延時間で反応できるだろうか？　ありえそうにない。それにもかかわらず、私たちは目の前の相手と時間の遅れなしに、よどみなく会話を行うことができる。どうすればそのようなことが可能になるのだろう？　実は、こうした問いに科学はまだ答えを出していないのである。

　当たり前に思っていることも、どういうメカニズムでそれが実現されているのかを考えるとわかっていないことは多い。科学は常に「わかっていない」ことを検証していく途上にあり、あるいは途上そのものをいうのだろう。

Ｄ　他我問題

　私たちが見ている世界や感じている味は、他の人のそれと同じなのだろうか？　こうした疑問を哲学では他我問題と呼んでいる。

　種が異なれば、同じ環境も異なって知覚されていることを指摘したのは、19世紀のドイツの生物学者ユクスキュル（Uexküll, J. v.）である。正確にいえば彼は、知覚し作用する世界の総体が、その動物にとっての環境であると考えた。

　現代の生理学者、ハンフリー（Humphery, N.）も次のように考えている。赤い壁面を隣で見ている人にどういう色に見えるかと尋ね、「赤」と答えが返ってきても、その人は自分の見た色を赤という言葉で表現しているのであって、彼の知覚している色と私の知覚している色が同一かどうかはわかりようがない、と。

　同様に、あなたの食べている味がどういうものかを確かめようと、私があなたのアイスクリームを食べてみても、私がわかるのは、私はそれをどういう味に感じるかということだけで、あなたがどういう味に感じるかは結局のところ、わからない。

E　感覚の限界

[1]　感覚できる範囲

　感覚器が受容できる範囲はそれぞれの種において限られている。人の場合、電磁波の一部を可視光として知覚することができ、電磁波の波長に応じてそれぞれ異なる色として見ることができる（図2-3）。しかし、赤よりも長い波長の電磁波（赤外線）や、藍色よりも短い波長の電磁波（紫外線）は、

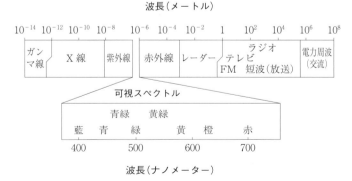

図2-3　電磁波と可視光（Hochberg, 1968 に基づき改変）

視細胞の感受できる範囲外なので知覚できない。しかし、ハチは紫外線領域も感受できる受容器をもっているので、その波長の刺激を知覚することができる。とはいえ、ハチの知覚している色がどのようなものなのかは、その能力のない私たちには知りようもない。

聴覚においては、人が感受できる音の範囲は、周波数が約 20～20000 Hz（ヘルツ）だとされている（**図 2-4**）。周波数が高いと高音に聞こえる。人の声は男性で約 500 Hz、女性で約 700 Hz 近辺である。20 Hz 以下の音は振動として知覚され、ときに身体の不調をきたす。一方、20000 Hz を超えた音も聞こえないので、CD などのデジタル音源では高周波はカットされて収録されている。だが、聞こえないはずの高周波を含む音源も脳に伝わり、音をより豊かに快く感じさせていると指摘する研究者もいる。

[2] 閾値

知覚できる範囲には、刺激の強度も関係する。弱すぎる光はみえず、小さすぎる音は聞こえない。知覚できる最小の値は閾（threshold）あるいは閾値と呼ばれている。閾値の逆数が感度（sensitivity）に当たる。閾値が低いほど感度としてはよいことになる。

音の可聴閾は音の強度（大きさ）に依存し、音の高さ（周波数）にも依存する（**図 2-4**）。閾値は年齢によっても変化し、感覚器の疲労によっても変化

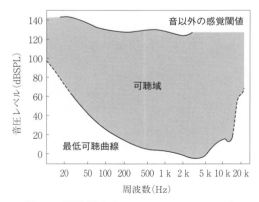

図 2-4　可聴範囲（Durrant & Lovrinc, 1977）

する。大きな音を聞いていると、いっとき感度が低下するのは後者による。

[3] 弁別閾とウェーバーの法則

ひとつの刺激の絶対的な大きさではなく、2つの刺激の差異を弁別できる最小の刺激差を弁別閾（difference threshold）または丁度可知差異（just noticeable difference; jnd）と呼ぶ。弁別閾は刺激強度に依存し、刺激強度（I）における弁別閾（ΔI）の比の値は一定（$K = \Delta I / I$）になることが知られている。これがウェーバーの法則であり、この数式を展開してフェヒナー（Fechner, G. T.）は対数法則（$R = k \log S + C$）を導いている。対数法則の式は、感覚量（R）が刺激強度（S）の対数値に比例することを意味している。

つまり、同じ強度の刺激を加えても、加える前の刺激強度が弱ければ大きな影響を与えるが、元の強度が強ければその効果は小さいということになる。たとえば、火のついたろうそくが1本から2本に増えると明るさは大きく変わるが、100本が101本に増えても明るさの違いには気づかないだろう。違いを感じる感覚は刺激が弱いところでは鋭敏だが、刺激の強いところでは鈍いということになる。

一方、スティーブンス（Stevens, S. S.）は刺激強度と知覚の関係を異なる方法で測定したところ、対数法則ではなくベキ法則（$\log R = n \log S + \log k$）の成り立つことを見出した。同じ現象に対して、異なる2つの法則が当てはまることは興味深い。1つの知覚的事実に対し、2つの科学的説明があり、どちらも正しいということになるからである（三浦、2007）。

F　感覚の現象と性質

[1] 順応

刺激の物理特性は同じでも、刺激を長く知覚すると感度が変化する。こうした現象を順応（adaptation）と呼ぶ。たとえば、暗順応（dark adaptation）というのは、暗いところに20分もいると、眼が慣れてきてよく見えるようになる現象である。これは眼の網膜にある2種類の視細胞のうち、明所で働く錐体細胞から暗所で働く桿体細胞に対応が切り替わることによる。

ただし、多くの場合は、同じ刺激にさらされると感度は低下する。刺激にさらされていた細胞が疲労するからである。たとえば、部屋に入ったと

きに気になった匂いが次第に気づかなくなるのも、嗅覚細胞の疲労による。

　順応による感度の低下はその後の知覚にも影響する。たとえば、特定の位置にある特定の色を見続けると、その色に対する感度は落ちる。そうした状態で他の位置を見ると、たとえば、赤い円を見続けていた場合には、補色の緑の円が知覚される。これが残像（after image）である。眼を動かせば残像も移動し、遠くの壁に眼を移すと、像は拡大する。視距離に比例して残像の大きさが変わることはエンメルトの法則と呼ばれる。これらの特徴はいずれも残像が眼の網膜で生じている現象であることを示している。

　感度の変化は、後続する知覚にも影響を与える。残効（aftereffect）もそのひとつで、たとえば傾いた線を見続けた後では、垂直線が逆方向に傾いて見える（傾き残効）。この現象は眼ではなく脳で生じている。

[2] 加重

　空間的あるいは時間的に近接した刺激は足し合わされて、強度を増して知覚される。このことを加重（summation）と呼ぶ。皮膚の上で近接した2点を刺激すると、1点を強く刺激したように感じられる。触覚の空間加重の例である。明るさ知覚の空間加重に関しては、中心視では1度以内、周辺視では10度以内の範囲で強度は面積に比例し、時間加重に関しては、0.1秒以内で強度は提示時間に比例する。前者はリッコの法則、後者はブロッホの法則と呼ばれている。

[3] 対比と同化

　図2-5（a）のように、周りを異なる明るさの四角で囲むと、中央の四角は異なった明るさの灰色に見える（明るさ対比）。また、図2-5（c）のように、異なる大きさの円で囲むと、中心の円の大きさが異なって見える（大きさ対比）。いずれも、周りの刺激と差を拡大する方向で錯視（visual illusion）が生じている。こうした現象を対比（contrast）という。まぐろの赤い刺身が緑の大葉に映えるのも、色対比による。対比は音の大きさでも、速度でも生じる。

　一方、周りとの刺激差を縮小する方向に錯視が生じることを同化（assimilation）と呼ぶ。たとえば、図2-5（b）では同じ灰色の背景が線画の明る

(a) 明るさ対比

(b) 明るさ同化

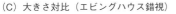

(C) 大きさ対比（エビングハウス錯視）

(d) 大きさ同化（デルブーフ錯視）

図2-5　同化と対比

さに影響されて明るく（あるいは暗く）見える（明るさ同化）。また、図2-5（d）では、同じ大きさの円でも内側に少し小さい円を描くと、内円に影響されて外円が小さく見える（大きさ同化）。（c）や（d）は幾何学的錯視（optical illusion）の一例である。

　同化や対比は継時的にも生じる。たとえば、高速道路を走った後、一般の道路を制限速度で走ると遅く感じられるが、これは速度の継時対比の例である。感覚が物理特性と大きくずれる場合を錯覚と総称する。

3　知覚

A　知覚の現象と性質

[1] 恒常性

　物体は見る角度や距離によって、あるいはどのような明るさの下で見るかによって、眼の網膜には物理的に異なる像が投射される。それにもかかわらず、同一物体は同一物体として知覚される。こうした性質を「恒常性

図2-6　形の恒常性

（constancy）」と呼ぶ。

　たとえば、白い壁は光が当たっている部分と影になっている部分とでは、白と黒ほどにも照度が異なっていることがある。そうした場合でも、光が当たっている部分も影になっている部分も、白い壁として知覚される。また、日中の明るいときと暗くなりつつある夕暮れ時でも、壁の照度は大きく異なるが、白い壁は白く見える。こうした現象は「明るさの恒常性」と呼ばれている。神経生理学者のゼキ（Zeki, S.）は、印象派の画家、モネ（Monet, C.）がさまざまな天候や時間のもとで、ルーアン大聖堂を異なる色や明るさで描き分けていることに注目した（Zeki, 1999）。私たちの視覚では明るさの恒常性が働き、照明条件が変わっても、元の色や明るさが見えるように修正が行われるが、モネは修正前の色や明るさを再現しているからである。

　恒常性は明るさに限らない。遠くにある物は近くにある物よりも、距離に逆比例して、網膜上では小さく写っている。しかし、遠くにいる人物が米粒のように小さく見えることはない（大きさの恒常性）。また、モナリザを横からみた場合、図2-6 のように、見る角度に応じて網膜には横方向に圧縮された歪んだ形が映っている。しかし、実際には正面からみた場合と大きな違いを感じることはない（形の恒常性）。

[2] 体制化

　知覚は目に映ったもの、耳に届いた音のなかから、情報を取捨選択し、要素をまとめ、時には、そこにないものを補って、形や音脈を形成する。知覚された要素をとりまとめ、構造化することを、体制化（organization）と呼んでいる。ここでは視覚の例で説明するが、聴覚や触覚でも同じ性質の

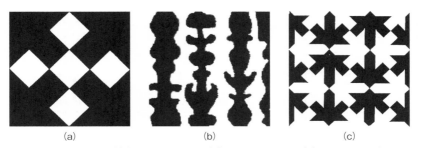

図2-7　図と地（(a) Kanizsa, 1979；(b) Bahnsen, 1928；(c) Parola, 1969）

現象が生じる。

(1) 図と地

　図2-7 (a) はどのように見えるだろうか？　四隅に向かって指している黒い矢印に気づくだろうか？　白い5つの菱形が見えたのではないだろうか（Kanizsa, 1979）。なぜだろう？

　これについては、ゲシュタルト傾向（Gestalt Tendenz）として知られる知覚要因から説明できる。ゲシュタルトとは「形」を意味するドイツ語である。20世紀の初頭に、現象観察をもとに知覚のあり方を考えたゲシュタルト心理学者たちは、図（figure）として知覚されやすいのは、閉合（閉じたもの）、狭小（小さいもの）、垂直水平（この方向に軸をもつもの）、シンメトリー（対称）などの特徴を有していると指摘した。これらの条件をより多く満たすのは白い菱形だろうか？　黒い矢印だろうか？

　もうひとつ例を挙げてみよう。図2-7 (b) は白地に見えるだろうか？黒地に見えるだろうか？　どちらに見えてもよいのだが、白地に黒の模様が見えやすい。黒い部分は左右対称で、白い部分はそうでないからである。私たちは無意識のうちに、図と地を判断しているのである。

　ただし、図2-7 (c) のように、図になる条件と地（ground）になる条件が拮抗していると、図が交替し図地反転（figure-ground reversal）が生じる。

(2) 群化

　いくつかの要素をまとめて図として見る場合は、群化（grouping）の要因が働く。群化の要因には、近接（近くにあるもの）、類同（似ているもの）、共通運命（時空間を同調して移動するもの）、閉合（閉じているもの）、よい連続（な

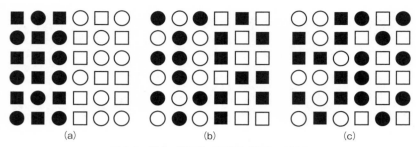

図 2-8　群化（類同）の要因（行場，1994）

めらかにつながるもの）、よい形（シンプルで規則的なもの）が挙げられる。ただ
し、図2-8 に示すように、類同の要因であっても、色や明るさが似ている
(a) の方が、形が似ている (b) よりもまとまりやすい。また、明るさと形
の2つの次元が結合すると (c)、黒の正方形と白の円（あるいはその逆）をひ
とまとめにして見るのは難しい。

　ところで、「よい形」というときの「よい」とはどういう状況だろう？
ゲシュタルト心理学者は対称性や規則性をもつ単純な形をよいと考え、そ
うした特徴をプレグナンツ（Prägnanz）と呼んだ。プレグナンツとは簡潔
性（simplicity）を意味している。情報学の観点からも、対称性や規則性をも
つ図形は冗長度が高く情報量が少ないので、処理負荷が低い（Attneave, 1954；
Garner & Clement, 1963）。処理負荷が低ければ、知覚する労力も低くなるだ
ろう。私たちは労力のかからない見方を採るのである。

(3) 補完知覚

　図 2-9（a）では4つの白い長方形の後ろに4つの黒い円が知覚され、図
2-9（b）では白い十字形の後ろに黒い正方形が知覚される。このように、
手前の図形に遮蔽（occulusion）され、そこに情報がなくても、私たちは背後
の形を推察することができる。こうした現象を補完知覚（perceptual com-
pletion）と呼んでいる。ところで、図2-9 の黒い部分の形はどちらも同じで
ある。背後に推察される図形は遮蔽物の形に依存し、また、円や正方形な
どの「よい形」が見えやすい。知覚は特殊例よりも、ありそうな例を選ぶ
からである。知覚は推論であり、問題解決だということが示唆される。

　補完知覚は、重なった図形の境界線、つまり輪郭線がなくても生じる。

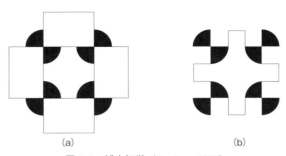

図 2-9　補完知覚 （Kanizsa, 1979）

これを主観的輪郭（subjective contour, illusory contour）と呼ぶ。図 2-10 （a）は
カニッツァ （Kanizsa, G.）の三角形と呼ばれる主観的輪郭の一例である。主
観的輪郭によって浮かび上がる図形は「よい形」に限らない。図 2-10 （b）
では西洋なしのような形が浮かび上がるだろう。「よい連続」の輪郭線に
導かれているのである。

　主観的輪郭図形は必ず手前に知覚され、また、背景よりも明るく（黒地の
場合は暗く）知覚される。このことは、主観的輪郭が形の知覚だけでなく、
奥行き知覚と明るさ知覚に関わる現象であることを示している。

図 2-10　主観的輪郭 （Kanizsa, 1979）

B　問題解決・無意識的推論

　図 2-9 において知覚は推論であり問題解決であると述べた。こうした特
徴は奥行き知覚を考えるとわかりよい。なぜなら、奥行きや立体などの 3

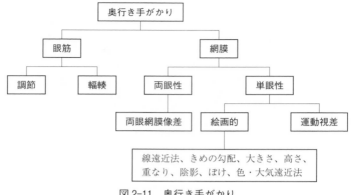

図 2-11　奥行き手がかり

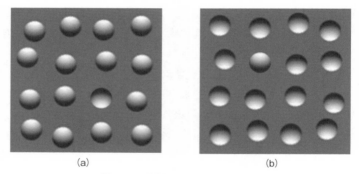

(a)　　　　　　　　　　　　　(b)

図 2-12　陰影にもとづく凹凸知覚

次元知覚は、眼の網膜という平面に映った2次元情報をもとに得ているからである。3次元知覚を得るための手がかりにはさまざまなものがある（図 2-11）。ここでは絵画的奥行き手がかり（pictorial depth cue）と呼ばれる要因のうち、陰影の手がかりに注目し、陰影に基づいて判断される凹凸の知覚について考えてみよう。

　図 2-12 (a) は凸図形のなかにひとつだけ凹図形が含まれているように見え、(b) では逆に見える。しかし、この本を上下逆さまにしてみよう。(b) は (a) を 180 度回転したものであることに気づくだろう。

　それではいったい、どうやって凹凸は決まるのだろう。まず、光源が上にあると仮定する。光源が上にあると、凸図形では物体の上部が光り、下

部に影ができる。凹図形ではこの関係が逆転する。私たちはこうした陰影関係から凹凸を判断していると思われる。19世紀の科学者ヘルムホルツ（Helmholtz, H. L. F. v.）はこうした判断を無意識的推論（unconscious inference）と呼んだ。陰影に基づく凹凸の知覚（shape from shading）に限らず、知覚は常に無意識的な推論の結果といえる。

4　認知

A　文脈効果

　ものは単独で知覚されるのではない。対比や同化で示されたように時間的空間的な影響を受け、補完知覚で示されたように周りの対象との関係で形状が決まる。そうした感覚・知覚レベルでの関係性だけでなく、記憶や学習などの認知レベルでの関係性によっても、知覚されるものは変化する。

　クレショフ効果と呼ばれる映像手法がある。ロシアの映画作家クレショフ（Kuleshov, L.）は、無表情な男の顔が、スープ皿の映像を見た後では空腹を感じていると解釈され、棺の映像を見た後では悲しげに見られるという。

　こうした文脈効果（context effect）は直前に見た映像だけでなく、既にもっている知識によっても影響を受ける。たとえば、図2-13（a）は農場の絵である。農場にありがちなサイロや手押し車に加えて、この絵には不似合いな巨大なタコが描かれている。この絵を見ているときの眼球運動（eye movement）を測定した研究では、場面にそぐわないタコに繰り返し視線が向けられていたことがわかった（Loftus & Mackworth, 1978）。私たちは場面を均等に見るのではなく、その場面を理解するのに必要なところ、あるいは関心をもったところに注意を向けて、集中的に知覚するのである。

　一方、文脈的にそぐわないものが含まれる絵を一瞬だけ見た場合はどうなるだろう？　ビーダーマン（Biederman, I.）によると、図2-13（b）の宙に浮いた車は気づかれないという（Biederman, 1981）。文脈に合わないものは無視され、知覚にのぼらないのである。

　しかし、考えてみれば、これは不思議なことである。車がこのシーン（文

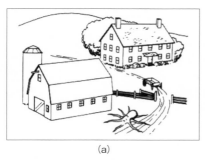 

(a) (b)

図 2-13　文脈と知覚　((a) Loftus & Mackworth, 1978；(b) Biederman, 1981)

脈)に合うかどうかは車が見えないと判断できないからである。このことから、私たちの脳は実際には非常に多くの情報を処理しているが、その大半は意識に上らずに消えてしまうことが推察される。

　背景を含む複雑な情景の知覚をシーンの知覚と呼び、「農場」「室内」といった瞬時に得られる要約情報をジスト（gist）と呼んでいる。

B　選択的注意

　注意を向けたもの以外は、見えども見えず、聞けども聞こえずという状態になることを早くに指摘したのはアメリカの認知心理学者、ナイサー（Neisser, U.）である。彼の選択的注意（selective attention）と呼ばれる事象例を紹介しよう。ナイサーはバスケットボールの試合とじゃんけんのようなハンドゲームの映像を重ねて提示し、2つのグループに見てもらった。その際、ひとつのグループにはバスケットボールの試合のスコアを、もうひとつのグループにはハンドゲームの勝ち負けの状況をそれぞれ報告するように求めた。映像にはバスケットボールの試合中に日傘を差した女性がコートを横切るという奇妙な場面が含まれている。結果はというと、バスケットボールのスコアを報告するように求められていたグループはその場面に気づいたが、ハンドゲームの勝ち負けに注目していたグループは気づかなかったという（Neisser, 1976）。同じものを見ていても、何に注意を向けているかによって見えるものが違ってくるのである。

　聴覚の例も紹介しよう。パーティー会場などの騒がしいところで目の前

の人との会話に注意を向けていても、自分の名前や興味のある話題が周囲で話されると、急に耳に飛び込んでくることがある。これをカクテルパーティ効果（cocktail party effect）と呼ぶ。閾下（閾値より下）の全く聞こえない音であれば、もとより聞こえるわけがない。したがって、隣の人の会話は最初から聞こえていたのである。聞こえていたが、目の前の会話に注意を向けていたので、気づかなかったと考えるべきであろう。注意を向けていないことに対しては知覚が低下する。車の運転中にスマホを使うのが危険なのは、こうした私たちの注意の特性に依存する。

■■■ トピック ■■■　視線コミュニケーション

「目は口ほどにものをいう」という言葉がある。「糸屋の娘は目で殺す」という古歌もある。実生活でも絵画のなかでも、視線は私たちの注意を引き、意味を伝え、感情を喚起させる。

　眼を使って巧みに情報を伝達するのは、実は、人の大きな特徴である。他の動物は視線方向を読み取られないように眼を進化させ、敵から身を守り、捕食においても有利になるようにした。これに対し、人だけは、視線方向が相手にわかりやすい横長の眼裂をもつ眼をもって、視線をコミュニケーションに利用する道を選んだ。集団で獲物に立ち向かうとき、声を出さずに仲間に合図を送るのに便利だったのかもしれない。

　危険と背中合わせで得た能力であるから、そのことに敏感でなくてはならない。実際、視線方向の知覚に関しては、視力よりもはるかに優れた判断が行われている。また、視線は反射的に注意を引き、視線方向にある対象に対して感度が上昇する。たとえば、フリーセン（Friesen C. K.）らは図2-14のような顔刺激を提示した後、0.3秒遅れて文字（ここではF）を出すと、視線方向に出た文字の検出や同定は促進されることを見出した（Friesen & Kingstone, 1998）。このように、先に出た手がかり（プライム）との関連性の有無によって、後続する刺激（ターゲット）への反応が促進されたり、抑制されたりする現象を利用する実験方法をプライミング（priming）と呼び、特に、この実験のように、プライムが注意を操作するものである場合、キューイング（cuing）と呼ぶ。プライムからターゲットまでの時間が0.1〜0.3秒のように短い場合、無意識的な処理を反映し、0.7秒程度になれば、意識的な

図 2-14　視線キューイング（Friesen & Kingstone, 1998 をもとに作画）

処理を反映していると考えられている。したがって、視線による注意の誘導は無意識的だということになる。

　なお、大脳の高次視覚野（STS）には視線方向に応じて特異的に反応する細胞がみつかっている。それらの細胞は、感情に関わる扁桃核や思考に関わる前頭眼窩野とも神経的な結合があることが示唆されており、すばやい意味理解や感情喚起の神経的基盤となっているのかもしれない。

5　知覚の発達と学習効果

A　乳幼児の視覚発達

　生まれてすぐの乳児は眼球の視細胞の密度も粗く、脳での神経のつながりも少ない。このため解像度の低いぼけた世界を見ているものと思われる（山口、2005）。神経系の成熟と視覚経験を通して、次第に人は明瞭で豊かな知覚を獲得していく。

　生後2ヶ月くらいでも目の前に近づいてくる刺激を避けようと身体をのけぞらせることができ、姿勢反射と呼ばれている。赤や緑などの色の区別も生後2ヶ月くらいでもできるという。ただし、青色の知覚は4ヶ月時まで遅れ、色対比が生じるのは生後7ヶ月頃だという（山口・金沢、2010）。また、生後3ヶ月で主観的な輪郭が知覚でき、生後5ヶ月になると補完知覚もできるようになるとされる（山口・金沢、2010）。ただし、後ろにある形を補完できるようになるのはもう少し後のようである。一方、両眼立体視、すなわち両眼の網膜に映った同一物体の位置ずれ（両眼網膜像差）を手がかりに奥

行きを判断する能力を獲得するのは生後4〜5ヶ月で、この頃になると、動きから立体の形を知覚することもできるようになるとされる。また、7ヶ月頃になると陰影（attached shadow）から凹凸を知覚でき、地面に落ちた影（cast shadow）と物体とを結びつけて物体の空間での移動を知覚できるようになる。生後8ヶ月頃に脳でのシナプスの数が急増するが、視知覚においてもこの頃にさまざまな能力が獲得されていく。

　一方、こうした刺激よりも複雑な人の顔に関しては、早くから優れた能力を発揮することが知られている（山口、2005）。人にとって顔は重要な情報だからだろう。

B　先天性盲人の知覚学習

　知覚における学習の効果を考えるに当たっては、生まれつき視力がきわめて低いか、あるいは生まれてすぐに視力を失った先天性盲人の開眼手術後の見え方を通して考察することも行われている（鳥居、1982；Gregory, 1998；Humphrey, 2006）。報告によると、手術をした直後から知覚世界が得られるわけではなく、見たいところに眼を向けてピントを合わせるのも一苦労だという。恒常性も発達していない。なかでも、奥行の知覚は難しく、線遠近法と呼ばれる2本の収斂する線が奥行きを表していることを理解したり、陰影から円錐などの立体を知覚したりするようになるまでには時間を要し、完全には難しい場合もある。

　ただし、先天盲の人たちの視覚の獲得過程は乳幼児の知覚発達と同様に考えることはできない。既に触覚を通して知覚の枠組みを形成しているからである。

C　逆転眼鏡による知覚運動学習

　逆転眼鏡（逆さ眼鏡）と呼ばれる特殊な眼鏡も、知覚学習（perceptual learning）について考えるのに役立つ（Gregory, 1998；吉村、1997；太城、2000）。逆転眼鏡のうち、上下左右が反転する眼鏡をかけると、世界が逆転するだけでなく、位置や大きさの恒常性がなくなり、頭を傾けると見えている世界も傾き、遠くのものは極端に小さく見える。実は、私たちの網膜に映っている像は常にそうしたものであって、それを経験に基づいて修正して安定した知覚

像を手に入れているのだが、慣れない逆転視環境では適切な修正ができないために、恒常性（p.65 3A [1]）が失われるのである。

　ところが、逆転眼鏡をかけて何日も過ごすと、普通に料理をしたり、自転車に乗ったりすることができるようになり、視覚世界が逆さまであることの認識が薄れてくる（太城、2000）。このとき逆転眼鏡をはずすと、一瞬、世界が逆転して感じられるという。知覚の豊かな適応能力を示す例と言えるだろう。こうした適応能力を知覚の可塑性と呼んでいる。

　ただし、このとき、自分で経験（知覚運動学習）せずに、誰かに車いすを押してもらって移動したり、食物を口に運んでもらって食べていたりすると、いつまで経っても逆さまの世界から抜け出ることができないという。知覚の仕方を学ぶには自らの能動的な関わりが必要なのである。

6 感性

A 多様な感性次元

　感性は美しさや快さ、好みなどの評価に限らず、質的な知覚や直観的な判断も担っている。たとえば、物体の透明印象や光沢感は、色の様相（カラーモード）についての知覚でもあるが、質感と呼ばれる感性の問題でもある。空間の広がり感や奥行き感も、距離知覚や大きさ判断とは異なる総合的な空間のとらえ方と考えられ、感性評価の一例だということができる。

　群化の要因は知覚の法則のひとつであるが、そのなかに「よい形」が含まれている（p.67 3A [2] (2)）。「よさ」も感性判断の一種である。知覚は感性と深いつながりのあることがわかる。

　よさの印象を生み出す要因のひとつに対称（symmetry）が挙げられる。確かに対称に作られたフランス式の刺繍庭園は整っていて美しい。しかし、枯山水のような破対称（asymmetry）の庭園も美を感じさせ、自然の無作為さを模倣したようなイギリス式庭園も味わい深い。感性的なよさには知覚的なよさ以上にさまざまな判断次元が関わっていると考えられる。

　感性次元でのよさはまた、対称のような知覚次元のよさに比べ、個人差

が大きい。特定の個人の好みがよさの基準になることもある。たとえば、「利休好み」とは安土桃山時代の茶人、千利休が好みそうな美意識を表す言葉である。

B　感性知

　一見でたらめに見える場合でも、快く感じるときには背後に法則性のみられることがある。

　たとえば、アメリカの画家、ポロック（Pollock, J.）はドリッピングという手法で、一見でたらめに見える抽象画を描いたが（図2-15左）、ボックスカウンティング法というフラクタル解析の手法で彼の絵を分析すると、図2-15右に示すような、きわめて規則的な構造をもっていることがわかった（Taylor et al., 2000）。また、ポロックの最盛期の作品では、図2-15の直線の傾き（フラクタル値）が雲や樹木などの自然界の対象がもっている値（1.3〜1.5）に一致するという。それが作品の快さにつながるものと思われる。

　また、龍安寺の枯山水庭園もその中心軸構造を調べると、二分枝構造という隠れた規則性をもっていることがわかった（van Tonder et al., 2002）。庭石の配置をさまざまに変化させた刺激を用い（図2-16）、庭の印象を複数の形容詞対で評定させ（SD法：method of semantic differential）、印象の似た庭を分類すると、同じ配置構造をもつ庭は、見た目は類似していなくても、同じ印象を与えることが示された（Miura, Sukemiya & Yamaguchi, 2011）。こうし

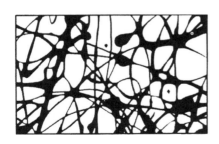
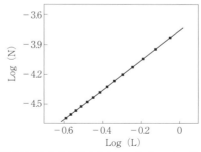

グラフの横軸は絵を分割するブロックの大ささ、縦軸は描かれた部分を含んでいるブロックの数。

図2-15　ポロックの絵の一部とフラクタル解析（Taylor et al., 2000）

図2-16　類似した印象を与えた庭石配置（いずれも扇形の配置構造）
（Miura, Sukemiya & Yamaguchi, 2011）

た結果は感性がきわめて優れた判断力や評価力をもっていることを示すものだろう。感性知、すなわち直感的・総合的な判断はその根拠を意識することが難しく、論理的に説明できないことがある。

　感性による判断は進化論的に考えると、言語が登場するよりも早くから用いられていたのだろう。長い年月をかけて磨かれてきた能力が、言葉による理解を超えていても不思議ではない（Zeki, 1999；三浦、2007）。感性知は、芸術作品や優れたデザインを生み出す際にも、新しい科学理論を創造する際にも、あるいは日常生活において与えられた条件だけでは答えの出ない問題を解決する際にも（ヒューリスティック heuristic）、役立っていると考えられる。

　感性は感情と異なり、磨くことができるともいわれる。総合判断である感性を磨くには、さまざまな事柄を能動的に経験し、感覚を鋭くし、知識のつながりを広げ、豊かな見方を可能にすることが肝要だと思われる。

引用文献

Attneave, F. (1954). Some informational aspects of visual perception. *Psychological Review*, **61**, 183-193.

Bahnsen, P. (1928). Ein Untersuchungen über Symmetrie und Asyymetrie bei villuellen Wahrnehumngen. *Zeitshrift für Psychologie*, **108**, 129-154.

Biederman, I. (1981). Detecting the unexpected in photointerpretation. *Human Factors*, **23**, 153-164.

Crick, F. (1994). *The Astonishing hypothesis: The scientific search for the soul*. Scribner: Maxwell Macmillan International.

（クリック，F.（著）中原英臣（訳）（1995）. DNA に魂はあるか――驚異の仮説　講談社）

Durrant, J. D., & Lovrinic, J. H. (1977). *Bases of hearing science*. Williams & Wilkins.

Friesen, C. K., & Kingstone, A. (1998). The eyes have it! Reflexive orienting is triggered by nonpredictive gaze. *Psychonomic Bulletin and Review*, **5**, 490-495.

Garner, W. R., & Clement, D. E. (1963). Goodness of pattern and pattern uncertainty. *Journal of Verbal Learning and Verbal Behavior*, **2**, 446-452.

Gregory, R. L. (1998). *Eye and brain: The psychology of seeing*. 5th ed. Oxford University Press.

（グレゴリー，R.L.（著）近藤倫明・中溝幸夫・三浦佳世（訳）（2001）.　脳と視覚――グレゴリーの視覚心理学　ブレーン出版）

行場次朗（1994）.　視覚の心理学　川人光男他（編）視覚と聴覚　岩波書店　pp. 1-40.

Hochberg, J. E. (1978). *Perception*. 2nd ed. Englewood Cliffs, NJ: Prentice-Hall.

Humphrey, N. K. (2006). *Seeing red: A study in consciousness*. Harvard University Press.

（ハンフリー，N.（著）柴田裕之（訳）（2006）.　赤を見る　紀伊国屋書店）

一川　誠（2008）.　大人の時間はなぜ短いのか　集英社

Kanizsa, G. (1979). *Organization in vision: Essays on Gestalt perception*. Praeger Publishers.

（カニッツァ，G.（著）野口　薫（監訳）（1985）.　カニッツァ視覚の文法――ゲシュタルト知覚論　サイエンス社）

Libet, B. (2004). *Mind time: The temporal factor in consciousness*. Harvard University Press.

（リベット，B.（著）下條信輔（訳）（2005）.　マインド・タイム――脳と意識の時間　岩波書店）

Loftus, G. R., & Mackworth, N. H. (1978). Cognitive determinants of fixation location during picture viewing. *Journal of Experimental Psychology: Human Perception and Performance*, **4**, 565-572.

Metzger, W. (1953). *Gesetze des Sehens*. II, Verlag Kramer.

（メッツガー，W.（著）盛永四郎（訳）（1981）.　視覚の法則　岩波書店）

三浦佳世 (2007). 知覚と感性の心理学 岩波書店

三浦佳世 (編) (2010). 知覚と感性 北大路書房

Miura, K., Sukemiya, H., & Yamaguchi, E. (2011). Goodness of spatial structure in Japanese rock gardens. *Japanese Psychological Research*, **53** (4), 391-401.

Neisser, U. (1976). *Cognition and reality: Principles and implications of cognitive psychology*. W. H. Freeman and Company.
　　(ナイサー，U. (著) 古崎　敬・村瀬　旻 (訳) (1982). 認知の構図——人間は現実をどのようにとらえるか　サイエンス社)

西田眞也・藤崎和香 (2009). 時間的同期にもとづく感覚属性のバインディング 神経回路学会誌, **16**, 22-30.

苧阪直行 (1996). 意識とは何か——科学の新たな挑戦 岩波書店

Parola, R. (1969). *Optical art: Theory and practice*. Reinhold Book Corporation.

Pöppel, E. (1985). *Grenzen des Bewußtseins: Über Wirklichkeit und Welterfahrung*. Deutsche Verlags-Anstalt, Stuttgart.
　　(ペッペル，E.(著)　田山忠行・尾形敬次(訳)(1995). 意識のなかの時間　岩波書店)

太城敬良 (2000). 逆さメガネの心理学 河出書房新社

Taylor, R. P., Micolich, A. P., & Jonas, D. (2000). Using science to investigate Jackson Pollock's drip paintings. *Journal of Consciousness Studies*, **7**, 137-150.

Treisman, A., & Gormican, S. (1988). Feature analysis in early vision: Evidence from search asymmetries. *Psychological Review*, **95**, 15-48.

鳥居修晃 (1982). 視覚の心理学 サイエンス社

van Tonder, G. J., Lyons, M. J., & Ejima, Y. (2002). Visual structure of a Japanese Zen garden. *Nature*, **419** (6905), 359-360.

山口真美 (2005). 視覚世界の謎に迫る——脳と視覚の実験心理学 講談社

山口真美・金沢　創 (2010). 知覚と感性の発達 三浦佳世 (編) 知覚と感性 北大路書房

吉村浩一 (1997). 3つの逆さめがね (改訂版) ナカニシヤ出版

Zeki, S. (1999). *Inner vision: An exploration of art and the brain*. Oxford University Press.
　　(ゼキ，S. (著) 河内十郎 (監訳) (2002). 脳は美をいかに感じるか——ピカソやモネが見た世界　日本経済新聞社)

理解を深めるための参考文献
- 松田隆夫 (2000). 知覚心理学の基礎 培風館
- 行場次朗・箱田裕司 (編) (2014). 新・知性と感性の心理 福村出版
- 三浦佳世 (2007). 知覚と感性の心理学 岩波書店
- 三浦佳世 (編著) (2010). 知覚と感性 北大路書房

知識を確認しよう

. . . .

択一問題

(1) 次のなかで正しいものはどれでしょう。2つ選びなさい。

① 知覚とは外界の情報を感覚器で感知することである。

② 知覚できる最小の値は閾値と呼ばれる。

③ 閾値が低いとは、感度が悪いことである。

④ 順応によって後続する刺激に影響を及ぼすことを残像という。

⑤ マガーク効果は、聴覚が視覚に影響を与える感覚間相互作用の1つである。

⑥ カクテルパーティ効果は選択的注意の一例である。

⑦ 乳児は生まれた直後から殆どの知覚能力を有している。

⑧ 感性は好き嫌いに対する心の働きのことである。

(2) 次の文中に入る用語を以下の選択肢のなかから選びなさい。

[問題]

　刺激の差異を弁別できる最小の刺激差を（　①　）と呼び、刺激強度に対する（　①　）の比は一定（同一値）であることを（　②　）と呼ぶ。（　②　）の式は、差異を感じる感覚は刺激が弱いところでは鋭敏だが、刺激が強いと鈍くなることを示している。

ア　モダリティ　　イ　弁別閾　　ウ　感度　　エ　プライム

オ　フェヒナーの対数法則　　　カ　ウェーバーの法則

キ　プレグナンツの法則　　　ク　スティーブンスのベキ法則

[問題]

　刺激の差異を強調する現象を（　③　）、平滑化する現象を（　④　）と呼び、さまざまな感覚次元で感じることができる。

ア　加重　　イ　補完　　ウ　同化　　エ　群化　　オ　対比

論述問題

(1) 恒常性とはどういうことか、例を挙げて説明しなさい。

(2) 知覚が推論であることを示す例を挙げなさい。

第3章 記憶と学習

⚷ キーワード

短期記憶	オペラント条件づけ
長期記憶	観察学習
系列位置効果	転移
ワーキングメモリ	メタ認知
古典的条件づけ	自己調整学習
宣言的記憶	試行錯誤学習
手続き的記憶	洞察学習

本章のポイント

　この章では、記憶と学習の問題について論じる。外界からの情報は、短期記憶内での種々のリハーサルを経て長期記憶へと移行する。長期記憶内の概念（既有知識）は、意味的な関連性によってリンクされたネットワーク構造をもつため、新しい情報を既知の概念と積極的に関連づけることで、保持されやすくなる。一方、学習研究は、動物の古典的条件づけやオペラント条件づけからスタートした。人間においても、比較的単純な行動の学習は条件づけや観察学習によって成立するが、複雑な認知的学習は記憶、理解、思考を必要とする。主体的な学習のためには、学習の自己調整が必要であり、そのためには、メタ認知を働かせることが不可欠である。

1 記憶

A はじめに

　重要なことがらを覚えておくことや必要なときにそれらを思い出すことなど、記憶（memory）は私たちの生活になくてはならないものである。職場や学校での活動、買い物や家事といった日々の生活に加えて、人前でスピーチをしたりテストを受けるときなど、記憶を頼みとする場面は少なくない。心理学における最初の記憶研究は、19世紀にエビングハウス（Ebbinghaus, H.）が自分自身を対象として行った「記憶について」と題する実験研究であった（Ebbinghaus, 1885）。

　人が何かを覚える仕組みは、どのようなものだろうか？　覚えやすさを左右するものは何なのか？　これらの問いを念頭に置きながら、心理学における記憶研究の成果を見ていくことにしよう。

B 記憶の貯蔵庫

　私たちは、主に目や耳といった感覚器官を通して、外界から情報を取り入れる。こうした情報は、視覚の場合は約1秒以内、聴覚の場合には約2〜3秒以内というごく短い時間だけ、見たまま、あるいは聞いたままの感覚的な形で保たれる。このような視覚的あるいは聴覚的な形の記憶を、感覚記憶（sensory memory）という。感覚記憶の存在は、スパーリング（Sperling, G.）が開発した部分報告法によって（Sperling, 1960）、実験的に明らかにされた。感覚記憶内の情報は、特に注意を向けなければそのまま消失するが、私たちが注意を向けると短期記憶（short-term memory）と呼ばれる次のステージに移動する。しかし、短期記憶には7±2項目という厳しい容量限界があるため、短期記憶に入りきれずに消えてしまう情報も少なくない。また、短期記憶に入ったとしても、そのなかの情報はせいぜい10数秒で消えてしまうため、常にそれらの情報を活性化しておく必要がある。そのためには、情報を口に出して、あるいは心のなかで何度も繰り返さなければならない。こうした反復をリハーサル（rehearsal）と呼ぶ。たとえば、誰かに電話番号を聞いてメモしようとする場合、メモし終わるまで繰り返しリハ

ーサルを続ける。その電話番号を覚えてしまおうとする場合には、ただ繰り返すだけではなく、語呂合わせなどを工夫することによって、記憶に焼き付けようとする。これがうまくいけば、もはやリハーサルをやめても忘れることはない。ずっと覚えていられる状態になったということは、その電話番号が長期記憶（long-term memory）に入ったことを意味する。

　それでは、記憶の研究において、短期記憶と長期記憶はどのように区別されるのだろうか。これについては、およそ10〜20個程度の項目、たとえば覚えやすさが同程度の、相互に無関連なバラバラの単語などの系列（リスト）を呈示して覚えてもらい、自由な順序で再現させるという自由再生（free recall）の実験が行われている。まず、実験参加者は、記憶すべき単語などをひとつずつ順番に呈示される。呈示法は、文字（視覚）呈示であっても音声（聴覚）呈示であってもよい。呈示が終わると、実験参加者は自由な順序で再生するよう指示される。すると彼らは一般に、まずリストの最後の数項目、言い換えれば直前に呈示された項目を再生し、そして最初の項目から順に再生する。系列の呈示順序つまり系列位置と再生成績の関係をグラフ化すると、図3-1のようになる。

　系列のはじめと終わりの成績がよく、中間部が落ち込むこのような現象を系列位置効果、図3-1のようなU字型のグラフを系列位置曲線という。再生時には、系列の終わりの方の情報はまだ短期記憶内にあり、一方、はじめの方の情報は何度もリハーサルを繰り返した結果、うまく長期記憶に

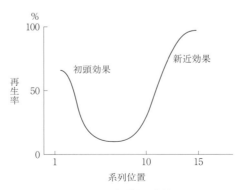

図 3-1　系列位置曲線

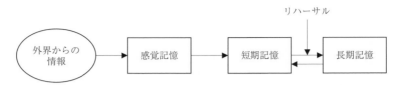

図 3-2　記憶のボックスモデル（Atkinson & Shiffrin, 1968 より作成）

移ったものと解釈されている。中間部の落ち込みは、短期記憶から長期記憶に移り損ねて情報が消失したためと考えられる。系列のはじめの方の項目をよく覚えていることを初頭効果（primacy effect）、終わりの方の項目をよく覚えていることを新近効果（recency effect）という。

　なお、一連の情報呈示に続けて、別の課題、たとえば、20 秒程度、引き算を行うことなどが妨害課題として課せられ、その後再生を行うと、新近効果は消失する。これは、系列の後ろの方にあった情報が、短期記憶から消えてしまったためである。一方、系列のはじめの項目は、既に長期記憶に移っているため、こうした妨害の影響を受けない。この事実もまた、短期記憶と長期記憶の区別を支持する証拠となる。

　アトキンソン（Atkinson, R. C.）とシフリン（Shiffrin, R. M.）は、感覚記憶、短期記憶、長期記憶からなる記憶の段階を表す図 3-2 のようなモデルを提案した（Atkinson & Shiffrin, 1968）。これは、人間の記憶のしくみを表した初期の代表的なモデルである。ここでは、複数の貯蔵庫が仮定されているため、記憶の多貯蔵庫モデルあるいはボックスモデルと呼ばれる（**トピック 3-1** を参照）。

C　長期記憶への情報の転送

　あることがらを頭に取り込み、覚えておき、思い出すという 3 つの記憶段階はそれぞれ、記銘（memorization）、保持（retention）、想起（remembering）と呼ばれてきた。しかし、人間の記憶を一種の情報処理過程ととらえる認知心理学が 1950 年代に台頭してきてからは、これらをそれぞれ、情報の符号化（encoding）、貯蔵（storage）、検索（retrieval）と呼ぶことが多くなった。符号化の段階では、いかに効果的なリハーサルを行うかが問われることになる。

　リハーサルには、情報をそのまま何度も反復するという単純な維持リハーサル（maintenance rehearsal）の他に、語呂合わせや意味づけなどといった、より高度な処理を伴う精緻化リハーサル（elaborative rehearsal）がある。たとえば、4126 という下 4 桁の電話番号であれば、「ヨイフロ（良い風呂）」という具合である。一般に、維持リハーサルよりも精緻化リハーサルを行った方が、情報を長期記憶に入れることが容易になる。英単語を覚える場合にも、意味を考えたり、その単語がどのような文脈で使われるのかを考えたりといった深い情報処理を行うことが、形態や音韻に着目した浅い処理よりも効果的である。これを、処理水準（levels of processing）の効果という。さらに、たとえば introvert（内向的な）といった語であれば、「それは私自身にあてはまるか？」などと考えてみると、いっそうよく覚えられる。このように自分にとって最も関心の深い対象である「自己」に関連づけることで記憶が促進される効果を自己準拠効果（self reference effect）という。

　この他にも、互いに無関連な項目のリストは、そのままでは覚えにくいが、カテゴリーごとにまとめると覚えやすくなることを意味する体制化の効果、覚えるときと思い出すときの状況が似ている方がよく思い出せる文脈依存効果、といった知識をもっていれば、より効果的に記憶することができる。文脈依存効果の例としては、たとえば水中で覚えた単語は水中で、陸上で覚えた単語は陸上で、よりよく思い出せるという知見がある（Godden & Baddeley, 1975）。また、酔ったときに覚えたことは酔ったときに、悲しいときに覚えたことは悲しい気分のときに思い出しやすい。

　一度長期記憶に入った情報は長らく保持されるが、ときには思い出す（検索する）ことができなくなる場合もある。思い出せそうで思い出せないという現象を「舌先まで出かかっている（tip of the tongue ; TOT）」という意味で TOT 現象という。

D　長期記憶の種類

　長期記憶には複数の分類法がある。記述的な形態の記憶か否か、あるいは想起意識を伴うかという次元からの分類を、以下に紹介する。

[1] 宣言的記憶と手続き的記憶

　長期記憶は、大きく2つの種類に分けることができる。ひとつは、ある事柄について記述的な形で覚えている宣言的記憶（declarative memory）である。一方、泳ぎ方やテニスのサーブの仕方など、言語的に記述することが困難であり、手順や手続きとして覚えているものは、手続き的記憶（procedural memory）という。心理学研究においては、手続き的記憶よりも宣言的記憶の方が広く研究対象とされてきた。

　宣言的記憶は、さらに2つに分かれる（Tulving, 1972）。ひとつは意味記憶（semantic memory）、他のひとつはエピソード記憶（episodic memory）である。意味記憶は、一般的な知識として蓄えられている記憶であり、エピソード記憶は、出来事の記憶である。たとえば、「子どもの頃、家で飼っていたカナリアは黄色かった」はエピソード記憶、「（一般的に）カナリアは黄色い」は意味記憶である。

　エピソード記憶の場合は、自分が経験したこととして、リアリティを強く感じる。一方、意味記憶は、もともと知識として学んだ内容や、直接的な体験が抽象化・一般化されてでき上がった記憶であるため、具体的な実感を伴わない。

　私たちのもつ膨大な量の意味記憶に含まれる概念は互いに関連づけられており、意味のつながりででき上がった図3-3のような意味ネットワーク（semantic network）を形成していると考えられている（Collins & Loftus, 1975）。

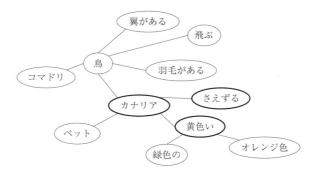

図3-3　意味記憶のネットワークモデル
（Collins & Loftus, 1975 より作成）

このネットワークのリンクをたどって概念の活性化が広がっていく。たとえば、「カナリア」という語を呈示されると、「黄色い」「さえずる」などの語が活性化されるのである。

[2] 顕在記憶と潜在記憶

長期記憶はまた、顕在記憶と潜在記憶に分かれる。「このことを覚えている」「これは知っている」といった明確な意識を伴って記憶されている情報の他に、そうした意識を伴わないが実際には記憶されている情報が、確かに存在する。前者は顕在記憶（explicit memory）、後者は潜在記憶（implicit memory）という。では、意識に上らないはずの潜在記憶が、それでもやはり存在するということが、どうしてわかるのだろうか。

タルビング（Tulving, E.）らは、プライミング（priming）と呼ばれる次のような実験手続きを用いて潜在記憶の存在を示すことに成功した（Tulving, Schacter & Stark, 1982）。もとは英語の実験であるが、日本語の単語を例に挙げて説明すると、次のようになる。まず、実験群ではプライムと呼ばれる先行刺激を与える。たとえば、「ニガウリ」といった単語をプライムとして実験参加者に呈示する。その後、これとは無関係な別の課題だとして、「ニ□□リ」（これがターゲット刺激になる）を見せ、意味のある単語となるように□の部分を埋め、単語を完成してもらう。すると、プライムを与えない統制群に比べて実験群では、「ニワトリ」でも「ニッポリ（日暮里）」でもなく、「ニガウリ」とするケースが多くなる。ここで興味深いのは、実験参加者が「ニガウリ」という語を呈示されたということを思い出せない場合にも、同じことが起こるという点である。こうした単語完成課題（word fragment completion task）の結果から、意識には上らなくとも、確かに「ニガウリ」の記憶が潜在的な形で残っていると考えられる。このように私たちは、以前目にした情報から、知らず知らずのうちに影響を受けているのである。

E　日常記憶

ここまでの話は、どちらかといえば実験室における記憶研究が中心であった。しかし最近、日常場面での記憶を対象とした研究が増えている。その主なトピックを次に挙げる。

[1] 自伝的記憶

エピソード記憶のなかでも、自己との関わりが特に強いものを、コンウェイ（Conway, M. A.）は自伝的記憶（autobiographical memory）と呼んだ（Conway, 1990）。あたかも自伝を書くときのように、「あのとき、私はこうしていた」「あの頃、こんなことがあった」というように自分自身の過去経験としてよみがえる（想起される）記憶である。佐藤（2008）は、自伝的記憶はエピソード記憶よりもあいまいな概念であり、過去の自己に関する情報の記憶と定義することが研究の実情に合うと述べている。自伝的記憶は、そのリアルな実感とは裏腹に、客観的事実と食い違うことも珍しくない。私たちの幼い頃の体験は、記憶が未発達であるとともに言語化する力もまだ不十分であるため、ぼんやりした映像のような状態で記憶されていることが多いが、幼児期の記憶のこうした特質を利用し、ハイマン（Hyman, I. E.）らは、次のような巧妙な実験を行った（Hyman et al., 1995）。まず、あらかじめ実験参加者の親から聞き出した、本当に起こった出来事に加えて、たとえば、「5歳のとき、ショッピングモールで迷子になった」など偽りの出来事を混入させたリストを作成する。このリストを呈示し、思い出すよう教示する。すると実験参加者は、はじめ、偽りの出来事を「思い出せない」という。しかし驚くべきことに、2度、3度と想起に努めるうちに、1/4ほどの人々が、「そういえば、そんなことがあった」と、偽りの出来事を「思い出す」のである。こうした偽りの記憶を、フォールスメモリ（虚偽記憶）（false memory）という。記憶には、このように比較的容易に他者から操作され、意図的に歪められるという側面がある。

[2] 目撃記憶

偶然見かけた事故や事件の現場の記憶を再現するように求められたときの目撃記憶（eye-witness memory）において、事後的に与えられた誘導情報が記憶ひいては目撃証言の歪みを生むことがある。ロフタス（Loftus, E. F.）とパーマー（Palmer, J. C.）の興味深い実験が、この事実を浮き彫りにしている（Loftus & Palmer, 1974）。彼らはまず、実験参加者に自動車事故のフィルムを見せた後、Aグループには「車がぶつかったとき、どれくらいのスピードで走っていましたか？」、Bグループには「車が激突したとき、どれくらい

のスピードで走っていましたか？」と尋ねた。このわずかな表現の違いによって、Bグループの答えはAグループの答えよりも、平均して時速10キロほど速くなった。さらに1週間後、「ガラスが割れるのを見ましたか？」という問いに「はい」と答えた人数は、それぞれ50人中、Aグループ7人、Bグループ16人だった。実際には、フィルムのなかでガラスは1枚も割れていなかったのである。このような目撃記憶の危うさは、司法場面における目撃証言にも反映される。しかし一般に、自らの記憶に対する目撃者の確信度は高く、記憶に対する根拠のない自信が、目撃証言の取り扱いを困難なものにしている。

[3]　展望記憶

　記憶といえば、過去のものというイメージが強いが、実は、未来に向けての記憶もある。たとえば、買い物に行ったときの買い忘れ、うっかりポストの前を通り過ぎてしまう手紙の出し忘れ、持参すべき物や持ち帰るべき物を置きっぱなしにしてしまう置き忘れ、そして約束したことを忘れてしまうなど、種々の「し忘れ」は、日々の生活のなかでたびたび経験することである。

　このように、将来に向けて保持しておくべき記憶は、展望記憶（prospective memory）という。展望記憶の実験では、あとからすべきこと、たとえば、別室の人にメッセージを伝えるようにと告げたうえで、実験参加者を無関係な別の作業に従事させ、その後で、別室の人への伝言をどれだけ覚えているかを調べるといった手法が用いられる。

F　おわりに

　記憶研究は現在、認知心理学のなかで最も活発に研究が進められている分野のひとつである。最近の特徴は、実験室実験に加えて、日常的な場面での記憶をも重視していこうという姿勢である。かつて記憶の実験は、状況設定が日常とかけ離れている点を問題視されてきた。統制された実験室実験を中心とする研究の方法に対して、ナイサー（Neisser, U.）は、次のような批判を行っている。「過去100年間の記憶研究は、日常世界の実際的問題や自然な状況を対象としてこなかった。極めて人工的で制約された状況

の下での知見は、実際に人々が知りたいと願う問題にはほとんど答えていない。心理学研究には、生態学的妥当性（ecological validity）が必要である」(Neisser, 1978)

　ここでいう生態学的妥当性とは、独立変数を操作するために設定された実験状況が、日常場面の状況を反映していることを意味する。たとえば、初期の記憶研究では、DAX, MIB, …といった無意味綴り（nonsense syllable）のリストを覚えるという非日常的な課題が用いられており、生態学的妥当性が低いということになる。その後、実験室研究と日常研究とは二者択一的なものではなく、むしろ補完的なものであるととらえられるようになる。両者は対立関係というよりは協調関係にあるとみなされるようになった（Eysenck & Keane, 2010）。日常記憶研究の最近の隆盛は、そうした歴史的背景を経て到達した現在の記憶研究の姿といえるだろう。ただ、日常記憶研究においては、記憶に影響する要因が複雑であったり、記憶の測定が困難であったりする問題点の解決に、さらなる工夫が必要となるだろう。

▌トピック3-1▐　ワーキングメモリ

　認知心理学における初期の情報処理モデルは、感覚記憶、短期記憶、長期記憶からなるシンプルなボックスモデルが主流であった。これに対してバデリー（Baddeley, A. D.）とヒッチ（Hitch, G.）は、短期記憶に代わる概念としてワーキングメモリ（作動記憶）（working memory）を用いることを提唱している（Baddeley & Hitch, 1974）。

　短期記憶とは異なり、ワーキングメモリは、情報の一時保存のみならず、暗算や談話・文章の理解、推論などの複雑な認知活動を行う場所と位置づけられる。バデリーらの初期のモデルでは、ワーキングメモリは、情報を言語的に保持する音韻ループ、情報を視空間的なイメージとして保持する視空間スケッチパッド、そして中央実行系の3つの要素からなるとされていた。このなかで、最も重要な役割を果たすのは、中央実行系（central executive）と呼ばれる部分である。ここでは、ワーキングメモリ内の情報の流れをコントロールし、長期記憶からの情報検索や、音韻ループ、視空間スケッチパッドへの情報の割りつけを行い、また、注意容量の限界の範囲で作業を行えるように、重要度の高い順に注意資源を配分する。後にバデ

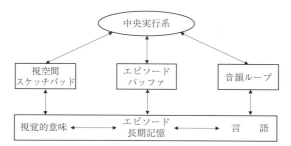

図 3-4 ワーキングメモリのモデル（Baddeley, 2000 より作成）

リーは、3つの要素にもうひとつ要素を追加しており、これはエピソードバッファといわれるものである（図3-4）。エピソードバッファは、視覚情報や音韻情報、そして長期記憶から受けとった情報を統合して、一時的に保存する場所である（Eysenck & Keane, 2010）。

　認知心理学の現在の情報処理モデルにおいては、ワーキングメモリの中央実行系が、特に注目されている。それは、中央実行系が、プランニングや意思決定、エラー分析、適応的な行動などを必要とする状況における注意機能を果たしているからである（Shallice & Burgess, 1993）。このように、ワーキングメモリは、記憶とともに注意（attention）の色彩が強く、バデリーも当初は、「ワーキングメモリと命名すべきか、ワーキングアテンションと命名すべきか」を迷ったという（Baddeley, 1993）。

2　学習

A　はじめに

　日常場面で「学習する」といえば、多くの場合、「勉強する」という意味になる。それでは、心理学においては、どうなのだろうか。心理学では、学習（learning）をより広くとらえ、「経験による、比較的永続的な行動や認知の変化」と定義している。つまり、これまでとは違う行動をとるようになったり、わからなかったことがわかるようになったり、ものの見方や考

え方が変わったりすることを意味する。そして、人間だけではなく、動物の学習も、研究の対象となる。あなたは、サーカスの動物たちが芸を披露したり、犬が「お手」や「おすわり」をするのを見たことがあるだろうか。それらは、学習によって身につけたものなのである。

　心理学における学習研究の歴史は、動物から始まり人間へと対象を広げてきた。動物の学習と人間の学習の共通点や違いを考えながら、研究の成果を見ていくことにしよう。

B　連合的学習

　20世紀のはじめに、ワトソン（Watson, J. B.）によって始められた行動主義心理学は、刺激（stimulus）と反応（response）の結びつき、つまり連合の形成に着目した。外から与えられた特定の刺激に対して、動物や人間がある特定の反応をするという、刺激・反応の連合がどのように作られるのかという点について、行動主義心理学者たちは研究を進めた。その結果、古典的条件づけとオペラント条件づけという2つの連合を見出したのである。

[1]　パブロフの古典的条件づけ

　そもそものきっかけは、ノーベル賞を受けたロシアの生理学者パブロフ（Pavlov, I. P.）が、偶然、次のような事実を発見したことだった。パブロフは消化腺の研究のために、実験対象としてイヌを使っていた。イヌはエサを食べるとき唾液を分泌するのだが、それよりも前に、エサをくれる人の靴音が聞こえただけで唾液の分泌が始まるようになった。これは、靴音を聞いてエサを思い浮かべることによって生じた反応と考えられる。この現象に興味を持ったパブロフは、靴音の代わりにベルの音を聞かせても同様の効果があることを確認した。まず、イヌにベルの音を聞かせ、その後すぐ、エサのミートパウダーをイヌの口に入れると、イヌは唾液を分泌する。このベルの音とエサとを連続セットにして何度も与えると、そのうち、イヌはベルの音を聞いただけで唾液を分泌するようになるのである（図3-5）。つまり、ベルの音という刺激と唾液の分泌という反応とが連合したわけであり、この連合の形成が、古典的条件づけ（classical conditioning）あるいはレスポンデント条件づけと呼ばれるものである。

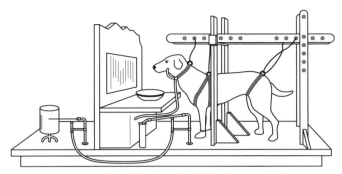

図 3-5　古典的条件づけの実験装置 (Pavlov, 1927)

　イヌはエサを食べると、生得的な反応として唾液を分泌するので、エサ
を無条件刺激、唾液分泌を無条件反応または無条件反射という。ベルの音
は、最初はイヌにとって全く意味のない中性刺激であったが、条件づけに
より唾液分泌を引き起こすようになる。そこで、ベルを条件刺激といい、
ベルの音で引き起こされた唾液分泌を条件反応または条件反射という。条
件刺激と無条件刺激とを連続呈示して条件反応を引き起こすことを古典的
条件づけにおける強化 (reinforcement) という。では、ベルの音を少し変化
させるとどうなるのだろうか？　実は、ベルの音の高さが少し変化しても、
条件反応は生じる。このように、条件刺激とよく似た刺激に対しても条件
反応を起こすこと、つまり条件刺激が類似の刺激にまで広がることを、般
化 (generalization) あるいは刺激般化という。

　なお、ベルの音を聞いただけで唾液を分泌するようになったイヌに対し
て、ベルの音だけを聞かせてエサを与えないということを繰り返すと、唾
液の分泌量は徐々に少なくなり、しまいには分泌しなくなる。これを消去
(extinction) という。

　この発見にヒントを得たワトソンは、人間の恐怖反応も古典的条件づけ
の原理によって生じるのではないかと考え、実験を行った。これが、有名
なアルバート坊やの実験である (Watson & Rayner, 1920)。生後 11 ヶ月のア
ルバート坊やと呼ばれる男の子が白ネズミに手を伸ばそうとしているとき
に、その後ろで、いきなり「ガーン」という大きな金属音を聞かせる。す

ると、アルバート坊やはびっくりして泣き出してしまう。この手続きを数回繰り返したところ、アルバート坊やは白ネズミを見ただけで怖がって泣き出すようになった。それからは、白ウサギ、白い毛皮のコート、男性の白いヒゲなどまでも怖がるようになったのである。先ほど述べた般化の現象が、ここでも現れている。なお、こうした倫理的に問題のある実験は、現在では禁止されている。

　恐怖心をはじめとする不快感情だけでなく、快感情も、古典的条件づけによって引き起こすことができる。たとえば、好みのタレントが身につけているというだけで、その服やアクセサリーが素敵に感じられたり、いつも突拍子もないことを言って笑いを誘う人が何か発言をしかけただけで笑ってしまうというのは、その例である。

[2] ソーンダイクの試行錯誤学習

　パブロフやワトソンとは別に、動物の学習についての実験を行っていたのはソーンダイク（Thorndike, E. L.）である。彼は、動物が問題を解決するために自ら環境に働きかけるタイプの学習をはじめて研究した。そのために用いられたのが、図3-6のような問題箱（problem box）である。

　問題箱のなかに空腹のネコを入れ、箱の外にエサを置くと、それを食べたくて仕方がないネコは、箱のなかであちこち動いて外に出るために試行

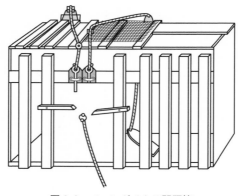

図3-6　ソーンダイクの問題箱

錯誤する。そのうち、床のペダルをネコがたまたま踏むと、扉が開いて外に出ることができる。このプロセスを繰り返すと、ネコが問題箱から出てくるまでの時間は次第に短くなる。つまり、外に出るための行動が学習されるのである（Thorndike, 1911）。こうした学習は試行錯誤学習と呼ばれる。

　ペダルを踏むと外に出てエサが食べられるという具合に、ある反応が行動主体に満足をもたらす、つまり、ある反応が効果をもたらす場合には、その反応は起こりやすくなる。この原理が、効果の法則である。受動的に刺激を受けて形成される古典的条件づけによる学習とは異なり、試行錯誤学習は、自発的行動による学習である。

[3]　スキナーのオペラント条件づけ

　ソーンダイクの試行錯誤学習を受け継いだのは、スキナー（Skinner, B. F.）である。彼は、自発的行動による学習をオペラント条件づけ（operant conditioning）、いいかえれば道具的条件づけの研究へと洗練させていった。スキナー（Skinner, 1938）は、スキナー箱と呼ばれる仕掛けを作り、ネズミやハトを用いて、オペラント条件づけを行った（図3-7）。

　オペラント条件づけとは、ある行動が自発的に行われたとき、外部から快刺激あるいは不快刺激を与えたり、逆に取り除いたりすることによって、その行動を増やしたり減らしたりすることである。刺激を与えることで自発的行動を増やす操作を正の強化といい、与えられた刺激を正の強化子という。たとえば、偶然あるレバーを押すとエサが出るという経験をしたネズミは、エサ（正の強化子）ほしさにレバーを押すようになる。逆に、刺激を取り除くことで自発的行動を増やす操作を負の強化といい、取り除かれた刺激のことを負の強化子という。たとえば、偶然あるレバーを押すと電気ショックから逃れられるという経験をしたネズミは、電気ショック（負の強化子）から逃れたくてレバーを押すようになる。また、刺激を与えることで自発的行動を減らす操作を正の罰という。たとえば、偶然あるレバーを押して電気ショックを与えられたネズミは、電気ショックを避けたいためレバーを押さなくなる。逆に、刺激を取り除くことで自発的行動を減らす操作を負の罰という。たとえば、偶然あるレバーを押すと、エサを与えられなくなったネズミは、エサを失いたくないためレバーを押さなくなる。

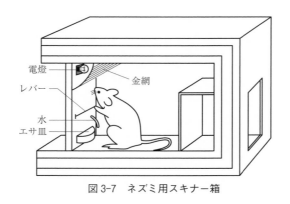

図3-7　ネズミ用スキナー箱

なお、エサが正の強化子となるためには、ネズミは空腹でなければならない。エサは誘因として、空腹は動因として、レバー押し学習を動機づけるのである。

　ところで、ネズミがレバーを押してもエサを与えないようにすると、やがてネズミはレバーを押さなくなる。つまり、せっかく学習した行動が消えてしまう。これを消去という。

　動物に芸を覚えさせようとする場合には、実はこのオペラント条件づけが用いられる。芸ができるとエサを与えるわけだから、正の強化である。反対に、イヌがスリッパをかじるなど、望ましくない行動に対してお仕置きを繰り返し、その行動をやめさせるのは、正の罰ということになる。

C　認知的学習

　学習を刺激と反応の連合とみなす連合的学習だけで、学習のすべてを説明し尽くせるわけではない。たとえば、ベルが鳴るとエサが出る、レバーを押すとエサが出る、という随伴性（contingency）をイヌやネズミが認知したことによって学習が生じた、つまり、イヌやネズミの認知に変化が起こったととらえることもできる。動物や人間の学習には、行動変容の背景に認知の変容を仮定すべき学習が多い。特に認知の変容が重要な役割を果たす学習は、認知的学習と呼ばれる。認知的学習研究の先駆けとなったのは20世紀初頭のゲシュタルト心理学であり、認知心理学がこれに続く。

[1] ケーラーの洞察学習

　ゲシュタルト心理学者のケーラー (Köhler, W.) は、動物の知能や問題解決行動を研究した。たとえば、チンパンジーの知恵実験と呼ばれる有名な実験がある。もともとチンパンジーは賢い動物である。そのチンパンジーが、問題解決のために道具を使うことができるかどうかを調べるために、ケーラーは次のような実験をした (Köhler, 1921)。まず、高い天井からバナナをひもでつるした部屋にチンパンジーを入れる。バナナはチンパンジーの大好物なので、なんとかしてバナナを取ろうとするが、手が届かない。すると、チンパンジーは、部屋の隅にあった木箱に目をつけ、箱を積み重ねて踏み台を作った。そして、うまくバナナを取ることができたのである。

　この問題解決は、試行錯誤によるものではなく、洞察 (insight) によるものである。このチンパンジーは、行動を起こす前に注意深く部屋を観察し、木箱を踏み台に見立てたと考えられる。洞察は当然、人間の問題解決にも見られ、柔軟な思考によって起こりやすくなる。

[2] バンデューラの観察学習

　私たちは、強化されなくとも、ただ他者の行動を観察するだけで、自然にその行動をとるようになることがある。このような学習を観察学習（モデリング）と呼ぶ。

　バンデューラ (Bandura, A.) らは、次のような実験を行った (Bandura et al., 1963)。実験参加者は4歳前後の男女の子どもたちである。実験群では、大人が、大きな空気人形を殴ったり蹴ったりする攻撃行動を子どもたちに見せる。一方の統制群では、これを見せない。そして、自由遊びの時間に子どもたちがどのような遊びをするかを観察した。すると、統制群に比べて実験群の子どもたちは、モデルとなった大人の攻撃行動を真似して人形に乱暴を加える遊びをすることが多かった。このことから、大人の攻撃行動をただ観察しただけで、子どもたちがそれを学習したと考えられる。バンデューラらは、さらに次の2つの条件についても調べた。先ほどの攻撃行動をフィルムに撮って見せる条件と、漫画の主人公であるネコのキャラクターが人形を攻撃するフィルムを見せる条件である。その結果、どちらの条件でも、やはり統制群よりも多くの攻撃行動を示すことがわかった。

　このように、映像の動物キャラクターのふるまいでさえ子どもたちに影響を与え、しかも望ましくない攻撃行動をも、そうしたキャラクターから子どもたちが学び取ってしまうならば、子育てや子どもの教育に関わる人々のみならず、子どもの目に触れるテレビ番組等の作成者も、注意しなければならないといえるだろう。

[3] 複雑な認知的学習

　これまで紹介した学習は、外から観察可能な行動を研究対象としていた。単純な学習ならば、行動観察によって調べることができるが、より複雑な学習となると、これだけでは十分ではない。複雑な学習の場合には、行動を支える認知そのものに焦点をあてて調べていくことが必要になる。こうしたニーズに応えるように、人間の認知（頭の働き）を調べる認知心理学が、20世紀半ばに現れた。認知心理学の主な研究対象は、見る、聞く、覚える、考える、理解する、話す、書くといった認知活動、いいかえれば情報処理活動である。前節で論じた記憶は、「覚える」に相当する認知活動である。複雑な内容の記憶には思考や理解が必要であり、よく考え理解したことがらの記憶は、定着しやすい。単に知識を増やすだけでなく、知識の構造化を進めることや必要なときに知識を使える状態にすることなどが、認知的学習においては重要な課題となる。

[4] 学習の転移

　既に学習したことが、新たな文脈で活用できる状態になることを転移（transfer）と呼ぶ。たとえば、ワゴンセールで「5割引の商品が、そこからさらに4割引！」という表示を見て、「……ということは、9割引なのだ」と勘違いする人は、算数の授業で習った計算の知識が日常場面にうまく生かせていないと考えられる。つまり、学習が転移していないことになる。いわゆる「応用がきく」という表現も、転移と密接な関係がある。転移には、近転移（よく似た内容や状況で起こる転移）と遠転移（あまり似ていない内容や状況で起こる転移）がある。近転移に比べて、遠転移は容易には起こりにくい。このことが、学力テストなどに見られる応用力の欠如として、しばしば問題になる。

　では、見かけの異なる状況で学習の転移が起こるためには、何が必要なのだろうか？　最も重要なことは、課題の本質を見抜くことである。たとえば、「5人家族なら、カップ1/2の小麦粉を使う」と書かれたレシピを見ながら3人家族の料理を作る場合に必要な、1/2×3/5という計算が、実は先の「5割引にした値段の4割引はいくらか」という課題にも使える。このことが理解できるようになるためには、課題の表面的な違いに惑わされず、何が求められているかという課題の本質的な類似性に気づくことが要求される。

　なお、先に述べた古典的条件づけにおける般化では、学習主体はあくまで受動的であったが、これとは対照的に、転移では、学習主体の能動的な認知が要求される。

[5] 学習の自己調整

　人間の学習の特徴として、その認知的複雑さに加え、自らの意思で学ぶ能動性を挙げることができる。学習における能動性、いいかえれば、学習の行為主体性（agency）（Bandura, 2001）こそが、人間の学習の最も人間らしい部分である。バンデューラは、自分の考えや行為を省察するメタ認知能力が、人間の行為主体性の重要な特徴のひとつであるという。メタ認知（metacognition）とは、認知心理学において近年注目を集めている概念であり、認知についての知識や、認知をモニターしコントロールすることを意味する。自分の考えをチェックしたり、学習の目標や計画を立てたり、学習に効果的な方略を選択したりすることは、メタ認知を働かせていることになる（三宮、2008a）。

　学習の自己調整には、こうしたメタ認知が不可欠である。学習者自らがメタ認知を働かせて主体的に行う学習を、ジマーマン（Zimmerman, B. J.）は、自己調整学習あるいは自己制御学習（self-regulated learning）と呼んでいる（Zimmerman, 1989）（トピック 3-2 参照）。

D　おわりに

　学習研究の最近の特徴は、2つにまとめることができる。ひとつは、記憶の場合と同様、より日常的な学習に焦点を当てることが多くなった点で

ある。実験室研究だけでは、実際の場面で私たちの学習がどのように成立するのかを調べることができない。一方、多くの人々が知りたいことは、現実生活における学習の成り立ちや、どうすればよりよく学習できるかという問題である。こうした現実的ニーズに応えるべく、人間を対象とし、現実性を重視した学習研究が盛んに行われるようになった。その結果、学習の転移や自己調整、それを支えるメタ認知といったトピックが浮上してきたのである。さらに、個人で完結する閉じた学習に限ることなく、他者と協働して学ぶ協働学習や、学習への文化的、状況的影響などの問題も積極的に扱われるようになった。こうした日常的な学習研究の今後の発展には大いに期待できるだろう。

　もうひとつの特徴は、行動主義心理学の新たな展開である。認知心理学の台頭によって、行動主義心理学は廃れたかの印象をもつ人もいるかもしれない。しかし実は、そうではない。行動主義は、心理療法としての行動療法に応用され、それはさらに認知行動療法に統合されて近年大きな発展を遂げているのである。

　人の行動を変えるには、行動に直接働きかける方法と、認知に働きかける方法がある。そのどちらが優れているかという問いの立て方には、あまり意味がない。対象により、問題に応じて、適切に使い分けることこそが重要である。その意味で、連合理論と認知理論とは、相反するというよりは、相補うものなのである。

トピック3-2　　学習におけるメタ認知の役割

　メタ認知とは、認知についての認知、すなわち私たちの行う認知活動を対象化してとらえることをいう。三宮（2008b）は、メタ認知がメタ認知的知識とメタ認知的活動に大きく分かれることを紹介している。メタ認知の区分と具体例は、表3-1に示す通りである。

　メタ認知的モニタリングとメタ認知的コントロールは密接に関連して機能する。すなわち、モニターした結果に基づいてコントロールを行い、コントロールの結果をまたモニターし、さらに必要なコントロールを行う……といった具合に、両者は循環的に働くと考えられる（三宮、2008b）。学習者が自らの学習を自己調整するためには、こうしたメタ認知が不可欠である。

　メタ認知は、学習を大きく左右する。自分の認知特性や人間一般の認知特性を知ることが、自分の学習をモニターし、コントロールする手がかりとなり、自己調整学習に役立つ。

　なお、ニューロイメージングなどの手法を用いた神経心理学の知見では、メタ認知の働きは前頭連合野（前頭前野）の機能としてとらえられている。

表 3-1　メタ認知の区分と具体例（三宮、2008b より作成）

メタ認知的知識

メタ認知的知識の区分	具体例
①人間の認知特性についての知識	「自分で必要性を感じて学習したことは、身につきやすい」 「私は英語の聞き取りが苦手だ」
②課題についての知識	「2 桁の足し算は 1 桁の足し算より誤りやすい」
③課題解決の方略についての知識	「ある事柄についての理解を深めるには、誰かにそれを説明してみることが役立つ」

メタ認知的活動

メタ認知的活動の区分	具体例
①メタ認知的モニタリング 認知についての気づきや予想・点検・評価などを行うこと	「なんとなくわかっている」 「この問題なら簡単に解けそうだ」 「この考え方でいいのか」 「ここが理解できていない」
②メタ認知的コントロール 認知についての目標を立てたり、計画・修正したりすること	「完全に理解しよう」 「簡単なところから始めよう」 「この考え方ではだめだから、別の考え方をしてみよう」

引用文献

Atkinson, R. C., & Shiffrin, R. M. (1968). Human memory: A proposed system and its control processes. In K. Spence & J. Spence (Eds.), *The Psychology of Learning and Motivation*, Vol. 2, New York: Academic Press.

Baddeley, A. D., & Hitch, G. (1974). Working memory. In G. H. Bower (Ed.), *The psychology of learning and motivation*, Vol. 8, Academic Press.

Baddeley, A. D. (1993). Working memory or working attention? In A. D. Baddeley, & L. Weiskrants (Eds.) *Attention: Selection, awareness, and control.* Oxford: Oxford University Press.

Baddeley, A. D. (2000). The episodic buffer: A new component of Working Memory? *Trends in Cognitive Science*, **4**, 417-423

Bandura, A. (2001). Social cognitive theory: An agentic perspective. *Annual Reviews of Psychology*, **52**, 1-26.

Bandura, A., Ross, D., & Ross, S. A. (1963). Imitation of film-mediated aggressive models. *Journal of Abnormal and Social Psychology*, **66**, 3-11.

Collins, A. M., & Loftus, E. F. (1975). A spreading-activation theory of semantic processing. *Psychological Review*, **82**, 407-428.

Conway, M. A. (1990). *Autobiographical memory: An introduction.* Backingham : Open University Press.

Ebbinghaus, H. (1885). *Memory: A contribution to experimental psychology* (Tras. by H. A. Ruger & C. E. Bussenues, 1913). New York : Teachers College, Columbia University.

Eysenck, M. W., & Keane, M. T. (2010). Cognitive psychology: A student's handbook, 6th ed. Hove and New York: Psychology Press.

Godden, D. R., & Baddeley, A. D. (1975). Context-dependent memory in two natural environments: On land and underwater. *British Journal of Psychology*, **6**, 325-331.

Hyman, I. E. Jr., Husband, T. H., & Billings, F. J. (1995). False memories of childhood experiences. *Applied Cognitive Psychology*, **9**, 181-197.

Köhler, W. (1921). Intelligenz-enprufungen an menschenaffen, (Tras. by E. Winter, 1925). *The Mentality of Apes.* New York : Harcourt, Brace and World.

Loftus, E. F., & Palmer, J. C. (1974). Reconstruction of automobile destruction: an example of the interaction between language and memory. *Journal of Verbal Learning and Verbal Behavior*, **13**, 585-589.

Neisser, U. (1978). Memory: What are the important questions? In M. M. Gruneberg, P. E. Morris, & R. N. Sykes (Eds.) *Practical aspects of memory.* New York: Academic Press.

Pavlov, I. P. (1927). *Conditional reflexes.* New York: Oxford University Press.

三宮真智子 (2008a). 学習におけるメタ認知と知能　三宮真智子（編著）メタ認知──学習力を支える高次認知機能　第 2 章　北大路書房　pp. 17-37.

三宮真智子 (2008b). メタ認知研究の背景と意義　三宮真智子（編著）メタ認知──学習力を支える高次認知機能　第 1 章　北大路書房　pp. 1-16.

佐藤浩一 (2008). 自伝的記憶研究の方法と収束的妥当性　佐藤浩一・越智啓太・下島裕美編著（2008）自伝的記憶の心理学　北大路書房　pp. 2-18.

Shallice, T., & Burgess, P. (1993). Supervisory control of action and thoughts selection. In A. D. Baddeley, & L. Weiskrants (Eds.) *Attention: Selection, awareness, and control.* Oxford: Oxford University Press.

Skinner, B. F.（1938）. *The behavior of organisms*. New York: Appleton-Century-Crofts.

Sperling, G.（1960）. The information available in brief visual presentation. *Psychological Monograph*, 74, Whole No. 498.

Thorndike, E. L.（1911）. *Animal intelligence*. New York : Macmillan.

Tulving, E.（1972）. Episodic and semantic memory. In E. Tulving & W. Donaldson（Eds.）*Organization of memory*. New York: Academic Press. pp. 382-403.

Tulving, E., Schacter, D. L., & Stark, H.（1982）. Priming effects in word-fragment completion are independent of recognition memory. *Journal of Experimental Psychology: Human Learning and Memory,* 8, 336-342.

Watson, J. B., & Rayner, R.（1920）. Conditioned emotional reactions. *Journal of Experimental Psychology*, 3, 1-14.

Zimmerman, B. J.（1989）. A social-cognitive view of self-regulated academic learning. *Journal of Educational Psychology*, 81, 329-339.

理解を深めるための参考文献

- 今田寛（1996）. 学習の心理学　培風館
- 三宮真智子（2018）. メタ認知で〈学ぶ力〉を高める──認知心理学が解き明かす効果的学習法　北大路書房
- 佐藤浩一・越智啓太・下島裕美編（2008）. 自伝的記憶の心理学　北大路書房

知識を確認しよう

択一問題

(1) 記憶に関する次の記述のうち正しい説明を1つ選びなさい。

① 系列のはじめの方の項目が記憶に残りやすいことを初頭効果、終わりの方の項目が記憶に残りやすいことを末尾効果という。

② リハーサルには、情報をそのまま何度も反復する反復リハーサル、意味づけなど高度な処理を伴う精緻化リハーサルがある。

③ 記憶すべきことを自分に関連づけることで覚えやすくなることを、文脈依存効果という。

④ 自伝的記憶はそのリアルな実感とは裏腹に、客観的事実と異なることもある。

⑤ 事故の目撃者などの、自らの記憶に対する確信度は高いため、目撃証言は信頼できる。

(2) 連合的学習に関する次の記述のうち正しい説明を1つ選びなさい。

① スキナー（Skinner, B. F.）は、白ネズミを使って人間の恐怖反応の条件づけを行った。

② ソーンダイク（Thorndike, E. L.）はチンパンジーを使って試行錯誤学習を見出した。

③ ワトソン（Watson, J. B.）はネズミやハトのオペラント条件づけを行った。

④ ある刺激を与えることで特定の自発的行動を減らす操作を、負の罰という。

⑤ ある刺激を取り除くことで特定の自発的行動を増やす操作を、負の強化という。

(3) 認知的学習に関する次の記述のうち正しい説明を1つ選びなさい。

① バンデューラ（Bandura, A.）は、チンパンジーの知恵実験と呼ばれる有名な実験を行った。

② 観察学習は、動物キャラクターのふるまいを映像で見ただけでは成立しない。

③ 認知活動を主な研究対象とする認知心理学は20世紀半ばに現れた。

④ 学習の近転移は遠転移と同程度に生じやすい。

⑤ 自己調整学習は、メタ認知とは無関係に成立する。

【 論述問題 】

(1) 古典的条件づけについて説明しなさい。

(2) 長期記憶の種類について説明しなさい。

 **キーワード**

感情	動機づけ
情動	欲求
気分	葛藤
表情	ストレス
表示規則	認知的評価
感情の制御	レジリエンス
自律神経系	

本章のポイント

　表情の全く変わらない人が目の前にいると想像してみてほしい。きっとあなたはある種の不安な気持ちを抱いたのではないだろうか。なぜ不安な気持ちになるのか。それは、私たちが対人関係を構築していくうえで、言葉によるコミュニケーションだけではなく、表情から相手の感情を読みとり、時にはそれに基づいてコミュニケーションを続けていくからである。このように感情には、人と人をつなぐ機能が備わっている。時に、感情は冷静さを失わせ、理性的な判断を困難にさせる側面もある。しかし、私たちが感情をもたずに理性のみしかもっていなかったら、人生はどうなってしまうのだろう。この章では、感情の動機づけ機能やメカニズムについて取り上げる。

1　感情とは何か

　感情は、心理学でどのように定義されるのだろうか。私たちの気持ちを表す言葉には、「感情」以外にも「情動」や「気分」という用語もある。では、これらの用語の使い分けはどのようになっているのだろうか。実は、これらの用語を明確に区別することは大変難しい。時代や国によって使われる用語に変遷があり（宇津木、2015）、全く独立した概念であるとはいえず、感情は多義的な用語として理解することができる（遠藤、2009）。

　「感情（feeling）」は、経験の主観的な感じ取り方を表す総称的用語である。心理学の多くの教科書では、"feeling" は「感情」と対応する英語として示されているが、"affect" を感情と訳すこともあり、英語の翻訳に意見の一致がみられていない。そのため、感情を多義的な用語として理解し、あえて英語に対応させず、図4-1 のように "feeling" を「主観的情感」、"affect" を「アフェクト」とし、次に説明する「情動」と「気分」をすべて含めて、「感情」ととらえる考え方も提示されている（遠藤、2009）。

　「情動（emotion）」はあまり聞き馴染みのない言葉であろうが、「急激に生起し、短時間で終わる比較的強力な感情である」「主観的な内的経験であるとともに、行動的・運動的反応として表出され、また内分泌腺や内臓反応の変化などの生理的活動を伴うものである」と定義される（藤永、1981）。たとえば、恐怖の感情を感じる状況を想像してみよう。登山中、うっそうとした茂みのなかに迷い込んでしまい視界も悪いなかで、突然足元に細長い

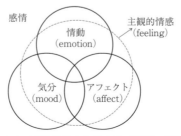

図 4-1　感情に含まれるもの（遠藤、2009）

蛇のようなものが目に入ってきたとする。どのようなことがあなたに起こるだろうか。蛇かもしれない（噛まれたら大けがをしてしまう）という恐怖の感情を経験し、その場から逃げようという行動を開始するのではないだろうか。その緊急行動を可能にするために、生体内では特に交感神経系（sympathetic nervous system）が活性化し、筋肉や内臓に直接的に作用し、逃げる準備をする。そしてその蛇から逃げて安全な場所まで走り切れたら、ほっとし、最初に抱いた恐怖感情も消えるだろう。もちろん、逃げる前に、その細長い蛇のようなものが、単なる曲がった枝であることに気づけば、その場ですぐに恐怖感情は消え、行動も準備段階で終了し、交感神経系の活動もすぐに収まる。このように、情動は①主観的な経験、②身体・生理的変化、③表出（行動、表情）という３つの側面から構成される。恐れ以外にも情動としては、喜び、怒り、悲しみ、嫌悪、驚きといった６つが挙げられ、これらは基本感情（情動）と呼ばれている。なぜ基本感情（情動）と呼ばれているのかについては、本節 B [1]（p. 114）で取り上げる。

「気分（mood）」は、程度はさほど強くはないものの、比較的持続時間が長い（数時間〜数日）感情を指す。憂うつな気分といった表現からイメージできるように、なんとなく何もする気がしない落ち込んでいる状態は、怒りのように急激に生起し、短時間で終わるような感情ではない。そのため、ある気分を抱えながら、さまざまな日常生活上の活動を行うことは可能である。情動の場合は、緊急行動と結びついた感情であるため、その感情がいったん生起されると、緊急行動が終了するまで他の行動を開始することは困難である。緊急性という観点からいえば、私たちの生命維持にとって情動の機能は重要であるが、気分も私たちの健康と密接な関わりがある。特に、最近社会的関心の高い「うつ病」は以前の診断基準（DSM-IV）では、気分障害というカテゴリーに含まれていて、「抑うつ気分」もしくは「興味または喜びの喪失」が２週間以上続いていることが、診断基準のひとつとなっている。抑うつ気分を抱えつつも、休むわけにはいかないと、学校や仕事へどうにか通っている人も多いが、単なる気持ちの落ち込みとして放っておくことは避けなければならない。

このように、感情という言葉は多義的な用語であり、研究者によっては"emotion" を感情と訳していたりと、明確な区別がなされているとは言い

難い。そこで、本章では、気持ち全般を表現するときには「感情」を、特に、身体・生理的変化や表出（行動、表情）を伴う感情について説明するときには「情動」という用語を用いることにする。

A　感情の機能

　私たちはさまざまな感情をもっている。なぜ感情には種類があるのだろうか。感情は、行動を喚起し方向づけることができる。では、感情の種類によって、喚起される行動は異なるのだろうか。ここでは、まず感情の過程を確認してから、種々の感情の機能について、個人内と個人間の2つの観点からみていく。

[1]　感情過程

　前節で説明した情動の構成要素、①主観的な経験、②身体・生理的変化、③表出（行動、表情）は、図 4-2 に示すように、まず出来事に対する評価や解釈といった、認知的評価（cognitive appraisal）後の一連の反応ととらえられる。ある特定の状況は、あなたにとっては怒りを喚起させるかもしれないが、他の人にとっては悲しみを喚起させるかもしれない。同じ状況において、なぜあなたは怒りを感じ、他の人は悲しいと感じるのだろうか。それは、まさに最初の認知的評価が異なっていたからである。つまり、どのような感情が喚起されたかは、その人がどのようにその状況を解釈したかにかかっているわけである。表 4-1 に代表的な感情とそれを引き起こす中心的テーマがまとめられている。

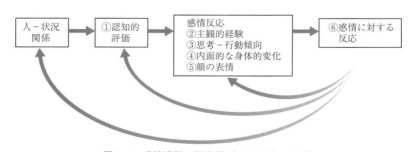

図 4-2　感情過程の概念図（スミス他、2005）

表 4-1　各感情における中心的テーマ（Lazarus, 1991）

感　情	中心的テーマ
怒り	自分の品位を落とすような、自分自身や自分のものに対する攻撃や侮辱を経験する。
不安	漠然とした、いまだ不確かな脅威を経験する。
恐れ	直接的に身に迫る具体的な危険を経験する。
罪悪感	道徳的規律に違反する。
恥	自分自身の理想にそぐわない経験をする。
悲しみ	取り返しのつかない喪失を経験する。
羨望	誰か他の人が持っており、自分にないものを欲しがる。
嫉妬	自分が愛情を向ける相手に近づき、自分からその相手を奪い取ってしまうような第三者に対して憤慨する。
嫌悪	とても消化できないようなものや不快なもの、考えなどを受け入れる、あるいはそれらに近づいてしまう。
喜び	自分の目標の実現に向けて前進がある。
誇り	自分が価値を置いていることが他者に認められ、自分のアイデンティティの高まりを経験する。
安堵	自分の目標にそぐわない苦痛なことが良い方向に変化する、あるいは取り払われる。
希望	事態の悪化を恐れつつ、良い方向に進むことを熱望する。
愛情	たとえ報われないようなことがあっても、ある特定の他者に特別な思慕を寄せ、関わろうとする。
同情	他者の苦しみに気持ちを動かされ、助けたいと思う。

表 4-2　感情と思考 - 行動傾向（スミス他、2005）

感　情	思考 - 行動傾向	感　情	思考 - 行動傾向
怒り	攻撃する	喜び	遊ぶ
恐れ	逃避する	興味	探求する
嫌悪	吐き出す	満足	楽しむ、まとめる
罪悪感	改心する	誇り	大きな夢をみる
恥	姿を消す	感謝	向社会的になる
悲しみ	身を引く	高揚	良い人物になる

　では、主観的な経験の後にとられるであろう行動はどのようになっているのか。表 4-2 にいくつかの感情とそれらが導く思考 - 行動傾向が示されている。否定的な感情の場合は、思考 - 行動傾向は狭く特殊なものとなり、肯定的感情では、拡張され、実行可能な事柄がより広がる。

[2] 感情の個人内機能

　前項で感情の機能とそのプロセスについてみてきたように、感情の生起は私たちのその後の行動を導く重要な役割を担っている。そして、その導かれた行動は、ネオ・ダーウィニズムの研究者が「感情は生存にとって必要であるから進化の過程を経て残ってきた」と主張しているように、私たち人間が生存していく、つまり種の保存において必要であったからだと考えられるのである。

　前節の情動の説明の箇所で取り上げた「恐怖」は、まさに生きるか死ぬかという状況において生起することにより、逃避という行動を導き、危険な状況から安全な状況へと自らを移動させることによって、生命を保持していることになるのである。さらに、情動を伴う出来事は、記憶として残りやすい。恐怖が喚起された危険な状況について記憶に留めておくことは、再度似たような状況に直面したときに、逃げるという適応的な行動へと導いてくれるものと考えられる。現在、情動を伴う出来事の記憶である情動記憶については、心理学のみならず、医学や神経科学の分野でも関心が高く、その生物学的基盤に関する研究が盛んに行われているが、その昔から、情動と記憶の関連については強い関連性があることは経験的に知られていた。中世の時代、まだ過去の記録を書き残す習慣がなかったときには、重要な出来事（たとえば、土地の譲渡や、有力な家系の間の重要な結婚式や交渉など）は、ある方法で記録されていたという。どのような方法だったと想像するだろうか。なんと、そのような重要な出来事を記録するために、7歳くらいの子どもを選び、慎重に事実経過を観察するように指示し、その後、川のなかに投げ込んだというのだ。このようにすることによって、川に投げ込まれて喚起された恐怖感情が、その出来事の記憶を印象付け、その子の一生涯にわたり保持されると考えられていたというわけである（McGaugh, 2003）（トピック参照）。

　このように情動記憶には、記憶を長持ちさせるという適応的な側面がある一方、遭遇した状況が強烈に情動反応を引き起こすものであった場合、かえって適応的な行動がとれなくなることがある。その結果、心的外傷後ストレス障害（Post-Traumatic Stress Disorder; PTSD）をもたらすこともある。日本では1995年の阪神淡路大震災、地下鉄サリン事件の後に広く知られ

るようになった障害である。

[3] 感情の個人間機能

　前項では、感情の個人内機能、つまり自分にとっての感情に関わるものについて述べた。しかし、感情のプロセスのなかに、感情の表出として表情が挙げられていたように、感情には外に対して開かれた側面がある。つまり、他者がその表情などに触れることになるのである。この感情の表出には、①自分がいまどのような状態であるのかを他者に知らせるという情報付与機能、②怒りを感じている自分に恐れを感じてほしいとか、自分の悲しみを共有してほしいなどの感情誘発機能、そして、③これらのことによって他者に特定の行為を引き出させるという行為喚起機能の3つの機能があるといわれている（Keltner & Haidt, 1999；遠藤、2009）。

　少し前のことになるが、筆者の経験からひとつ例を挙げてみよう。ハイチでの大地震発生（2010年1月12日）からだいぶ経ったある日、がれきの下から女児が救出された映像がテレビの画面から目に飛び込んできた。生存率が著しく低下するという地震発生から72時間をとうに過ぎていた時期の救出でもあったためであろう、救助隊員には喜びと安堵の表情が見てとれた。一方、女児は表情に乏しく、母親との再会場面でも表情に変化は見られなかった。救出してもらえ、母と再会できたのに嬉しくないのだろうか。1人ぼっちで何日間にもわたって閉じ込められていたがれきの下で、彼女は感情表現を失ってしまったのだろうか。いろいろな考えが頭を巡った。しかし救出から数日後の映像では、幸い、その女児は救助隊員に向けて、はにかんだ笑顔を見せていたのだ。

　この映像を見ていたときの個人内の感情変化は、まさに個人間機能によるものであったといえよう。救助隊員の喜びの表情から、困難な状況下での任務遂行が達成された状態にあることを知ることができ、そこから同じような感情が誘発された。一方、女児の無表情からは、当然表出されるであろう感情の変化を表情に見てとれないと、女児の心や身体の状態は大丈夫なのだろうかという不安が喚起された。このように私たちは表情から他者の状態を理解し、感情を共有したり、場合によっては援助行動へと進んでいくのである。

　前者の感情を共有するとは、まさに共感するということである。共感と他者を助けていく行動は、私たちが人間関係を構築していくうえでの根幹をなすものといえるだろう。

　ところで、これまで個人間機能について述べてきたが、この機能が成立するためには、ある重要な要件が満たされていることが必要である。つまり、私たちが各種感情と表情との結びつきについて、共通の認識の枠組みをもっていないと、前述の3つの機能（①情報付与機能、②感情誘発機能、③行為喚起機能）は働かないのである。私たちは感情と表情に密接なつながりがあることを経験的に知っており、共通の認識の枠組みをもっていると考えられる。では、私たちは、このつながりをどのようにして獲得したのだろうか。次の節では、感情と表情の結びつきが人類に普遍的である、という議論をその証拠とともに取り上げていく。

B　感情と表情

　感情と表情についての研究をはじめてまとめたのは、進化論の祖として知られるダーウィン（Darwin, C. R., 1872）であった。彼は『人及び動物の表情について』という著書のなかで、人と動物に共通する感情表出について論じ、人の感情表出が進化の歴史を通じて生まれてきた生得的反応であると主張した。感情表出が進化の産物であり、人類という種にとって共通の反応様式であるということは、個人間機能の基盤には、生得的なメカニズムが存在しているということになる。このダーウィンの主張は正しいのだろうか。感情と表情の関係は、学習され、社会や文化によって異なる、という可能性はないのだろうか。次の項から、この感情と表情の関係について、この分野で最も精力的な研究を行い、ダーウィンの主張を実証し、その立場の代表者として知られる心理学者のエクマン（Ekman, P., 1992）の研究を中心にみていく。

[1]　表情の普遍性

　表情には、どのような感情があらわれ、私たちはそれをどのように認知しているのだろうか。感情はいくつかの個別感情（基本感情）からなり、それぞれが特有の表情と対応していることが、1960年代から感情と表情の研

究を精力的に行ってきたエクマンにより明らかにされている。エクマンは、感情表現の仕方に文化差があるのかを明らかにするため、最初、世界各地（チリ、アルゼンチン、ブラジル、日本、アメリカ合衆国）の人々を対象に次のような実験を行い、これを調べている。喜び、怒り、悲しみ、嫌悪、恐れ、驚きの特徴を表す表情の写真をみせ、それぞれの表情が伝える感情を同定してもらうという課題であった。その結果、これらの表情については、どの社会文化においても高い確率で一致した解釈が行われたのであった。さらに、エクマンら（Ekman & Friesen, 1971）は、西洋文化と実質的に接触をもちえていない人々（ニューギニアのフォレ族やインドネシアのダニ族）を対象に同様の実験を行い、彼らが西洋文化圏の人々の表情が表す感情（恐れと驚き以外）をほぼ正確に同定できることを明らかにした。また、フォレ族の人々に特定の状況に結びついた感情を表出するように求め、それを写真に収め、アメリカの大学生にみせて感情を推測してもらったところ、恐れと驚きについては間違うこともあったが、それ以外の感情については正確に同定できたのである。これら一連の研究から、エクマン（Ekman, 1992）は、人種や文化の違いによらず表情を認識できることから、喜び、怒り、悲しみ、嫌悪、恐れ、驚きの6つの感情を、基本感情（情動）であると結論づけている。

　このように、表情は、特定の感情と生得的に結びついていると思われるが、すべての感情表現が普遍的といえるのだろうか。ポーカーフェースという言葉があるように、私たちは状況に応じて、真の感情を意図的に隠すこともできる。日本人は、「感情表現があまり豊かではない」「何を考えているのかわからない」といわれることがあるが、経験的にも感情表出については文化差があるように思われる。次項では、表情の文化差についてみていこう。

[2] 表情の文化差

　感情表現がすべて、生物学的背景をもった生まれつきのものというわけではない。これからみていくように、文化によって表現が異なっている表情は、生まれつきというよりは、生後の学習によって獲得されたものと考えられる。つまり、感情表出のある種の側面は学習されるのである。発達の過程で、私たちは置かれた状況や相手に合わせて、感情表出を柔軟に調

整することを身につけていく。たとえば、マツモト（Matsumoto, D., 1991）は、子どもの教育において、多くのアジア文化圏の国々では、否定的感情反応を控えることを奨励するが、アメリカでは自分の感情をはっきり表現することが奨励されていると指摘している。このように感情表出の適切性については、子ども時代を通して社会的に学習されるのである。

　前項で触れたエクマン（Ekman & Friesen, 1969）は、どのような場面でどのような感情を表出すべきかもしくは表出すべきでないかといったルールを、表示規則（display rule）として提唱した。エクマン自身、感情と表情に関する研究を始めた当初は、感情は生得的なものではなく、社会的に学習されるものであるという立場にいた。しかし、表情認識の実験を通して、表情にある種の普遍性があることを認め、数種の感情を生得的なものとして基本感情（情動）と認識するに至った。とはいえ、経験的に、感情表現に関してすべてが生得的であるとは考えられなかったこともあり、その疑問を解決するために以下のような実験を行って、表示規則に文化差があることを示したのである。彼（Ekman, 1972）は日本人とアメリカ人を対象に次のような実験を行った。凄惨な内容の映画を、1人で見る条件と実験者と同席するという2つの条件下で見せた場合、被験者にどのような反応の変化がみられるのかを観察したのである。その結果、1人で見る条件では、日本人とアメリカ人の表情に差はなかったのに対し、実験者と同席するという条件下では、日本人の表情が全般的に乏しくなったのである。なぜ、日本人は他者と一緒にいることによって、感情表出が抑えられたのであろうか。日米の感情表出の違いについて多くの研究を行っているマツモト（Matsumoto, 1991）は、人間間の基本的な結びつきや相互依存性を強調する集団主義（collectivism）の文化に属する日本人と、個人の基本的な個別性や独立性を強調する個人主義（individualism）の文化のアメリカ人とでは、適切とされる感情に差があることを指摘している。アメリカ人は家族や親しい友人に対して、悲しみや怒りなどのネガティブな感情を表出しても良いととらえる傾向にあるが、日本人はネガティブな感情は抑制すべきであるととらえる。また、見知らぬ人に対しては、アメリカ人はポジティブな感情を表出する傾向があるのに対し、日本人はあまりこのような感情表出はしない。

　これらの研究からわかることは、潜在的に経験する感情は同じでも、そ

れをどのような場でいかに表出するかというところで、文化による違いが
生じるということである（遠藤、2009）。

2 感情の生起メカニズム

　感情はいかにして生み出されるのだろうか。感情生起のメカニズムに関
わる主要な3つの説（**図4-3**）について、歴史的な流れに沿ってみていく。

A　末梢起源説

　「悲しいから泣くのではない。泣くから悲しいのだ」という言葉を聞い
たことがあるだろう。これは、アメリカの心理学者ジェームズ（James, W.,
1884）の言葉であるが、彼は、身体的変化（発汗、胃や内臓の収縮、骨格筋組織の
緊張）を知覚することが先にあって、それが脳にフィードバックされ、感情
の主観的な経験が生み出されると考えた。つまり、身体変化の知覚なしに、
感情をもつことはないと主張したのである。これは、状況の知覚が感情を
生みだし、その結果として身体的変化が生じるという常識的な見解とは正
反対の考え方であった。この各身体的部位（末梢）の変化を感情の出発点と
し、それが脳（中枢）にフィードバックされて感情が生起するという考えは、
感情の末梢起源説と呼ばれている。この説は、同時期にデンマークの生理

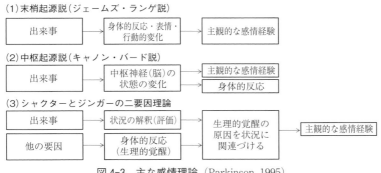

図4-3　主な感情理論（Parkinson, 1995）

学者ランゲ（Lange, C.）も、心臓血管系や内臓系の活動が感情経験をもたら
すとの考えを示したため、ジェームズ・ランゲ説としても知られている。
末梢起源説は、次項で述べるキャノンにより批判され、一時期衰微したが、
トムキンス（Tomkins, S. S., 1962）の顔面フィードバック仮説によって見直さ
れている。

B　中枢起源説

　ジェームズの考え方は、1920年代にアメリカの生理学者キャノン（Can-
non, W., 1927）やバード（Bard, P.）により、批判を受けることになる。その批
判の根拠として、キャノンは自身の研究や他の研究者によるさまざまな研
究成果から、以下の3つの点を指摘した。①末梢神経が切断され、身体的
な変化の感知がほとんどできなくなっても、感情経験があること、②同じ
ような身体的変化でも異なる感情経験が生じうること、つまり身体で起こ
っている変化と感情の種類が必ずしも一対一対応でないこと、③内臓には
神経が十分に行きわたっておらず、そのため内臓変化が緩慢であるにもか
かわらず、感情経験は瞬時に生じるということ。キャノンは自身の実験研
究から、視床を除去した動物において感情消失がみられたため、感情の中
枢が視床（現在では、それが扁桃体や視床下部という部位に訂正されている）にある
と考えた。バードも同じように感情の出発点を脳（中枢）に置いて考えたた
め、ジェームズらの末梢起源説に対し、中枢起源説もしくは、キャノン・
バード説として呼ばれている。

C　二要因理論

　1960年代に入ると、ジェームズ・ランゲやキャノン・バードの説とは異
なり、感情における認知的要素の重要性が指摘されるようになる。この認
知的要素の役割を強調したのは、シャクター（Schachter, S.）とジンガー（Singer,
J. E.）という研究者であった。彼らは、感情経験が、ある種の身体的変化（生
理的覚醒）に対する認知的解釈（あるいは評価）の結果、生じるものであると
主張した。これは、感情の二要因理論と呼ばれている。この理論によれば、
生理的覚醒と認知的評価という2つの要因の組み合わせによって、感情は
生起すると考えたのである。

　シャクターらはこの理論の正当性を確認するために、1962 年に有名な次のような実験を行っている（Schacter & Singer, 1962）。彼らは、「視覚に対するビタミン剤の効果を測定する」という名目で実験を実施した。実際には、実験参加者である男子大学生にエピネフリンという自律神経系の覚醒を引き起こす薬物が投与された。エピネフリンによって、心拍数や呼吸数の増加や筋肉の震えが引き起こされるのであるが、実験参加者のある一群には、その情報を正しく伝えたが、残りの参加者には、その情報を与えなかった。情報を正しく伝えられた参加者は、自分たちの生理的覚醒の理由を説明する情報をもっているが、もう一方の参加者は、その情報がないという状況にある。実験参加者は、エピネフリン投与後、待合室で他の人物（実はサクラで実験協力者）と一緒に待たされ、その後の感情反応や行動反応を測定されたのである。待合室では、サクラは楽しそうに振舞う条件（楽しい条件）と実験についての不満をいって険悪な雰囲気を作る条件（怒り条件）の 2 つの条件下で、実験参加者と過ごすようになっていた。さて、このような状況で過ごした実験参加者には、どのような反応の変化がみられたのであろうか。エピネフリンの効果について正しい情報が与えられていなかった一群の実験参加者は、正しい情報を与えられていた一群よりも、サクラの行動に沿った感情を報告したのである。楽しい条件下では、より楽しいと、怒り条件下では、より怒りを感じていたと評価した。これは、サクラと過ごしている部屋で、実験参加者が気づいた自身の心拍数上昇が何によって引き起こされているのか、正しい情報を与えられた方は、薬の影響として認識したが、情報がなかった群においては、サクラの行動に結びつけて解釈したためと考えることができるだろう。つまり身体反応として生じた漠然とした覚醒に対して、どのような情動として感じるかは、周囲の状況の認知によって左右されると理解したのである。

3　感情のコントロール

　感情に伴う生理的喚起状態には、自律神経系における交感神経系と副交

表 4-3　戦闘飛行中に経験した恐怖反応（Shaffer, 1947 を改変）

戦闘中あなたは次のような経験をしましたか	しばしば (%)	ときどき (%)	合計 (%)
激しい動悸・頻脈	30	56	86
筋肉の非常な緊張	30	53	83
いらいら・易怒性	22	58	80
喉や口の渇き	30	50	80
神経性の発汗・冷や汗	26	53	79
ドキドキする	23	53	76
現実感の喪失	20	49	69
頻繁な尿意	25	40	65
震え	11	53	64
混乱・困惑	3	50	53
無力感	4	37	41
戦闘直後、何が起こったかの記憶の詳細が脱落	5	34	39
吐き気	5	33	38
集中困難	3	32	35
失禁	1	4	5

感神経系の働きが密接に影響している。たとえば、表 4-3 に示すように、第二次世界大戦中にアメリカ軍兵士が体験した恐怖反応には、主に交感神経系の活性化によって生じた、さまざまな生理的変化がある。これらの変化は、緊急行動に適した身体を準備するための変化であり、特定の行動を引き起こす機能を有している。これまでみてきたように、感情にはさまざまな機能があり、おかれた環境において適応していく過程で重要な役割を担っている。しかし、あまりに反応が強すぎるために、かえって適応的な行動がとれなくなる場合もある。感情と感情のコントロールについて知ることは、良好な対人関係の構築や自身の健康管理を考えていくうえで、大変重要である。本節では、感情のコントロールについてみていこう。

A　怒りのコントロール

　「怒り制御できぬ子ら」「キレる大人たち」など、ここ数年、怒りの感情をコントロールできない状態から生じるさまざまな問題が、社会的に取り上げられることが多くなっている。たとえば、「電車で携帯電話の使用を

注意したところ無視され殴る」「病院で待たされ看護師に暴行する」（NHK
クローズアップ現代）というような出来事が挙げられる。第1節の **A [1] 感情
過程** (p.110) で取り上げた**表4-2**にあるように、怒りの感情が導く行動傾向
は攻撃であり、前述した例も、怒り感情をコントロールできなかった結果
として生じた行動であることがわかる。実は、ここで注意をしておきたい
ことは、攻撃は行動傾向であり、必ずしも怒りが攻撃をもたらすわけでは
ないということである。つまり、攻撃は怒りの後に生じる数ある行動のう
ちのひとつに過ぎず、実際に攻撃という外的な行動をとることは、あまり
多くはないということである（湯川、2008）。感じた怒りを、常に攻撃行動と
いう形で処理していたら、対人関係をうまく構築できないことは想像に難
くない。私たちは、怒りの対象となっている者を直接攻撃することなく、
我慢したり、他の人に相談して気持ちを落ちつけたり、説得しようと試み
たり、あるいは忘れようとしたりして、生じた怒りという感情を処理して
いるのである。怒りをコントロールするということは、攻撃のような表出
ではなく、また怒りの感情を自分のなかに押し込めるという抑制でもなく、
適度に出し入れすること、といえる。このコントロールする能力こそ、高
度に文明化されストレス社会と呼ばれる現代社会を生きていく私たちにと
って、必要なものであろう。では、どのようにコントロールすることが望
ましいのであろうか。次項では、怒りのコントロールと健康との関連性か
ら、これについてみていく。

B　怒りのコントロールと健康

　私たちは怒りをさまざまな方法でコントロールし、対人関係を破壊する
ような攻撃行動ではない行動で処理することを成長の過程で身につけてい
く。怒りのコントロールについて考えるうえで、これまでにもみてきたよ
うに、感情経験としての「怒り」と、攻撃行動のような「怒りの表出」と
を区別することが重要である。私たち人間から怒りのような感情経験その
ものを取り除くことはできないわけで、エクマンが提唱したそれぞれの社
会や文化における表示規則に沿った形で適切に感情表出がなされることが
重要であろう。

　ところで、怒りと健康についてどのようなことが明らかにされているの

だろうか。かっかして頭に血が上り怒鳴っている人も、言葉には出さなくとも明らかにイライラして相手を睨みつけているような人も、どちらも健康には悪そうである。どちらのタイプの人も、身体反応として、心臓の拍動が速くなり、ドキドキ感が高まっていることは想像できるだろう。ここで、心臓の動きを制御しているのは、自律神経系である。自律神経系は、心臓を含む身体の各臓器の活動を亢進させ、戦うモードに導く交感神経系と、反対に各臓器の活動を抑制させ、リラックスモードへ導く副交感神経系からなっている。これら2つの系が各臓器の活動のバランスをとっているのである。心臓の拍動が速くなっているときは、副交感神経系の活動が弱まり、交感神経系優位の状態となる。怒りを持続しやすい人は、怒りを感じている間、交感神経系優位の状態となっている可能性が考えられる。実際、ある研究では怒りを持続しやすい男性と持続しにくい男性を比較したところ、怒りを持続しやすい男性の方が副交感神経系の活動が有意に低かったのである（Watanabe & Kodama, 2003）。怒りを持続しやすい人は、リラックスモードへ導く副交感神経系の活動が低いため、心臓が常に戦闘モードで活動することになり、心臓への負担が高いことが予想される。臨床的には、怒りと心臓病に関する研究が多くあり、特に、怒りの表出抑制は、冠状動脈性心疾患の発症リスクを有意に高めることが示されている（Denollet, Gidron, Vrints & Conraads, 2010）。

　健康に過ごすためには、怒りを表出しすぎず、そして抑制しすぎないことが大事である。そのために、たとえば、認知行動アプローチによる怒りのコントロール方法が挙げられる。具体的には、リラクセーション（行動的技法）と自己教示（認知的技法）の方法を学ぶことで、怒りを喚起するような出来事に遭遇したときの対処の仕方を身につけることができるというものである（湯川、2008）。このアプローチをとることで、自分自身を冷静にみつめ、異なる視点からその状況をみることができ、落ち着いて対処できるようになると考えられる。特に、このアプローチのなかでも、その状況を再評価するという認知的技法は、怒りのコントロールのみならず、さまざまな感情のコントロールにおいて重要な機能を果たす。感情過程は、出来事の認知的評価から始まるという図4-2（p. 110）を確認し、認知の重要性を再認識しておこう。

4　動機づけとは何か

　これまでみてきた感情は、あるものが自分にとって好ましいか好ましくないかというように、対象の価値判断に関わる概念であり、その感情の生起により行動は喚起され方向づけられる。これは、感情の動機づけ機能ととらえることができる。では動機づけとは何であろうか。ここでは、人を行動に駆り立てる要因についてさらにみていこう。

　人はなぜ行動を起こすのだろうか。この「なぜ」を考えるときに用いられる概念が動機づけ（motivation）であり、行動を一定の方向に向けて生起させ、持続させる過程全般をさす。たとえば、お腹をすかせた人が、レストランへ向かい、メニューから食べたいものを選び、注文し、食事をとるという一連の行動は、ひとつの動機づけの過程を示している。ここで、この行動を駆り立てたものは、食べ物や水分の欠乏による空腹の状態を充足させたいという個体の内的状態、すなわち欲求といえる。このように、行動を生じさせる個体内の要因を欲求（need：要求ともいう）、あるいは動因（drive）、動機（motive）などと呼ぶ。これらが意味するものはほとんど同じであるが、欲求は必ずしも行動を駆り立てる直接の要因となるわけではないため、欲求は行動を始発させる前提条件として位置づけ、これを特定の行動に導くのが動因もしくは動機として区別されることもある。

　欲求は、生得的なものと後天的に獲得されたものに分けて考えることができ、飢えや渇きなどによるものは、前者の代表的なものであり一次的欲求（生理的欲求）と呼ばれ、後者は二次的欲求（社会的欲求）と呼ばれる。ところで、お腹をすかせた人は必ずしもレストランへ向かうわけではない。家に帰って自分で食事を作ることもあるだろうし、友人がもっているお菓子をもらうこともできる。つまり、欲求を満たすための手段は複数あるわけだが、その人が置かれた状況によって生じる行動が異なってくるのである。身近に美味しそうなお菓子をもっている友人がいれば、お菓子を分けてもらおうとするだろうし、たとえそれほどお腹がすいていなかったとしてもそのお菓子が自分の好物であったら、同じように分けてもらおうとするだろう。このように、個体内ではなく、外部にあって行動を生起させるもの

を誘因（incentive）という。動機づけは、欲求（動因）と誘因の相互作用のもとに行動が進行していく過程ということもできる。

A　マズローの欲求階層説

　欲求にはさまざまな種類があるが、マズロー（Maslow, A. H., 1970）は人間の欲求には図4-4のような階層性が存在するとし、欲求階層説を提唱した。基底層の生理的欲求は一次的欲求であり、それより上位の層の欲求が二次的欲求である。下位の欲求がある程度満たされると、より上位の欲求が機能するようになるという、欲求間の序列性が想定されている。最上位にある自己実現の欲求は成長欲求とも呼ばれるのに対し、それより下の4段の欲求は不足しているものを補いたいという欲求であるため、欠乏欲求と呼ばれる。マズローによると、基本的欲求の充足は特に人生の初期において重要であり、それらが十分に満たされた経験をもつ者は、将来その欲求が満たされないような状況下におかれても、その状況によく耐えられる傾向があるという。

図4-4　マズローの欲求階層説

B　内発的動機

　摂食行動は、飢えや渇きなどの欠乏欲求を充足させるという目標のためになされる行動であるが、私たちには活動それ自体が目標となっているような種類の行動もある（たとえば、学ぶことそのものの面白さ）。このような行動を支えているのは内発的動機づけ（intrinsic motivation）である。
　教育現場においては、外から誘因となる報酬を与えて行動を起こさせる

外発的動機づけ（extrinsic motivation）に対して、学ぶ者の内発的動機をいかに高めるかは重要な課題である。それを検討していくうえで、人間は、環境から刺激を受けると同時に、自ら環境に働きかけていく活動的な存在であることを知っておくことは重要である。1950年代にカナダのマギル大学で行われた感覚遮断（sensory deprivation）の実験から、人間にとって外部からの刺激のない状態や何もしないでよい状態は必ずしも快ではないことが明らかにされ、環境の変化を知りたいという好奇動機などの内発的動機が私たちには生得的に備わっていることが明らかにされている。

C　欲求不満と葛藤

　私たちは、常にさまざまな欲求を抱えて生きている。お腹がすけば食べたいという欲求が生じ、1人で心細いときには誰かと一緒にいたいという社会的欲求が生じる。しかし、社会生活を営むうえで、必ずしもいつも自分の欲求が満たされるとは限らない。このように、満たされない状態、つまり欲求に基づく行動が、何らかの妨害要因によって阻止されている状態を欲求不満（frustration）という。欲求不満に陥ると、緊張やイライラするなどの不快な感情が生じ、さらに無意味な行動や無駄な行動を繰り返したりすることもある。

　また、ある欲求をもっていても、その欲求を満たす誘因が複数あるようなとき、人はすぐに行動に踏み出すことができない。この状態は葛藤（conflict）と呼ばれ、レヴィン（Lewin, K., 1935）は、葛藤を次の3つのタイプに分類した。

（1）接近－接近型の葛藤

　2つの対象がほぼ同じくらいの魅力（正の誘発性〔valence〕という）をもっていて、どちらにも近づきたいが、一方にしか近づけず、いずれの目標を選択するか決定できない場合の状態である。スイーツ好きの人が、大好きなケーキとゼリーのどちらかひとつしか選べないような場合がこの例として挙げられる。

（2）接近－回避型の葛藤

　同一の対象が、正と負の両誘発性をもつ場合と、負の誘発性の領域を通過しないと正の誘発性の領域に達することができないような2つの場合の

状態が含まれる。前者には、幼い子どもが木に登りたいが怖いといった場合が、後者には、手術を受けないと健康になれない、などが挙げられる。

(3) 回避－回避型の葛藤

2つの対象がどちらも避けたい負の誘発性をもつものであるが、それができないような場合の状態である。勉強をするのも嫌だが、家の手伝いをするのも嫌といった場合が挙げられる。

これらの葛藤状態から抜け出すためには、いずれかを選択しなければならないが、誘発性が強いほど、両対象間を心理的に行きつ戻りつしながら、なかなかこの状態から抜け出すことができないものである。そのため、このような緊張状態を生む適応困難な事態をどのように解決するかは重要な問題となる。レヴィン（1935）は、「未解決の葛藤状態に耐える能力を養うことは意志教育の重要な目標である」として、私たちが成長する過程で経験する葛藤状態は、自分は何をどうしたいのかということを考え、意識的、自発的な行為を行えるようになるために重要であると説いている。

5 ● ストレスとは何か

ここまでみてきたように、私たちの日常は欲求不満や葛藤状態など、自分の思い通りに順調に進むことばかりではない。対人関係のトラブルや過重労働による心身の不調などは多くの人が経験していることであり、これらの経験や状態は広くストレスと呼ばれている。あまりに日常語となった「ストレス」であるが、もともとは工学や物理学の領域の用語であり、「外から加えられる力に対する"歪み"に抗する力」を意味する。1930 年代に生理学者のセリエ（Selye, 1936）がこれを「外界のあらゆる要求によってもたらされる身体の非特異的反応」を表す概念として生体にあてはめ、刺激が加えられ、その際に生じる生体側の変化をストレス（stress）、そしてストレス状態を生じさせる刺激はストレッサー（stressor）と呼び、区別した。セリエは、刺激（ストレッサー）の種類に関係なく、生体が外部から刺激を受けて、緊張やゆがみの状態を起こすと、これらの刺激に適応（adaptation）し

ようとして、生体内に非特異的反応が起こることを明らかにした。そして、刺激（ストレッサー）が加え続けられたとき、時間経過とともに示す生体の反応は同様のプロセスを辿ることを発見し、これを全身適応症候群（general adaptation syndrome）と呼んだ。セリエのストレス学説では、非特異的反応が強調されたが、その後心理学者のラザルスとフォルクマン（Lazarus & Folkman, 1984）は、人間のストレス反応を考えるうえで、ストレッサーをどのようにとらえたか、という認知的評価が重要な役割を担っていることに注目し、認知的評価理論を提唱した。ラザルスらの認知的評価モデル（cognitive appraisal model）では、ストレッサーが脅威的であると評価された場合、ストレス反応を低減するためになされる努力をコーピング（coping：対処行動）という。ラザルスらは、ストレス状況におけるどの側面に焦点を当てた対処なのかという観点から、ストレスの原因それ自体を解決させることを目的とするもの（問題焦点型）と、ストレッサーによって生じた不快な情動をコントロールすることを目的とするもの（情動焦点型）の2つに大別した。ストレッサーの種類や当人がおかれた状況によって、用いるコーピングが異なる可能性はあるが、大切なのは、どちらか一方のコーピングに固執することなく、適度に気分転換を取り入れながらも、最終的には問題解決に積極的に取り組むといった柔軟な姿勢をもつことである。

さて、近年、レジリエンスという「逆境を跳ね返して生き抜く力」「回復力・しなやかさ」などと表現される概念が注目されている。ストレスと併せて考えたい概念であるが、これまで体験したことのないような逆境において、ストレス反応を示しつつも、しなやかに回復していくプロセスやその能力のことを指し、この間の研究の蓄積からレジリエンスの構成要素が明らかになってきている（Southwick & Charney, 2012）。ここでは、主な要素として、認知的・行動的側面と社会的側面の2つについて取り上げる。まず、認知的・行動的側面に関しては、「認知的な柔軟性がある／対処への自己効力感がある」ことが挙げられる。認知的柔軟性については、前述の認知的評価モデルで説明したように、ストレスと感じているその状況の認知をさまざまな視点から捉え直していくことで、ストレス反応の軽減につながっていくものである。また、対処への自己効力感とは、「それは自分にもできそうだ」と思えることや自分がある状況において必要な行動をうまく

遂行できるという可能性の認知と関わるものである。初めて経験する出来
事においては、絶対にうまくいくという確信をもつことは難しい。しかし、
そのような状況において、できそうだ、できるかもしれない、と思えるこ
とは、困難な状況に向き合い、取り組んでいこうという行動の発現に大き
く寄与することになる。自己効力感は、これまでの学習体験の結果獲得さ
れたものであると考えられるため、自己効力感が低い場合には、新たな成
功体験を積むことが重要である。次に、社会的側面としては、「社会的なつ
ながりがある」ということが挙げられる。困難な状況で、一人で立ち向か
っていくのには勇気がいる。そのとき、助言をしてくれる人、手伝ってく
れる人など、支援してくれる人の存在は大きな力となる。社会的動物であ
る人にとって、この社会的側面の重要性を再認識することを通して、今後
経験されるさまざまな困難な状況における向き合い方や対処法を考えてい
くことが大切であろう。

▌▌▌トピック　　脳の奥深くにひそむ感情を司る器官——扁桃体

　感情に関わる重要な脳の部位は、脳の奥深くにひそみ、形はアーモンド
に似ていることから、扁桃体と呼ばれている。図4-5にみられるように、
長期記憶に関わる海馬のすぐ前方にある。扁桃体や海馬は、大脳のなかで
は系統発生的に古い領域にあたり、人間に進化する前の性質、つまり動物
にとっての生命維持に必要な機能を有する部位と考えられる。

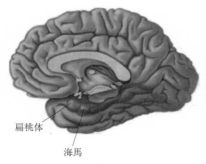

扁桃体

海馬

図4-5　扁桃体と海馬（ベアー他、2007）

　扁桃体の役割については、動物やヒトを対象とした研究から、感情との関連性が明らかにされてきた。たとえば、サルの扁桃体を実験的に破壊し、破壊前後における情動反応の相違を検討した研究は有名である。この研究では、扁桃体を破壊されたサルは、破壊前に強い恐怖反応を示していたおもちゃの蛇に対して、全く恐怖反応を示さなくなり、手を伸ばしてつかみ、口のなかに入れたりする行動をみせたのである（Kluever & Bucy, 1939）。またヒトを対象とした研究では、扁桃体に障害のある患者を対象として、顔の表情（喜び、悲しみ、恐れなど）の写真をみせ、推測される感情の種類とその強さを判断させる実験を行ったところ、特に恐怖の感情を表す顔写真に対して、感情の種類とその強さを評価することができなかったのである（Adolphs, Tranel, Damasio & Damasio, 1995）。このような動物やヒトの行動変化から、扁桃体は特に恐怖感情の発現に関わっていることが明らかにされたのである。

　生物にとって、恐怖感情が発現する適応的意義は、まずは恐怖を生じさせた場所や対象物から逃げる行動を誘発し、生命の保持、種の保持を可能とさせることである。さらに、将来似たような場所や対象に近づかないようにするために、その出来事（場所や対象物）を記憶として残すことも挙げられる。記憶形成の過程で、繰り返し反復学習することは重要であることが知られているが、恐怖を伴う出来事を繰り返し反復学習していたら、命がいくつあっても足りないだろう。恐怖を伴うような出来事は、一度の経験だけでも長期記憶として残す必要性がある。

　恐怖のような感情を伴う出来事が記憶として残りやすくなるのには、扁桃体が重要な役割を担っていることがマッガウ（McGaugh, J.L.）らの一連の研究によって明らかにされている。ケイヒル（Cahill, L.）らは、ヒトを対象に物語スライド（Cahill, Prins, Weber & McGaugh, 1994）を見せ、1週間後に各スライドに関する質問をし、スライドの内容がどのくらい記憶として残っているかを評価する実験を行った。この物語スライドは11枚の写真からなり、第2章が情動を喚起させる（息子が交通事故に遭うシーンを含む）内容となっており、第1章と第3章は情動を喚起させない中性的内容という全3章から構成されている。その結果、図4-6に示すように、健常者の場合は、第1章および第3章と比較して第2章の情動的ストーリーに関する記憶の

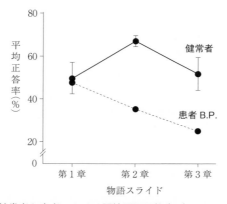

図 4-6 健常者と患者における記憶再認正答率（Cahill et al., 1995）

正答率が高かったが、両側の扁桃体を損傷している患者では、第2章の情動的内容は第1章よりも記憶の正答率が低くなっており、情動的内容の記憶が障害されていることが明らかにされた（Cahill, Babinsky, Markowitsch & McGaugh, 1995）。さらに、その後の研究で、扁桃体の活動の強さが記憶の長期保持に関連することも明らかにした（Cahill, Haier, Fallon, Alkire, Tang, Keator, Wu & McGaugh, 1996）。

　長期記憶に関わる脳の部位は海馬であるが、その海馬のすぐ前方に感情を司る扁桃体が位置しているのは（**図 4-5 参照**）、感情と記憶の密接な相互作用を可能とするためなのかもしれない。

引用文献・参考資料

Adolphs, R., Tranel, D., Damasio, H., & Damasio, A. R. (1995). Fear and the human amygdala. *The Journal of Neuroscience*, 15(9), 5879-5891.

Bear, M., Paradiso, M., & Connors, B. (2006). *Neuroscience: Exploring the brain*. Philadelphia: Lippincott Williams & Wilkins.
　　（ベアー, M. F., パラディーソ, M. A., コノーズ, B. W.（著）加藤宏司・後藤　薫・藤井　聡・山崎良彦（監訳）(2007). 神経科学——脳の探求　西村書店）

Cahill, L., Prins, B., Weber, M., & McGaugh, J. L. (1994). β-Adrenergic activation and memory for emotional events. *Nature*, 371, 702-704.

Cahill, L., Babinsky, R., Markowitsch H. J., & McGaugh, J. L. (1995). The amygdala and emotional memory. *Nature*, 377, 295-296.

Cahill, L., Haier R. J., Fallon, J., Alkire, M. T., Tang, C., Keator, D., Wu, J., & McGaugh, J. L. (1996). Amygdala activity at encoding correlated with long-term, free recall of emotional information. *Proc. Natl. Acad. Sci. USA*, 93, 8016-8021.

Cannon, W. B. (1927). The James-Lange theory of emotion: A critical examination and an alternative theory. *The American Journal of Psychology*, 39, 106-124.

Darwin, C. (1872). *The expression of the emotions in man and animals*. John Murray. (ダーウィン, C. (著) 浜中浜太郎 (訳) (1931). 人及び動物の表情について 岩波書店)

Denollet, J., Gidron, Y., Vrints, C. J., & Conraads, V. M. (2010). Anger, suppressed anger, and risk of adverse events in patients with coronary artery disease. *The American Journal of Cardiology*, 105 (11), 1555-60.

Ekman, P. (1992). An argument for basic emotions. *Cognition and Emotion*, 6 (3/4), 169-200.

Ekman, P., & Friesen, W. V. (1969). The repertoire of nonverbal behavior: Categories, origins, usage, and coding. *Semiotica*, 1(1), 49-98.

Ekman, P., & Friesen W. V. (1971). Constants across cultures in the face and emotion. *Journal of Personality and Social Psychology*, 17(2), 124-9.

Ekman, P. (1972). Universals and cultural differences in facial expressions of emotion. In J. Cole (Ed.), *Nebraska symposium on motivation*. Lincoln, Neb.: University of Nebraska Press, pp. 207-283.

Ekman, P. (2003). *Emotions revealed: Understanding faces and feelings*. London: Weidenfeld & Nicolson. (エクマン, P. (著) 菅 靖彦 (訳) (2006). 顔は口ほどに嘘をつく 河出書房新社)

遠藤利彦 (2009). 喜怒哀楽を感じる心──感情心理学入門 繁桝算男・丹野義彦 (編) 心理学の謎を解く──初めての心理学講義 医学出版 pp. 97-128.

藤永 保 (編) (1981). 心理学事典 平凡社

James, W. (1884). What is an emotion? *Mind*, 9 (34), 188-205.

Keltner, D., & Haidt, J. (1999). Social functions of emotions at four Levels of analysis. *Cognition and Emotion*, 13(5), 505-521.

Kluver, H., & Bucy, P. C. (1939). Preliminary analysis of function of the temporal lobes in monkeys. *Archives of Neurology and Psychiatry*, 42(6), 979-1000.

Lazarus, R. S., & Folkman, S. (1984). *Stress, appraisal, and coping*. New York : Springer Publishing. (ラザルス, R. S., フォルクマン, S. (著) 本明寛・春木豊・織田正美 (監訳) (1991). ストレスの心理学──認知的評価と対処の研究 実務出版)

Lazarus, R. S. (1991). *Emotion and adaptation*. Oxford: Oxford University Press.

Lewin, K. (1935). *A dynamic theory of personality : Selected papers*. McGraw-Hill

Maslow, A. H. (1970). *Motivation and personality, second edition*, Harper & Row.
（マズロー，A. H.（著）小口忠彦（訳）（1987）人間性の心理学――モチベーション
とパーソナリティ　産能大出版部）

Matsumoto, D. (1991). Cultural influences on facial expressions of emotion. *The Southern Communication Journal*, **56**(2), 128-137.

McGaugh, J. L. (2003). *Memory and emotion: The making of lasting memories*. New York: Columbia University Press.

NHK クローズアップ現代 "キレる大人" 出現の謎 2007 年 9 月 3 日放送
（http://cgi4.nhk.or.jp/gendai/kiroku/detail.cgi?content_id=2458）（平成 22 年 10 月
8 日）.

Parkinson, B. (1995). *Ideas and realities of emotion*. London: Routledge.

Schachter, S., & Singer, J. E. (1962). Cognitive, social, and physiological determinants of emotional state. *Psychological Review,* **69**, 379-99.

Selye, H., (1936). A syndrome produced by diverse nocuous agents. *Nature*, **138**, 32.

Shaffer, L. F. (1947). Fear and courage in aerial combat. *Journal of Consulting Psychology*, **11**(3), 137-43.

Smith, E., Nolen-Hoeksema, S., Fredrickson, B., & Loftus, G. (2003) *Atkinson and Hilgard's introduction to psychology*. California: Wadsworth Publishing.
（スミス，E. ノーレンホーセクマ，S. フレデリックソン，B. ロフタス，G.（著）内田
一成（監訳）（2005）．ヒルガードの心理学　ブレーン出版）

Southwick, S.M., & Charney, D.S. (2012). The Science of Resilience : Implications for the Prevention and Treatment of Depression. *Science*, **338** (6103), 79-82.

Tomkins, S. S. (1962). *Affect, imagery, consciousness*. Vol. 1 *The positive affects*. New York: Springer-Verlag.

宇津木成介（2015）．感情の概念を巡って――用語の歴史的検討の試み　感情心理学研
究 **22**(2), 75-82.

Watanabe, S., & Kodama, M. (2003). The role of anger lengthiness in the relationship between anger and physiological responses in Japanese college students. *Japanese Health Psychology*, **10**, 33-44.

湯川進太郎（編）（2008）．怒りの心理学――怒りとうまくつきあうための理論と方法
有斐閣

理解を深めるための参考文献

- エヴァンズ，D.（著）遠藤利彦（訳）（2005）．一冊でわかる　感情　岩波書店.
- 藤田和生（編）（2007）．感情科学　京都大学学術出版会.
- 熊野宏昭（2007）ストレスに負けない生活——心・身体・脳のセルフケア　筑摩書房
- マッガウ，J.L.（著）大石高生・久保田競（監訳）（2006）．記憶と情動の脳科学——「忘れにくい記憶」の作られ方　ブルーバックス　講談社.
- サウスウィック，S.M.，チャーニー，D.S.（著）西　大輔・森下博文（監訳）（2015）．レジリエンス——人生の危機を乗り越えるための科学と10の処方箋　岩崎学術出版社.

知識を確認しよう
・・・・・・・・・・・・・・・・・・・・・・・・・・・・・・

【択一問題】

(1) 感情体験のメカニズムに関わる理論とその提唱者の組み合わせとして、間違っているものを1つ選びなさい。

① 末梢起源説 – ランゲ（Lange, C.）

② 中枢起源説 – ダーウィン（Darwin, C.）

③ 情動二要因説 – シャクター（Schachter, S.）

④ 顔面フィードバック説 – トムキンス（Tomkins, S.）

⑤ ソマティック・マーカー仮説 – ダマシオ（Damasio, A. R.）

(2) AからEに入る適切な語句を選択肢のなかから選びなさい。

［問題］

　（　A　）が『人及び動物の表情について』において、感情が進化の歴史を通じて生まれた生得的反応であると論じた後、（　B　）らによって表情の比較文化研究が行われ、感情表出の文化（　C　）が主張されてきた。一方で、文化による（　D　）もみられることが（　B　）や（　E　）らの研究から明らかにされた。感情表出のあり方を文化的に規定するものを表示規則という。

① エクマン（Ekman, P.）　　② トムキンス（Tomkins, S.）

③ ダーウィン（Darwin, C.）　　④ マツモト（Matsumoto, D.）

⑤ ラザルス（Lazarus, R. S.）　　⑥ 差異性　　⑦ 普遍性

(3) 欲求に関する以下の説明について、AからDに入る適切な語句の組み合わせを選択肢の中から選びなさい。

［問題］

　欲求は、生得的なものと後天的に獲得されたものに分けて考えることができ、前者は（　A　）、後者は（　B　）と呼ばれる。マズロー（Maslow, A. H.）の欲求階層説では、（　A　）から最上位の（　C　）まで5段の階層性が存在するとした。そして、（　A　）から（　D　）までの欲求は、不足しているものを補いたいという欲求でもあるため、欠乏欲求と呼ばれる。

	A	B	C	D
①	生理的欲求	社会的欲求	自己実現の欲求	所属と愛の欲求
②	生理的欲求	社会的欲求	自己実現の欲求	承認の欲求
③	生理的欲求	社会的欲求	承認の欲求	自己実現の欲求
④	社会的欲求	生理的欲求	承認の欲求	所属と愛と欲求
⑤	社会的欲求	生理的欲求	自己実現の欲求	承認の欲求

【論述問題】

(1) 欲求不満と葛藤（フラストレーション）について説明しなさい。

(2) 内発的動機づけについて説明しなさい。

キーワード

オールポート	クロニンジャー
行動遺伝学	フロイト
類型論	ローカス・オブ・
特性論	コントロール
5因子説	文化心理学
一貫性論争	

本章のポイント

　私たちは、日常生活のなかで自分や他人のことを、「やさしい」、「気が弱い」、「明るい」などと表現する。これらの言葉は、個人の行動の仕方の個人差、すなわち、性格を表現するものである。このような性格を表現する言葉は豊富に存在し、性格についての関心が深いことがうかがえる。しかし、性格は、直接目で見ることも、触れることもできない。そのため、「長男だから」、「血液型が○型だから」など観察が可能なものと性格を関連づけて理解しようとすることが多い。これらのなかには、根拠の不確かなものもある。本章では、心理学では、性格をどのようにとらえ、理解しようとしているのか、性格の発達に影響を与える要因は何かなどについて解説する。

1 「性格」とは

A 性格と行動

　私たちは同じような状況に置かれたとき、人によってさまざまな行動をとる。しかし、1人の人の行動は、状況が変わってもある程度一貫している。たとえば、大学に入学して初対面の人とクラスが一緒になったとき、自ら積極的に話しかける人もいれば、相手が話しかけるのを待つ人もいる。自ら積極的に話しかける人は、大学のクラスだけではなく、サークルでも、近所でも、あるいは、高校のときも、同じように自分から話しかけていることが多い。このようにその人に特徴的な行動の仕方を生み出すもととなるのが、その人の性格と考えられている。

　性格は個人によって違いがあるということは、古代から関心がもたれていた。たとえば、ギリシャの哲学者、テオフラストス（Theophrastos）は『人さまざま』という本のなかで、おしゃべり・臆病などの30の性格を描いている。しかし、「おしゃべり」、「臆病」などの性格は物理的なモノと異なって、直接、知覚できるものではない。何らかの行動に反映されたときにはじめて観察が可能になる。私たちは目に見える行動を通して性格を知ることになる。

　ところが、行動は、その人の性格だけでなく、状況の影響も受ける。友だちと一緒にいるときには「おしゃべり」になる人も、ゼミの教員の前では「無口」かもしれない。いつもは「おしゃべり」な人も、失恋した後は、「無口」になるかもしれない。個人の行動の規定因として、状況の影響を見逃すわけにはいかない。しかし、行動の原因を状況だけと考えると説明がつかない個人差がある。そこで、行動を規定する個人の内的な条件を性格と呼ぶ。具体的な行動は性格と状況などの要因が複雑に絡み合って表出されているが、行動には、その人らしいという独自性と、さまざまな状況で同じような行動をする一貫性がある。このような行動の独自性と一貫性を生み出すもとになるのが性格である。

　オールポート（Allport, G. W.）は「性格（パーソナリティ）とは個人のうちにあって、その個人に特徴的な行動や思考を決定する精神身体的体系の力動

的組織である」と定義している。この有名な定義では、性格は①精神と身体の両方の機能が統合されたシステムであって、②そのシステムは環境との相互作用のなかで力動的に変動し、③その人に特徴的な行動や思考を生み出すベースとなっていると考えることができる。

　これに対して、性格は相手に対して与える社会的効果であると考える立場もある。Aさんの性格はAさんのなかにあるのではなく、Aさんの行動をBさんが解釈した結果だというのだ。しかし、この立場から考えても、BさんはAさんの行動に一定の特徴的な傾向があることを認めている。本章では、オールポートに代表されるように、性格をその人の特徴的行動を生み出すもとになるものと考える。

B　性格とパーソナリティ

　「性格」と同様な意味で使われる言葉に「パーソナリティ」や「人格」がある。「性格」は英語の「キャラクター」の訳語である。キャラクターは刻み込まれたものという意味があるため、性格はその人に刻み込まれた特徴という意味合いがある。語源から考えて、比較的固定的で静的なイメージをもつ。

　一方、パーソナリティはラテン語のペルソナが語源である。ペルソナは劇で使われる仮面を意味し、それが劇中の登場人物を表すようになり、さらに人を表すようになった。パーソナリティの訳語が「人格」である。パーソナリティや人格はその人らしさを示す言葉である。語源を反映して、社会的役割や、外見的なものも含まれ、変化の可能性が強調される。知能、態度、興味、価値観などを含み、環境に対する適応機能の全体的な特徴を意味する。日本語の人格は「人格の涵養」などと使われて、道徳的意味合いが含まれているが、心理学で用いるときにはそのような道徳的な意味合いは含まれない。そこで、誤解をさけるために、カタカナでパーソナリティと表記することも多い。

　このように、性格と、人格、パーソナリティは、語源の違いを反映した意味の違いを強調する場合もある。しかし、本章では、パーソナリティや人格と性格を同義に用い、行動における個人差を説明する個体内の要因を指す用語として、性格という言葉に統一する。

2 性格の発達に関与する要因

A 内的要因

[1] 生理的要因

　身体諸器官の機能や構造など生理的要因は、性格の形成に影響を与える要因のひとつである。たとえば、大脳は精神活動の中枢であり、大脳皮質は知的機能を統御している。このような大脳の働きは、その人の性格に影響を与える。

　また、自律神経系の交感神経系と副交感神経系のバランスは、精神的テンポ、疲れやすさ、不安などと関連するといわれている。各種のホルモンの分泌も性格と関連する。

　これらの生理的要因は、それだけで個人の性格を決定するわけではなく、環境的な要因との相互作用によって性格に重要な影響を与える。たとえば、ある人の女らしさや男らしさは、女性ホルモンや男性ホルモンによる影響を受けるが、それだけで決定するわけではなく、その人の生活している環境によって大きく左右されることは容易に想像される。

[2] 遺伝的要因

　生理的要因は必ずしも遺伝的に決定されるばかりではなく、母親の胎内環境の影響なども受ける。しかし、生理的要因は遺伝との関連が強いと考えられる。遺伝の影響を調べる有効な方法が双生児法である。双生児法では、ひとつの受精卵が発達のごく初期に分離した一卵性双生児と、2つの受精卵が発達した二卵性双生児を比較する。一卵性双生児は遺伝的に同一の個体が生まれるのに対して、二卵性双生児は遺伝的には普通の兄弟と同じである。そこで、ある特徴が一卵性双生児間で一致度が大きく、二卵性双生児間では一致度が小さい場合、その特徴は遺伝しやすいと考えられる。また、一卵性双生児で生後まもなく2人が分けられ、別々の環境で育った場合、2人の間の環境の違いにもかかわらず共通の特徴があれば、その特徴は遺伝しやすいと考えられる。

　プロミン（Plomin, R.）らによって提唱された行動遺伝学では、双生児法を

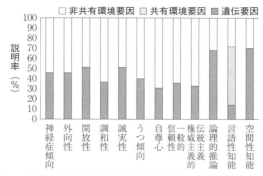

図 5-1　性格の遺伝要因と環境要因 （榎本・安藤・堀毛、2009）

使い、性格的側面への遺伝的影響を調べている。性格の遺伝については、ある性格に関与する遺伝子はひとつではなく、複数の遺伝子の組み合わせで、表面的性格を考えることが重要であることがわかっている。これまでの研究では、図 5-1 に示すように、性格についての遺伝率はおおむね30〜60% と報告されている。環境の影響は 50〜70% で、遺伝の影響と環境からの影響の双方をほぼ 5 分 5 分に受けると考えられる。

　また、遺伝子レベルの研究が進むにつれ、セロトニンなど脳内の神経伝達物質を受容する細胞の遺伝子が性格の形成に影響を与えている可能性も報告されるようになってきた。

　生物科学の発展により、性格に関連する遺伝子が解明される日が近いかもしれない。しかし、親から子に遺伝するのは遺伝子であり、同じ遺伝子をもつ親から生まれても、遺伝子の組み合わせによって表面的に表現される性格は多様なものになる点に注意する必要がある。

B　外的要因

[1] 環境的要因

　個人がもって生まれた生理的特徴に、個人の外側からさまざまな環境的要因が関与して性格が形成される。環境というと自然環境などが連想されやすいが、性格の発達を考えるとき、自然的、物理的環境に加えて、社会的、文化的、家庭的環境の要因が重要となる。性格の発達に関与する環境

の要因は、広範にわたる。たとえば、①親の年齢、教育歴、職業、収入、価値観など親に関する要因、②その家庭の一般的雰囲気、家族構成、兄弟、出生の順序、あるいは親の養育態度など家庭や家族に関する要因、③成長するにしたがって変化する友人関係や通学する学校の教育方針や教師との関係などに関わる要因、④その社会の生活様式や価値基準、政治形態など文化・社会的要因などが考えられる。

　性格の発達に影響を与える環境要因として、家庭環境が重要であることは、日常的に観察される。親に対する愛着の問題や、親の養育態度、出生順位などの性格に与える影響が研究され、成果が報告されてきた。

　一般的に、家庭環境というと、親の養育態度や家庭の生活習慣など家族が共有し、家族を類似させる共有環境を考えがちである。ところが、行動遺伝学では、同一家庭のなかでも共有されず、家族間の差異を作り出す非共有環境の影響があり、性格の形成には非共有環境の影響が大きいことを指摘している。図5-1 に示されている環境の影響の大きさのほとんどは非共有環境によるものである。たとえば、同じ家庭で同じ親に養育されても、兄は兄らしく、弟は弟らしく振舞うことが期待される。そのことが、兄と弟の性格の違いに影響すると考えられる。

　文化・社会的環境も性格の形成に重要な影響を及ぼす。フロム（Fromm, E.）はある社会の成員の大部分がもっている性格構造の本質的な中核を社会的性格と呼んだ。社会的性格はその社会に共通の基本的経験と生活様式によって発達する。異文化間比較などによって、性格の形成における文化的影響の研究が行われている。

[2] ライフイベント

　生体外部からの影響には、さまざまなものがあるが、ある期間持続的に働く環境要因ではなく、一度だけ体験するような出来事が性格の発達に影響を与えることも多い。たとえば、受験の成功や失敗、恋愛、失恋、病気、人との出会い、身近な人物の死や病気などのライフイベントに遭遇することが性格の発達に影響を与える可能性がある。このようなライフイベントの影響は、その出来事に出会った年齢や、その出来事の受け止め方によって異なる。特にストレスを伴うライフイベントの場合、同じようなライフ

イベントを経験しても、受け止め方によって、性格への影響が異なること
が指摘されている。同じように受験の失敗を経験しても、自分を振り返り、
そこから学んで新たな自分の可能性を発見する場合と、受験の失敗をきっ
かけに自信を失い、何もやる気がなくなる場合とでは、その後の性格の発
達に与える影響が異なることは想像に難くない。

C　自己形成の要因

　ここまで述べてきたように、性格が内的要因と外的要因の相互作用によ
り発達すると聞くと、性格の発達的変化が遺伝や環境に対して、受身的に
生じる印象を受ける。しかし、能動的に自分の意志で自分の性格を作って
いこうとする自己形成の要因も見逃せない。「こうなりたい」という性格
像に向かって自ら努力することで性格を変化させていく。性格のなかには、
遺伝的要因の影響を強く受け、自分の努力では簡単には変化させられない
部分もあるが、努力によって変化させることができる部分もある。

D　気質と性格

　個人差のなかでも、生理的・遺伝的要因の影響が大きい部分が、刺激に
対する感受性の強さや反応の強度などの特徴である。このような感情的反
応の特徴を「気質」と呼ぶ。気質的特徴は「憂うつ」、「陽気」などの根本
気分としても表出される。気質的特徴の個人差は生後間もない乳児に既に
観察される。刺激に敏感で強い反応を示す乳児もいれば、あまり反応がみ
られない乳児や、いつも機嫌がよい乳児もいる。生まれつきの生理的基盤
に基づいた特徴である。

　このような気質の違いは、直接的に性格の違いを生み出すもととなると
同時に、周囲の環境からの働きかけに影響を与えることにより性格の発達
に影響を与える。たとえば、あまり反応のないおとなしい子どもは、親も
あまりかまわなくなるかもしれない。刺激に敏感な子どもに対しては、親
は、また異なった対応をすると考えられる。このように気質は、環境に働
きかけて、環境からの反応を引き出す要因ともなっている。気質の違いは、
発達のかなり早い段階から個人差として存在しているが、その気質と環境
側の要因が相互作用していくプロセスで性格が形成されると考えられる。

3 性格の理論

A 類型論

　十人十色というように、性格は多様である。しかし、似たような性格の人たちが存在することも経験的な事実である。類型論は多種多様な性格を一定の原理に基づいて、いくつかの典型的なタイプ（類型）に分類・整理し、性格を理解しようとする理論である。このような考え方は人間にとってごく自然で、古来から存在する。

[1] クレッチマーの気質類型

　ドイツの精神医学者クレッチマー（Kretschmer, E.）は、多くの精神病患者に接した臨床経験から、体型と精神病に密接な関連があることを示した。彼は体型を肥満型・細長型・筋骨型に分類し、多くの患者の体型を測定した結果、躁うつ病は肥満型に、統合失調症（クレッチマーの時代は精神分裂病）は細長型に、てんかんは筋骨型に多いことを示した。さらに、これらの精神病の病前性格の研究から、健常者もその心理的特徴をもっていることを認め、それらを、それぞれ躁うつ気質、分裂気質、粘着気質と名づけた。このような気質は健常な人ももち、体型とも関連する。対人関係に重点を置き、周囲と共鳴する躁うつ気質は肥満型に、自分の世界を大切にし、閉鎖的な分裂気質は細長型に、ひとつの状態に固着する粘着気質は筋骨型に関連が深い。それぞれの気質の特徴を図 5-2 に示す。気質と体型の間の関連は、体型が気質を決定するわけでも、気質が体型を決定するわけでもなく、気質的特徴の生理的基盤としての体質が、同時に体型を形成する基盤ともなっていると考えている。

　クレッチマーの理論は臨床的観察から出発したが、体型と性格の関係は健常な大学生を対象に研究したシェルドン（Sheldon, W. H.）によっても大筋で確認されている。

　体型と人の性格が関連するというのは、日常的にも経験することであるが、クレッチマーは、それを経験的な資料によって裏付け、理論的に扱った。しかし、正常範囲の性格と精神病との間に質的な相違を認めない病前

体型	躁うつ気質	分裂気質	粘着気質
	肥満型	細長型	筋骨型
基本的特徴	対人関係に重点。社交的。その時その時の周囲の雰囲気にとけ込むことができる。現実の環境に融合し、適応する。	非社交的。自分だけの世界に逃避し、閉じこもろうとする傾向。書物や自然のなかに親しみをみいだそうとする。	熱中しやすく、几帳面で凝り性。習慣や義理を重んじ、現在の自分が存在している状況から心理的距離が取れない。
	旺盛な活動力、活発さ、社交性、雄弁さ、面倒見のよさなど。反面、無思慮、気まぐれ、自分の過大評価など。	現実の世界からの刺激は自分を脅かすように感じられ、外界からの刺激を避け、ひっそりと自分の世界にこもろうとする。	忍耐強く、礼儀をわきまえている。粘り強いが、頑固で自分の考えを変えようとしない。話が回りくどくて、要領が悪い。
	慎重で思慮深いが、気が弱い面も。物事を重大に受けとめる傾向。	周囲に対する情緒の共鳴が欠けている。興味をもたず、心を動かされない。	時々、爆発的に怒りだして、周りの者をびっくりさせる。

図 5-2　クレッチマーの類型（Kretschmer, 1955〔相場訳、1960〕より作成）

性格という考え方に関しては批判がある。特に、てんかんについては、WHO がてんかんの病前性格という考えに強く警告を発している。

[2] ユングの類型

　ユング（Jung, C. G.）は、フロイト（Freud, S.）とともに深層心理学の研究を行っていたが、次第にフロイトとの見解に相違が生じて、独自に分析心理学を創設した。

　ユングは精神活動を支える心的エネルギーを想定し、そのエネルギーが向かう方向により、外向型と内向型の基本類型を設定した。心的エネルギーが外界に向いているのが外向型で、好奇心旺盛で外界の事物に興味をもち、社交的で広範囲の人と交際する。決断が早く行動的であるが、自分自身を内省することがない。逆に心的エネルギーが自分自身の内界に向くの

が内向型で、自分自身の内面に興味をもち、交友範囲は狭く、内気で気難しい。思慮深く、実行力には乏しい。

　一般に、1人の人が外向、内向の両方の態度を持ち合わせているが、大体が、どちらかの態度が習慣的に表れ、片方はその陰に隠れることになる。ユングはこのような意識と無意識の相補的な関係を重視し、人間の発達は、劣等機能も含めて自我の全体的な統合性を高めることであると考えている。

[3] 類型論の特徴と批判

　人の性格をいくつかのタイプに分類して考えるというのは、人間の情報処理の認知的経済性にもあっており、古来から多くの立場に立つ類型論が提唱されてきた。性格の研究は類型から始まったといっても過言ではない。多くの哲学者や文学者が、一定の理論的背景からさまざまな類型を提唱している。類型論では、人間の性格を全体としてとらえ、個人を理解するうえでの枠組みを提供する。

　一方、類型論の問題点も指摘されている。第1に、多種多様な人間の性格を一定の少数の型に押し込めることに対する疑問が呈されている。第2に、現実の人間がある類型の典型的な性格をもっているとは限らない。ある類型と別の類型の中間型のような場合も考えられる。そこで、ある個人の性格を特定の類型に当てはめて考える場合、その人の性格のうちでその類型に合致する側面が注目され、その人のもつ他の側面が見失われてしまう危険がある。ある個人の性格を型に押し込め、決めつけてしまう危険である。第3の問題点は、類型論では性格を静態的にとらえているため、性格の形成に関与する社会・文化的要因が軽視されがちであるという点である。たとえば、娘から妻、母親と社会的な役割が変化するとともに、微妙に変化する個人の性格をとらえることが難しい。

　類型論は、20世紀後半の心理学では、あまり関心を持たれてこなかった。しかし、個人の性格を全体としてとらえ、理解するということは日常生活で有用である。そこで、最近では、特性論的アプローチのなかで、パーソナリティ特性の組み合わせで類型を導く考え方が注目されている。

B　特性論

　特性論では、性格を性格特性と呼ばれるいくつかの要素から成り立っているものと考え、その要素の量的な差異を測定することで性格を理解しようとする。性格特性とは、行動から導き出された反応の単位で、たとえば、「活発」、「軽率」、「温厚」など、性格の骨組みを構成する基本的な単位となる。「A君は活発だが、軽率でおっちょこちょい」などと表現する。

　特性論では、性格を構成する適切な性格特性を求めることが問題となる。特性論を提唱したオールポートはオバート（Odbert, H. S.）とともに、ウェブスターの辞書のなかから約18000語の性格特性語を抽出し、そのなかから約4000語を科学的な性格研究に適切な語として分類している。日本では青木孝悦が明解国語辞典から約4000語の性格特性語を抽出している。しかし、これらは多くの同義語を含んでいるので、性格を形成するもととなる性格特性がそんなにあるわけではない。たとえば、「やさしい」、「親切」、「思いやりがある」、「あたたかい」などは人に対する接し方の特定のパターンを示した同義語である。多くの特性論では、これらの性格特性語から性格の基本的構成要素を求めている。

[1]　オールポートの特性論

　オールポートは、真の特性は個人に固有のものであり、2人以上の人間に類似した性格特性は存在しても、まったく同一の性格特性は存在しないと考え、これを個別特性と呼んだ。オールポートは個別特性の研究の重要性を強調した。しかし、単一の社会では個人の性格形成に影響する社会文化的要因は共通するので、おおざっぱな相互比較が可能である。そこで、レベルの差はあっても多くの人が共通にもっている共通特性を考えた。共通特性は、性格を作り出す7つの心理生物学的要因と14の共通のパーソナリティ特性に分けることができ、共通パーソナリティ特性はさらに目標を追求するときの行動の特徴である表出特性と、態度に関する特性とに分かれる。彼は図5-3のような心誌（サイコグラフ）を用いてプロフィールを描くことで個人の共通特性を表現した。

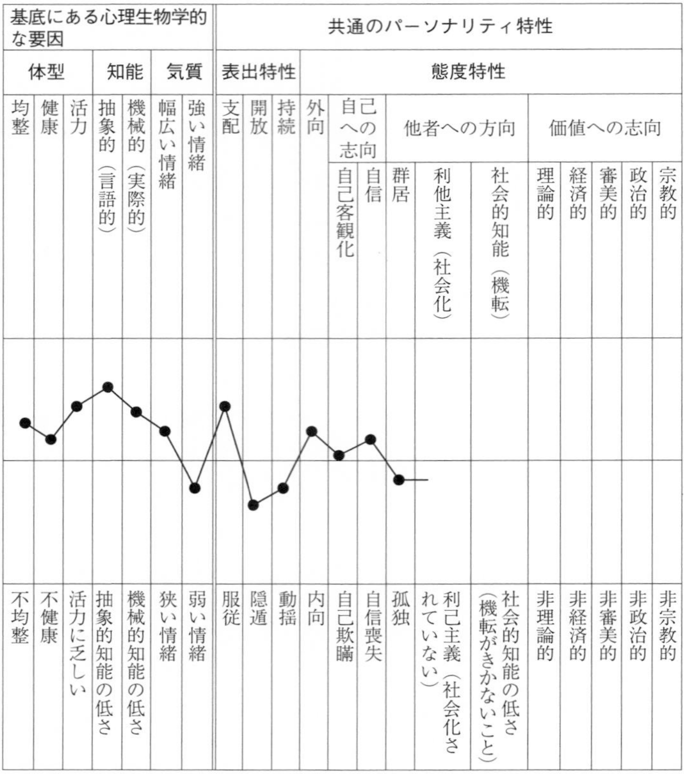

基底にある心理生物学的な要因			共通のパーソナリティ特性										
体型	知能	気質	表出特性			態度特性							
						外向	自己への志向		他者への方向			価値への志向	

上端のラベル（左から）：均整・健康・活力（体型）／抽象的（言語的）・機械的（実際的）（知能）／幅広い情緒・強い情緒（気質）／支配・開放・持続（表出特性）／外向／自己客観化・自信（自己への志向）／群居・利他主義（社会化）・社会的知能（機転）（他者への方向）／理論的・経済的・審美的・政治的・宗教的（価値への志向）

下端のラベル（左から）：不均整・不健康・活力に乏しい・抽象的知能の低さ・機械的知能の低さ・狭い情緒・弱い情緒・服従・隠遁・動揺・内向・自己欺瞞・自信喪失・孤独・利己主義（社会化されていない）・社会的知能の低さ（機転がきかないこと）・非理論的・非経済的・非審美的・非政治的・非宗教的

図5-3　オールポートの心誌（Allport, 1937〔詫摩他訳 1982〕）

[2] キャッテルの特性論

キャッテル（Cattell, R. B.）は性格を研究することにより、個人の行動を予測することができるようになることを目標としている。性格特性の機能的関連性を重視し、性格特性を行動的に観察できる表出特性とその背後にある根源特性に分けている。たとえば、社交的であったり、他人に対して丁寧であったりするなどは表情や行動により観察可能な表出特性である。そして、これらは「温厚性」というひとつの根源特性から表出されていると考える。彼はオールポートが辞書から抽出した約18000語の表出特性を出発点に、最終的には171語の表出特性を研究に用いた。さまざまなデータ

表 5-1　キャッテルの 16 根源特性と表出特性

(Conn & Rieke, 1994 より作成)

根源特性	高得点の表出特性	低得点の表出特性
温厚性	温かい、社交的、他人に対して丁寧	控えめ、打ち解けない、よそよそしい
知性	抽象的	具体的
情緒安定性	感情的に安定している、適応的、成熟した	反応しやすい、感情的に変化しやすい
支配性	支配的、強引、独断的	うやうやしい、協調的、葛藤を避ける
快活さ	快活、生き生きとした、のびのびとした	まじめ、自制的、慎重
ルール意識	ルールを守る、義務に忠実	臨機応変、慣例に従わない
社会的大胆さ	社会的に大胆、冒険的、鉄面皮	恥ずかしがり、びくびくした、気が小さい
感受性	感受性豊か、審美的、感傷的	実利的、客観的、感傷的でない
用心深さ	用心深い、疑い深い、懐疑的、油断のない	信じやすい、疑わない、人を受け入れる
想像性	ぼんやりした、想像力に富む、理念的	地に足が着く、実用的、解決志向的
秘密主義	秘密をもつ、用心深い、オープンでない	率直、純真、飾らない
不安	心配する、自信喪失した、くよくよした	自信のある、くよくよしない、満足した
変化への開放性	変化に開放的、何でも試してみる	伝統的、変化に抵抗する
自己信頼	自己信頼的、独立的、個人主義的	集団志向、仲間と連携する
完璧主義	完璧主義的、きちんとした、自分に厳しい	無秩序に寛容、厳しくない、融通の利く
緊張性	緊張した、エネルギーの高い、いらいらした、追い詰められた	リラックスした、穏やかな、辛抱強い

により表出特性の相互の関連を因子分析という方法を用いて分析し、**表 5-1** のような 16 対の根源特性を抽出した。これに基づいて「キャッテル 16 性格因子質問紙」が作成されている。

[3] アイゼンクの理論

　行動療法の推進者であるアイゼンク（Eysenck, H. J.）は、神経系の機能の個人差が人間の社会化の過程にも影響すると考え、生物学的色彩の濃い理論を展開している。彼は**図 5-4** のように性格を 4 つのレベルをもつ階層構

造として考えている。第1のレベルは日常場面で観察される具体的な行動
で、特殊反応のレベルである。これらの行動は状況に規定される要因が多
く含まれており、必ずしも個人の特徴を示しているわけではない。そのよ
うな行動が類似した場面で繰り返し観察されると、第2のレベルの習慣的
反応となる。第3のレベルが特性で、異なったいくつかの習慣のまとまり
と考えられる。さらに、それらの特性が相互に高い相関をもって集合する
と第4の類型のレベルとなる。この類型のレベルとして、アイゼンクは3
つの基本的次元を考えている。外向性－内向性、神経症的傾向－安定性の2
次元に精神病質的傾向の次元を加えた3次元である。特に外向性次元と神
経症的傾向の次元は非常に安定した次元で、このまとまりを類型と呼んで
いる。この2次元を測定するMPI（モーズレイ性格検査）が作成されている。
アイゼンクの考え方は基本的には特性論の立場であるが、特性の上位概念
として類型を考えている。

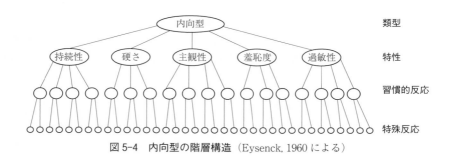

図5-4　内向型の階層構造（Eysenck, 1960による）

[4] 5因子説

　特性論の多くは因子分析という手法によって因子を抽出し、基本的な特
性を考えている。人間の性格を表現する適切な性格特性の数や種類は、研
究者によって異なっていた。しかし、1980年代以降、非常によく似た5因
子が繰り返し報告されている。この5因子は、さまざまな場面でさまざま
な対象に対して、さまざまな方法で繰り返し確認され、また、さまざまな
文化で確認されていることから、性格をとらえる基本的次元として注目さ
れ、ビッグファイブと呼ばれている。詳細にはそれぞれの研究で因子の名

前や特徴が微妙に異なるが、一般的には**表5-2**のような5因子が考えられ
ている。最近では、行動遺伝学に基づいた研究で、この5因子の遺伝率が
25〜60% であることが示され、この5因子が遺伝的、生物学的な基盤をも
つ可能性のあることが示されている。また、この5因子を測定する NEO-
PI という質問紙を用いて、さまざまな文化において性格が測定され、各文
化の平均的な性格が比較される研究など、この5因子を性格の基本次元と
した研究が発展している。

表 5-2　ビッグファイブの因子の特徴

ビッグファイブの因子	特徴
外向性	社交的、活発、話し好き、自発的など
調和性	温厚、やさしい、協調性、献身的など
誠実性	慎重、几帳面、責任感があるなど
神経症傾向	心配、不安、傷つきやすいなど
経験への開放性	独創的な、自由な、知的など

[5] 特性論への批判

　特性論では性格を性格特性という要素に分け、プロフィールを描くこと
で、個人の性格の量的比較を可能にした。特性論では、多くの人に共通の
中心的な性格特性を適切に選択することが課題となる。

　プロフィールは分析的であるが、これによって個人の性格の全体像を把
握するのは難しい。また、オールポートが個別特性の研究が重要であると
主張したにもかかわらず、多くの人が共通にもっている特性の比較に重点
が置かれるため、その個人のもっている固有の特性を見逃しやすいという
側面もある。さらに、特性論が基礎としている行動の一貫性について疑問
を唱える立場も出現してきた。

　このような行動の一貫性についての疑問は、既に 1920 年代にハーツホ
ン（Hartshorne, H.）とメイ（May, M. A.）によって指摘されていた。彼らは、子
どもにお遣いをさせて、マーケットでわざと多くお釣りを渡してもらった。
すると、他の場面では「正直」な行動をとる子どもでも、多くもらったお

釣りを正直に返さずにごまかしたのである。ごまかすことができるムードや状況によって、他の場面では正直な行動をとる子どもでも、うそをつくことを明らかにした。つまり、「正直さ」などという性格特性が存在するわけではなく、状況に都合よく反応しただけと考えた。これによって、彼らは人間は置かれた状況によって行動するので、性格特性などというものは存在しないと考えた。

[6] 一貫性論争

　ハーツホンとメイの実験は、1920年代の後半に行われたが、その後1960年代になってアメリカのミシェル（Mischel, W.）が反特性論の立場を展開した。特性論が前提としているのは、人の行動には個人差があり、その個人差は状況を超えて一貫して安定したものであるとみなし、それらを生み出すもとになるのが、性格であるという考えである。しかし、ミシェルはいろいろな行動を調査し、個人の行動に状況を越えた一貫性がないことを主張した。個人に安定した行動の傾向があるという信念の多くは、実際の行動の一貫性よりも、行動の解釈を反映しているとし、性格特性は実在しないと主張した。ミシェルは、さらに性格検査が実際の行動を予測しないことを挙げ、行動の規定因としての状況要因の重要性を指摘した。ミシェルのこの主張がきっかけとなり、人間の行動には状況を超えた一貫性があるのか、あるいは、そのような一貫性があると考えるのは幻想で、人間は状況に反応して行動しているだけなのか、行動の一貫性についての論争が展開された。

　この論争は、社会心理学など関連領域を巻き込みながら、性格研究全体に大きく波及した。これがきっかけとなり性格研究の見直しや、新たなアプローチの導入など性格研究全体が刺激された。ミシェル自身も、その後、状況には強い状況と弱い状況があり、弱い状況にはある程度一貫した個人差が出現することを認めたこともあり、個人の行動が状況のみによって規定されるという極端な状況主義はあまり広まらなかった。しかし、行動が性格だけで決定されるのではなく、状況の影響を受けるということは多くの研究者の共感をよんだ。

[7] 相互作用論

　一貫性論争により、人と状況との相互作用を考える立場への注目が高まった。この立場は、個人の内的要因（性格特性など）と外的要因（状況など）との相互作用を重視する立場で、古くはレヴィン（Lewin, K.）の場の理論などがある。1960年代頃からは、個人の内的要因として、状況の認知の仕方を取り上げることが多くなり、「社会認知的」アプローチと呼ばれるようになってきた。たとえば、親しい人から「顔色悪いね」と声をかけられて、それをあなたに関する批判と認知する人もいれば、体調を心配してくれている優しさだと認知する人もいる。状況の認知が異なれば、その後の行動が異なり、行動が異なれば、異なる反応を引き出す。こうして外的要因と内的要因は相互作用していく。

　一貫性論争を引き起こした張本人であるミシェルも、人の行動は、状況による影響を受けるものであり、状況的文脈を考慮に入れることで一貫性を見出すことができると考えた。つまり、状況と行動の組み合わせのパターン（if-then パターン）には、安定性がみられるとした。このときの「状況」は、「食堂」とか、「数学のテスト」などの標準的なものではなく、「恋人に批判されたとき」などその人にとっての心理的な意味をもつことが重要であるとしている。たとえば、「恋人に批判されたとき」に傷つきやすい人は、親しい人からの拒絶という意味づけをされる場面では傷つきやすいかもしれないが、SNS上の他人からの批判に対しては、それほど傷つかないかもしれない。ミシェルは、その後、性格を包括的にとらえる「認知 - 感情システム理論」を提唱し、そのなかで性格のさまざまな理論の統合を試みている。

C　クロニンジャーの理論

　クロニンジャー（Cloninger, C. R.）は、性格と神経伝達物質との関連を想定した理論を提唱している。この理論で、関連が想定されている神経伝達物質を受容する細胞の遺伝子と性格との関連を示す研究も報告され、注目されている。

　クロニンジャーは性格を遺伝的な要因の影響を強く受ける気質と、環境の影響を受け自分で作り上げる性格に区別して考えた。遺伝的影響を強く

受ける気質は、新奇性追求、損害回避、報酬依存、固執の４種類が考えられている。これらの気質の特徴は**表 5-3**に示す。これらの４つの気質と神経伝達物質の関連が想定され、これらの気質は遺伝的に独立した起源をもつと主張する。行動の活性化に関連する新奇性追求はドーパミン、行動の抑制に関連する損害回避はセロトニン、行動の維持に関連する報酬依存はノルエピネフリンという神経伝達物質との関連があると主張する。固執については、当初は報酬依存に含まれていたが、後の研究から加えられたため、神経伝達物質との関連は想定されていない。新奇性追求とドーパミン受容体遺伝子多型との関連や、損害回避とセロトニン受容体やセロトニントランスポーターの遺伝子多型との関連を見出した研究もあるが、結果は一貫していない。

　環境からの影響を受け、自分で作り上げる性格としては、自分の目的や価値観にしたがって自身の行動を調節する自己志向性、他者に対して寛容的で、同情的な協調性、自分も含めてすべてのものが宇宙全体の一部と考える自己超越性の３種類を考えている。

　クロニンジャーの理論は、遺伝子と性格との関連を示して注目されているが、遺伝子によって性格が決定され、固定化されてしまうことを想定しているわけではない。

表 5-3　クロニンジャーの気質の特徴
(Cloninger et al., 1993 などをもとに作成)

気質	特徴	神経伝達物質
新奇性追求	新しさに反応して探求し、衝動的意思決定をしやすい 【行動の触発に関連】	ドーパミン
損害回避	将来の問題を悲観的に心配し、不確かさへの恐怖をもつ 【行動の抑制に関連】	セロトニン
報酬依存	現時点で得られている他者からの承認など人間関係を維持しようとする 【行動の維持に関連】	ノルエピネフリン
固執	現在の行動を維持しようとする 【行動の固着に関連】	

D　精神分析学の理論

　フロイト（Freud, S.）によって体系化された精神分析学では、表面に現れた人間の行動は氷山の一角のようなもので、背後には自分でも気づかない欲求や動機が隠されていると考える。無意識の世界を重視し、心の深層に迫ろうとする。

　フロイトは性格の構造として、図5-5のようなイド、自我、超自我の3領域を考えている。イドは本能的な衝動（リビドー）の渦巻くところで、快楽原理にしたがって行動する。自我はイドの一部が変化したもので、イドの衝動を現実的に満足させるための合理的方法をとるところで、現実原理にしたがった行動をする。超自我は社会的な規範や道徳が内在化した、良心と呼ばれるところである。イドは人の心にエネルギーを与えるエンジン、自我は運転手、超自我は交通法規と考えることができる。フロイトはこの3つの機能が力動的に関連しあって行動を決定すると考え、これらの力のバランスで人間の性格を考えた。たとえば、イドの力が強いと衝動的、感情的で、自我の力が強ければ、現実的、合理的になる。また、超自我の力が強ければ、道徳的となる。イドと超自我の力が強く、間にはさまれた自我の力が弱いと葛藤が生じて神経症的な症状を出しやすいとしている。

　フロイトは性格の発達についても独自の理論を展開している。彼はリビドーが身体的部位と結合して発達する様子を5段階に分けて考えている。各段階で身体的部位によって得られる快感の受けとめ方によって性格の形成に大きな影響があると考えている。たとえば、乳児は母親の乳房をしゃぶることにより、栄養を摂取すると同時に、口唇からの快感を得ていると

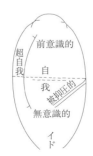

図5-5　フロイトの心の構造（フロイト、1971）

考え、この時期を口唇期と呼んでいる。口唇期には授乳を通した母子関係によって性格の基礎となる人への信頼感を形成する。発達するにしたがって、リビドーが肛門にある肛門期、男根にある男根期、表面的には落ち着いている潜伏期、リビドーが性器にある性器期と、快感を得る身体部位が変化すると考える。肛門期は、トイレットトレーニングなどを通してしつけが始められる時期で、几帳面、しまりや、頑固などの性格が表れやすい。男根期は、男の子は父親に女の子は母親に対して、ライバル視したり、同一視したりすることによって、男らしさや女らしさの基礎を形成する時期である。潜伏期には同性の仲間との交流が活発になり、それを通じて男性性、女性性が強化される。性器期には、他者を意識し、異性との親密な関係を築いていく。フロイトのこの考え方は小児性欲説として知られている。フロイトの考え方は思弁的で実証することが不可能である。また、小児性欲説などはきわめて独善性が高く、現在では古典として残っているだけである。しかし、性格の発達における乳幼児期の重要性に注目した点が特徴で、その後の性格研究に与えた影響は大きい。

　精神分析的流れを汲む性格理論として、他に類型論で取り上げたユングの理論、アドラー（Adler, A.）の個人心理学、エリクソン（Erikson, E. H.）の心理社会的発達理論、マレー（Murray, H. A.）の欲求－圧力説などが挙げられる。

E　その他の理論

　性格に関する理論は、これまでに取り上げた理論だけではなく、レヴィンの場の理論や、学習理論に基づいた性格理論、認知的性格理論、文化心理学的視点を取り入れたものなどさまざまな立場からの性格理論が展開されている。

　学習理論や認知心理学の発展にともなって、個人の内的変数として認知的変数を取り上げる理論も多くなってきている。たとえば、ロッター（Rotter, J. B.）は社会的学習理論の立場からローカス・オブ・コントロール（統制の位置）という概念を提唱している。この理論では、期待という認知機能を重視し、ある行動が生起するのは、ある成果を獲得することについての期待とその成果に対する魅力（強化価値）の相互作用と考えた。そして、一般化された期待、すなわち、信念に2つのタイプがあると考えた。内的統

制型は、社会的出来事を、その人自身の行為や内的コントロール（自分の能力・技能・努力）の結果によるものと認知するタイプで、外的統制型は、社会的事象を自己の行為の結果であるよりは、目にみえない偶然性や運・チャンスなどを含めた他者の強力な力によるものと認知するとしている。

　また、マーカス（Markus, H. R.）・北山らの提唱する文化心理学では、欧米では各自の自己がお互いに独立した相互独立的自己観をもつのに対し、日本など東洋では、各自の自己と他者の境界がややあいまいな相互協調的自己観をもつことを指摘している。相互独立的自己観では、自己は周囲の状況とは独立した存在としてとらえられ、主体のもつさまざまな属性（能力、性格、動機など）によって定義されるものと考えられる。一方、相互協調的自己観では、自己は周囲の人や状況と結びついてとらえられ、人間関係やあるいはその関係性のなかで意味づけられる属性（役割など）によって規定されると考えられる。「～らしい」行動や「空気を読む」ことが求められる。このような自己観の違いが、さまざまな社会的行動や社会的認知の違いに影響を与えると考えられる。これらの文化の影響は、その個人の認知的枠組みとして作用し、個人がその認知的枠組みを状況に合わせて変化させる可能性も指摘されている。

▌▌▌トピック▌▌▌　血液型で性格は理解できるか

　日本では血液型によって性格がわかるという説が広く受け入れられている。生理的要因が性格の形成に関与することは、本章でも述べている通りである。それでは、血液型も性格形成に影響する生理的要因と考えることができるのであろうか。

　ABO 式の血液型と性格が関連するというのは日本独自のものである。大村政男によると、現在の血液型性格学は昭和初期に古川竹二の発表した「血液型気質相関説」をもとに、昭和 40 年代に能見正比古・俊賢親子が拡大解釈したものであるという。血液型と性格との関連は、方法や対象をさまざまに変化させて研究しても実証できない。心理学者の多くは、この考え方に懐疑的である。それにもかかわらず、一般的には血液型によって性格が決まるという信念が広まっている。

　簡単な実験がある。血液型性格学でいわれている各血液型の特徴を取り

出して、その特徴を入れ替える。O型の特徴をA型の特徴として、A型をB型として、B型をAB型として、AB型をO型として示すのである。これを、大学生に示し、どの程度当たっているか判断させる。筆者は毎年、受講生に試しているが、実際には自分とは別の血液型の特徴を読んだにもかかわらず、7〜8割の学生が「あたっている」と判断する。どうしてそのようなことが起きるのだろうか。

各血液型の特徴とされている性格は、抽象的に表現されており、誰にでも当てはまるように感じてしまう。これをバーナム効果という。誰にでも当てはまる特徴にラベルをつけることで、印象に残し、特定の血液型のイメージが作られてしまう。一度、そのイメージができてしまうと、そのイメージに一致した情報が取り入れやすくなるので、他人や自分の行動をみたとき、「当たっている」側面だけが目に付く。「当たっている」という感覚は、実はとても不確かなのである。

血液型と性格が関連するという信念を血液型ステレオタイプと呼ぶ。ステレオタイプとは、特定の集団（性別、人種、職業など）のメンバーがもつ属性に対する信念である。「女性は論理的思考ができない」、「日本人は自己主張をしない」など、一部の情報に基づいて過度の一般化が行われていることが多い。血液型についても、「A型は○○だ」というステレオタイプの一種と考えられる。ステレオタイプは、ステレオタイプに一致しない事例や情報に接しても、容易に変化しないという特徴をもつ。血液型ステレオタイプも同様で、血液型と性格が関連する根拠がないという情報に接しても、血液型ステレオタイプが根強く残ってしまう。

また、血液型ステレオタイプがコミュニケーションを助け、対人関係を促進する機能をもつことも、血液型ステレオタイプが広まる一因と考えられる。大学生147名を対象にした研究では、人との親密な関係を築きたいという親和動機が高い人の方が、また、自分の周囲の人が血液型ステレオタイプを信じていると思っている人の方が、そうでない人に比べて、血液型ステレオタイプを信じやすいという結果を示した。血液型性格判断を話題にすることなどを通して、コミュニケーションを図るなど、対人関係を友好的にする道具として血液型ステレオタイプを使っているのである。

血液型性格学は一見科学的にみえるが、血液型と性格の間の関連は実証

されていない。占いと思った方がよい。われわれは自分や他人についての
性格を正確に把握したいという欲求がある。確かに、血液型など明確な指
標で性格が理解できれば、簡単である。しかし、人間はそう簡単にいかな
いところに、人間としての魅力がある。

引用文献

Allport, G. W.（1937）. *Personality: A psychological interpretation.* Henry Holt and Company.
　　（オールポート, G. W.（著）詫摩武俊・青木孝悦・近藤由紀子・堀　正（共訳）（1982）. パーソナリティ——心理学的解釈　新曜社）

Allport, G. W.（1961）. *Pattern and growth in personality.* New York: Holt, Rinehart, & Winston.
　　（オールポート, G. W.（著）今田　恵（監訳）（1968）. 人格心理学（上・下）誠信書房）

安藤寿康（2000）. 心はどのように遺伝するか——双生児が語る新しい遺伝観　講談社ブルーバックス

Cloninger, C. R., Svrakic, D. M., & Przybeck, T. R.（1993）. A psychobiological model of temperament and character. *Archives of General Psychiatry, 50.* 975-990.

Conn, S. R., & Rieke, M. L.（1994）. *The 16PF fifth edition technical manual.* Illinois: Institute for Personality and Ability Testing.

榎本博明・安藤寿康・堀毛一也（2009）. パーソナリティ心理学——人間科学、自然科学、社会科学のクロスロード　有斐閣

Eysenck, H. J.（1960）. *The structure of human personality.* Methuen: Wiley.

Freud, S.（1923）. *Das Ich und das Es Das Unbewusste Jenseits Des Lustprinzips Massenpsychologie und Ich-Analyse.*
　　（フロイト, S.（著）井村恒郎（訳）（1970）. フロイト選集4　自我論　日本教文社）

フロイト, S.（著）懸田克躬・高橋義孝（訳）（1971）. 精神分析入門　人文書院

Jung, C. G.（1968）. *Analytical psychology: Its theory and practice.* London: Routledge Kegan Paul.
　　（ユング, C. G.（著）小川捷之（訳）（1976）. 分析心理学　みすず書房）

河合隼雄（1967）. ユング心理学入門　培風館

北川　忍（1998）. 認知科学モノグラフ9　自己と感情——文化心理学による問いかけ　共立出版

Kretschmer, E.（1955）. *Körperbau und character.* Berlin: Springer-Verlag.
　　（クレッチマー, E.（著）相場均（訳）（1960）. 体格と性格　文光堂）

Mischel, W.（1968）. *Personality and assessment.* John Wiley & Sons.

（ミシェル，W.（著）詫摩武俊（監訳）（1992）．パーソナリティの理論——状況主義的アプローチ　誠信書房）

Mischel, W., & Shoda, Y.（1995）. A cognitive-affective system theory of personality : Reconceptualizing situations, dispositions, dynamics, and invariance in personality structure. *Psychological Review,* **102**（2）. 246-268.

本明　寛（編）（1989）．性格心理学新講座第1巻　性格の理論　金子書房

Pervin, L. A.（Ed.）.（1990）. *Handbook of personality; Theory and research.* New Youk: Guilford Press.

詫摩武俊（編）（1978）．性格の理論（第2版）誠信書房

詫摩武俊（編集）（1998）．こころの科学セレクション　性格　日本評論社

詫摩武俊（監修）（1998）．性格心理学ハンドブック　福村出版

詫摩武俊・滝本孝雄・鈴木乙史・松井　豊（共著）（2003）．新心理学ライブラリ9　性格心理学への招待　改訂版　サイエンス社

理解を深めるための参考文献

● 榎本博明・安藤寿康・堀毛一也（2009）．パーソナリティ心理学——人間科学、自然科学、社会科学のクロスロード　有斐閣

● 詫摩武俊・滝本孝雄・鈴木乙史・松井　豊（共著）（2003）．新心理学ライブラリ9　性格心理学への招待　改訂版　サイエンス社

知識を確認しよう
・・・・・・・・・・・・・・・・・・・・・・・・・・・・

択一問題

(1)　次の文の空欄にあてはまる語句を語群から選びなさい。ただし、同じ
　　記号の空欄には同じ用語が入るものとする。

[問題]

　性格を理解する立場として、人の性格を全体的にとらえる（　①　）論
と性格を要素に分けて分析する（　②　）論がある。（　①　）論は、一定
の観点から性格の典型像を設定して当てはめようとするもので、古くから
存在する。多種多様な性格を少数の（　①　）に当てはめようとすること
や、性格形成における（　③　）的要因を軽視することに批判がある。一
方、（　②　）論は、性格を構成する要素に分解して、それらの量と組み合
わせで性格を考える。人の性格を考える前提となる行動の一貫性について
の議論を経て、（　②　）と状況など環境要因との（　④　）を重視する立
場も出現した。人の性格を構成する基本的な（　②　）については、さま
ざまな理論が提唱されていたが、1980 年代後半以降、（　⑤　）を想定する
説が有力となった。また、1990 年代に入ると、生理学的研究が進み、クロ
ニンジャー（Cloninger, C. R.）は、遺伝的な影響を強く受ける 4 つの気質と（
⑥　）との関連を想定した理論を提唱した。

ア　クレッチマー（Kretschmer, E.）　　イ　特性　　ウ　16 因子
エ　認知　　オ　類型　　カ　5 因子　　キ　相互作用
ク　神経伝達物質　　ケ　社会文化　　コ　環境

(2)　性格の形成に関連する次の記述で、適切なものの組み合わせを選びな
　　さい。

①　日本人の性格、アメリカ人の性格など、ある社会に所属する人に共通
　　してみられる性格の基本構造がある。

②　乳児は白紙で生まれてくるので、親の育て方や生後の経験により、子
　　どもの性格が形成される。

③ 受験の失敗を経験すると、誰でも自分に自信を失くし、その後は、消極的な性格になる。

④ 自分の性格を変えたいと悩む人は多いが、性格は遺伝と環境によって決定されるので、自分の意志で性格を変えることは不可能である。

⑤ 性格の形成における家庭の影響は大きいが、同一の家庭でも、兄弟で環境は異なり、それが個人の性格に影響を与えると考えられる。

ア ①② 　イ ①⑤ 　ウ ②③ 　エ ③④ 　オ ④⑤

(3) 性格についての次の記述について、関連が深いと思われる人名を選びなさい。

A 英語の辞書から性格を表現する言葉をすべて抽出し、整理した。

B 気質と体型との関連を提唱した。

C イド・自我・超自我などの構造によって性格を考えた。

D 社会的出来事が、その人の内的要因によりコントロールされるのか、外的要因によるのかという信念に基づいて性格を考えた。

E 個人の行動には、状況を超えた一貫性がないと主張した。

F 神経系の機能の個人差を重視し、性格の階層構造を提唱した。

G 性格を観察可能な表出特性とその背後にある根源特性に分けて考えた。

① プロミン（Plomin, R.） 　　② キャッテル（Cattell, R. B.）

③ ユング（Jung, C. G.） 　　④ フロイト（Freud, S.）

⑤ アイゼンク（Eysenck, H. J.） 　　⑥ ミシェル（Mischel, W.）

⑦ クレッチマー（Kretschmer, E.） 　　⑧ クロニンジャー（Cloninger, C. R.）

⑨ オールポート（Allport, G. W.） 　　⑩ ロッター（Rotter, J. B.）

⑪ レヴィン（Lewin, K.）

【論述問題】

(1) 気質と性格の関連について説明せよ。

(2) 行動の一貫性論争について説明せよ。

キーワード

新生児微笑	分離・個体化
自己感	同化と調節
愛着	心の理論
妄想的・分裂的	精神分析理論
ポジション	自我同一性
抑うつ的ポジション	

本章のポイント

　発達という言葉は、ひとつの種が1本の樹に成長するプロセスにたとえられる。種子は小さな粒ながら、そこに大きな樹木となる可能性を既に秘めている。しかし、種子はただそこにあるだけで樹になるわけではない。養分をたっぷり含んだ土壌において発芽し、水や光を浴びてこそ、樹としての成長が可能になる。人間の場合、この「種子」に対応するのが、卵子と精子の受精によって誕生した受精卵である。

　この小さな受精卵は、子宮に着床し約10ヶ月かけて急激な成長を遂げ、世界へと産み出される。出生の後、人間は、養育者のケアのもとで、世界と出会い、探索し、他者との相互交流を営みつつ、独自の心を形成する。この過程を心の発達と呼ぶことができよう。

1 ● 生後3年間のめざましい発達

　脳神経の発達は、生後1年間に急勾配で上昇し、やや穏やかになるものののさらに3歳ぐらいまで急激な上昇が継続する。脳の発達にとって、生後の3年間はとても重要な時期である。出生後の人間は、世界との相互作用を経験しながら脳の神経伝達のネットワークを複雑にはりめぐらせていく。それが、心の発達の過程であり、成長である。まずは、その3年間の経過を概観し、そこで養育者と出会い、営まれる相互交流が、心の発達、成長にとっていかに重要であるかをみていきたい。

A　新生児のまどろみと目覚め

　出生直後の新生児には、原始的な段階の脳機能が原始的反射（**表**6-1）として残存していることが知られている。これらの原始的反射の多くは生後半年の間に消滅していく。そのなかで、口の周辺に触れるものがあるとその方向を探して吸いつく反射は、新生児を授乳体勢へと誘導する。この授乳を介しての母子間の絆の成立は、その後の心の発達に重要な意味をもつ。

表 6-1　新生児の原始反射後の適応行動との対応（高橋、1994）

■ 乳を飲む行動	◦ 口唇探索反射——口元を軽くつつくと、さわった方向に頭を向ける。
	◦ 吸飲反射————口の中に指を入れると吸う。
■ 危険なものから身を守る行動	◦ 引っ込み反射——足の裏をピンでつつくと、足を引っ込める。
	◦ 瞬目反射————物が急に迫ってきたり、まぶしい光を急に当てるとまぶたを閉じる。
■ 抱きつく行動	◦ モロー反射————仰向けに寝かせ、頭の支えを急にはずすと、両腕を広げ、誰かを抱きしめるかのように腕をもどす。
■ 物をつかむ行動	◦ 把握反射————手のひらに指を入れ、押すと、その指を握りしめる。
■ 歩く行動	◦ 歩行反射————わき下で身体を支え、床に立たせると、律動的なステップ運動が起こる。
■ 泳ぐ行動	◦ 泳ぎ反射————うつ向けて水につけると、腕と脚を使った泳ぐような運動が起こる。

　また、生まれたばかりの新生児がまどろんでいるとき、とても美しい微笑
を浮かべることがある。これは、外からの刺激が加えられないにもかかわ
らず自発的に生じた微笑で、反射と同じく原始的な微笑であり、自発的微
笑と呼ばれている。

　ほぼ生後2週目には、この理由のない微笑みは消失し、代わって生後3
週目以降に登場するのが、外の刺激によって生じる誘発的微笑である。物
音や視覚的刺激によって赤ちゃんが微笑むようになることは、赤ちゃんの
世話をする養育者にとって大きな変化である。養育者は赤ちゃんの微笑を
見たさに、いろいろ試みる。ガラガラを振ってみたり、オルゴールを回し
てみたり、声をかけてみたり、赤ちゃんをみつめてみたり……というよう
に。こうして生後6週目の赤ちゃんは、特に人間の声や顔に対して、よく
微笑を浮かべるようになるのである。

　この誘発的微笑は、新生児が社会的存在としての発達を始めるために欠
かすことができない機能をもっている。この微笑によって、養育者は新生
児に惹きつけられ、新生児との相互交流が始まるからである。養育者は、
新生児がどんな働きかけを喜ぶのか、その笑顔によって知ることができ、
新生児が喜ぶ働きかけを繰り返す。微笑を引き出す刺激は、新生児の脳の
発達に適切な刺激である。こうして生理的早産であるといわれる人間の赤
ちゃんは、微笑によって、養育者の愛情を喚起し、発達にとって不可欠な
社会的交流を先導している。その結果生後2ヶ月の段階で、既にしっかり
と目と目をあわせるアイ・コンタクトが可能になり、そこに養育者との心
の絆の発生を確認することができるのである。

B　自己感の発生

　さて、私が、私としていまここに生きている実感を私たちはどのくらい
感じているだろうか？　近代哲学の父と呼ばれるデカルト（Descartes, R.）が、
この命題に対して「我思う、故に我あり（cogito, ergo sum）」という結論に落
ち着いた。すべてを疑ってかかろうとしたデカルトも、疑う自分自身の存
在だけは疑えなかった。同様に、私が私としていまここに生きている実感
が感じられないと不安に思っている人がいるならば、その人は、逆説的に、
「実感が感じられない」と「不安に思う」主体として確かに存在しているこ

表 6-2　スターンによる自己感の発達

月齢	自己感
0ヶ月 ⬇	新生自己感 the sence of an emergent Self
2ヶ月 ⬇	中核自己感 the sence of a core Self
7〜9ヶ月 ⬇	主観的自己感 the sence of a subjective Self
15ヶ月 ⬇	言語的自己感 the sence of a linguistic Self

とになる。

　この私が私として、ここに生きている感覚を自己感と呼ぶ。この自己感の形成過程について、スターン（Stern, D. N.）は**表6-2**の通り、4段階に分けて論じている。

　第1の新生自己感は、出生してから2ヶ月までの間に乳児が体験する生理的緊張やそれに伴う情動のゆらぎに対して、養育者が睡眠と覚醒、空腹と満腹のサイクルの調節と安定化をはかろうとする社会的やり取りを体験するなかで、だんだんと「自己」としてのまとまりが浮かび上がってくる状況をさしている。ちょうどアイ・コンタクトが成立した生後2ヶ月を過ぎたところで、第2の中核自己感の段階に突入する。この段階の乳児は、養育者からの働きかけに対して盛んに反応を示すようになっており、そのとき、情動を体験する自己（自己情動性）、行為の主体としての自己（自己発動性）が体験されていることになる。生後7ヶ月頃までのこのような体験は、過去・現在・未来へと一貫して存在する自己の感覚（自己一貫性、自己歴史）につながるのだという。そして、生後7〜9ヶ月以降15ヶ月にかけて、自分の心の動きを認知できるようになる。いわば自分の心が発見されるのである。これをスターンは主観的自己感として説明した。自分に体験されているこの心は、他者にも体験されていることを予想して、またこの心の体験を共有できることを認識するようになる。この認識は間主観性と呼ばれて

いる。この時期の間主観的な相互交流として、情動調律が挙げられる。た
とえば赤ちゃんが何かを発見して興奮し「ウォウ・ウォウ」と声をあげる
ときに、養育者がその声にあわせて、赤ちゃんをゆさぶってあげる場面を
想像してほしい。そこには、表出された情動を共有し、それを別の形で表
出しかえす交流である情動調律が成立しているのである。

　このような段階を経て生後 15 ヶ月以降、赤ちゃんは言葉を発するように
なり、その言語はだんだんと伝達力を強める。そこでは自分の体験は言語
という媒介によって他者と共有されるようになる。この言語を操る段階に
到達した幼児の自己感を言語的自己感と呼び、自己を客観視でき、象徴を
用いることができ、将来への期待や現実に反した願望も保持されるように
なる。しかし、ここで言語で表象される体験や自己は、もともとの体験や
自己感とずれを生じており、ここに自己体験の分裂が始まることも指摘さ
れている。

C　養育者との絆の形成

　自己感の形成において、養育者の働きかけが重要であることをみてきた
が、このような養育者の働きかけを誘導しているのは、実は乳児自身であ
ることを確認しておきたい。生後 2 ヶ月で、養育者の働きかけに微笑で反
応していた赤ちゃん。そして、空腹のとき、暑さ、寒さなどの不快さを訴
える強力な手段が「泣き」である。言葉をもたない乳児は全身を使って泣
きわめく。生後 6 ヶ月までの赤ちゃんにとっては時間の展望もなく、いま
この瞬間の不快感は永遠の苦しみのように感じられ、自分は世界によって
迫害されて、いまにも殺される！　といった勢いで泣きわめいているので
ある。この段階の乳児の体験世界を、クライン（Klein, M.）は妄想的・分裂
的ポジションと名づけた。この段階では、世界の体験は、100％ バラ色の
幸福か、あるいは 100％ の暗黒の絶望の二極に分裂しているといわれてい
る。暗黒の絶望から助けを求める必死の叫びを聞いて、養育者は赤ちゃん
のもとにかけつけて、空腹なのか、オムツが気持ち悪いのか、お腹が痛い
のか、いろいろ考えられる状況への対応を試みる。赤ちゃんが泣きやむこ
とで、ようやく、その対応が適切であったことを知ることになる。こうし
て泣き声を聞いてかけつけ、対応してくれる養育者の存在があってこそ、

表6-3　ガンダの母子間にみられた愛着行動のパターンとその発生時期
(Ainsworth, 1963 より作成)

愛着行動のパターン	発生時期(週齢)	
	初発例	通　常
● 泣きやみの分化（母親以外の人に抱かれたり、その人にあやされても泣きやまないが、母親に抱かれると泣きやむ）	8	12
● 微笑の分化（母親との相互作用が、他人の場合と比較して、よりすみやかに、より頻繁な微笑を生起させる）	9	32
● 発声の分化（母親との相互作用が、他人の場合と比較して、よりすみやかに、より頻繁な発声を生起させる）	20	—
● 母親に対する視覚的・運動的定位づけ（他人に抱かれているとき、親の方を一生懸命みている）	18	—
● 母親の退室による泣き叫び（母親が退室し、視野から消えると泣き叫ぶ）	15	25
● 後追い（這いはじめると、母親が退室しても、這って後を追いかける）	17	25
● 母親へのよじ登りと探索行動（母親によじ登り、髪や顔や衣服などをいじって遊ぶ。これが、他人に対する場合よりも、よりすみやかに、より頻繁にみられる）	10	30
● 顔埋め（探索行動からもどったときなどに、母親の膝に顔を埋める。母親に対してのみ示される）	22	30
● 安全基地からの探索（母親から離れて探索行動を行うが、おりおりもどってくる）	28	33
● しがみつき（知らない人に接して、驚いたときなどに示される。母親に抱かれているときにはみられないが、他人に手渡そうとすると、強くしがみつく）	25	—
● 歓迎して両手を挙げる（母親が短期間不在のあとでもどってくると、両手を挙げ、抱きあげてもらいたそうなしぐさをする。微笑や発声も同時にみられる）	21	—
● 歓迎して手を叩く（上と同じ歓迎の行動であるが、両手を挙げるかわりに、うれしそうに手を打ちならす）	32	—

　乳児は、生を存続させることができる。赤ちゃんにとっては、養育者の在・不在に、生存がかかっているのである。そこで、認知や運動機能の発達とともに乳児には、まず養育者を認識し、その存在を確認して安心し、不在を知って不安にかられ、可能であれば追いかけようとする、さまざまな愛着行動（表6-3）が出現する。ここでいう愛着とは、ボウルビィ（Bowlby, J.）によれば「特定の他者との間に形成される情愛の絆」であり、それは「ある時期に、特定の人物が乳児の求めに対して速やかに相互作用を営むこと」

表6-4　ボウルビィによる愛着の発達段階

月齢	愛着行動の変換
0ヶ月	第1段階　人物を選ばない定位と発信
3ヶ月	第2段階　人物を見分け特定の人物に対する定位と発信
6ヶ月	第3段階　特定の人物に対する定位と発信【人見知り8ヶ月頃】
3歳	第4段階　特定の人物と空間的に接近していなくても安心

によって形成されるという。

　愛着の発達の段階については**表6-4**のように定義されている。具体的には生後4ヶ月から6ヶ月にかけて愛着の感受期とされており、泣きに応じて働きかけてくれた特定の養育者との間に特別な絆が形成される。そのためこの時期を過ぎると、いつも世話をしてくれる養育者を他の人とはっきりと見分けるようになり、その養育者に対して、特別によい笑顔を向け、その人がいなくなると必死で後を追う人見知りがみられるようになる。この養育者は、1人である必要はなく、複数の養育者が世話をしている場合は、愛着の絆はそれぞれの養育者と多元的に形成されることが報告されている。つまり、母親1人で赤ちゃんの世話をしている状況では、愛着は母親のみに向けられるが、両親や祖父母、また保育所の保育士が赤ちゃんの世話をそれぞれの時間担当している場合、愛着行動の出現は少し遅れるが、まもなく家庭で母親がみている場合と同じ水準に達するのである（**図6-1**）。

　ここで、生後4ヶ月から6ヶ月の間、まだはいはいもできず、寝たままの赤ちゃんを、のぞきこみ、抱き上げ、声をかけて笑顔を引き出しながら、泣き声の要求にこたえて授乳したり、いろいろと赤ちゃんの不快さを取り除く世話をすることが、乳児と養育者の絆を形成するうえで大切であることを確認しておきたい。つまり、ここで乳児に養育者として認知してもら

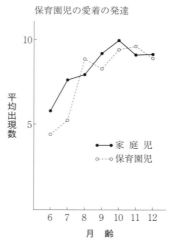

図 6-1　愛着行動の平均出現数（繁多、1987）

うことで、乳児の愛着行動の対象となり、「この子にとって自分はいなくて
はならない存在である」→「この子はかけがえのないわが子である」という
感情がしっかりと芽生えてくる。こうして母性愛・父性愛は、関わりの蓄
積によって形成される。仕事が忙しくて生まれたばかりの赤ちゃんの顔も
ゆっくりみられない父親がいれば、生後8ヶ月にもなると人見知りされ、
抱き上げようとすると泣き出されてしまう。これでは、わが子がかわいい
という感情も生じにくい。こうして形成される愛着のタイプについて、エ
インズワース（Ainsworth, M.）は、実験的観察法を用いて、表 6-5 のように3
つのタイプに分類した。さらに、このような愛着について、ボウルビィは、

表 6-5　愛着のタイプ分類

愛着のタイプ	愛着の特性
回避性愛着 Avoidant-Type	他者に対する関心を防衛的に排除し、愛着対象との親密な関係を避ける
安定性愛着 Secure-Type	対象との関係から安心感を得て、その関係を安全基地として対象から自由に離れて行動できる
不安定愛着 Ambivalent-Type	対象との親密さを望むものの絶えず分離の不安を抱き続け、他者に対し過度に近接や親和を求める

内的ワーキングモデル理論を展開させた。これによれば、発達において子どもが、相互作用的経験の反復した経験に基づいて形成した自己および他者に関する一連のモデルである内的ワーキングモデルは、すべての他者との関係にも波及する。つまり、対人関係の基本型として保持されていくのだと考えられている。

D　一人立ちに向けての歩み

　愛着の第4段階（p.167 **表6-4**参照）によれば、3歳になると特定の他者と空間的に近接していなくても平気になるとされている。幼稚園に通い始める年齢が3歳と設定されているのも根拠があるのである。それでもはじめて幼稚園バスに乗り込むとき、たいていの子どもたちは泣き出したり、とまどったりするだろう。しかし、やがて当初のとまどいを乗り越えて、幼稚園の仲間の輪のなかに入れるようになる。そのとき子どもたちの心に何が起こっているのだろうか？　その過程を詳しく観察したのが、マーラー（Mahler, M.S.）である。マーラーによれば、**表6-6**のように生まれた直後の赤ちゃんは正常な自閉期、さらに共生期と呼ばれる状態にあり、そこにはまだ明確な自他の区分は生じていない。

　しかし、生後5ヶ月を迎える頃から9ヶ月にかけて、少しずつ自己と養育者とが別個の個体であることに気づきはじめ、そこに個としての自己が孵化するのである。マーラーはこの時期を分化期と名づけた。さらに9ヶ月から14ヶ月、歩行が始まると、行動のスピードと行動半径は一挙に増大する。それに伴って、幼児が養育者の存在を安全の基地にして、外界の探索をさかんに行うようになるこの時期は、練習期と名づけられた。たとえば、母親が子どもを公園に連れて行き、ベンチに座っているときに、幼児がたとえば最初に砂場を探索したならば、次なる興味の対象のすべり台に向かう前にいったん、ベンチにいる母の膝につかまりに行き、母の存在と同意を心の支えに、第2の未知なる対象であるすべり台へと向かうのである。こうして、「這えば立て、立てば歩め」の親心に沿って、順調に外の世界への探索を開始していたと思われていた幼児は、養育者との分離の経験をもつことで、もはや自分は養育者と一体ではなく、別個の個体であると気づき分離意識をもつ。しかし、そこで幼児は、あらためて分離の恐ろしさ、

表 6-6　マーラーによる分離－個体化過程

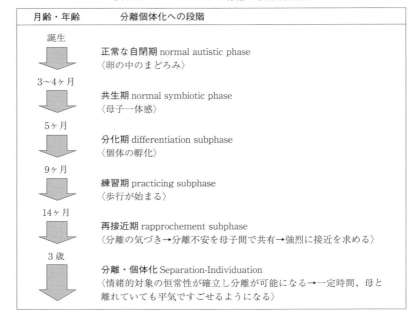

月齢・年齢	分離個体化への段階
誕生	**正常な自閉期** normal autistic phase 〈卵の中のまどろみ〉
3～4ヶ月	**共生期** normal symbiotic phase 〈母子一体感〉
5ヶ月	**分化期** differentiation subphase 〈個体の孵化〉
9ヶ月	**練習期** practicing subphase 〈歩行が始まる〉
14ヶ月	**再接近期** rapprochement subphase 〈分離の気づき→分離不安を母子間で共有→強烈に接近を求める〉
3歳	**分離・個体化** Separation-Individuation 〈情緒的対象の恒常性が確立し分離が可能になる→一定時間、母と離れていても平気ですごせるようになる〉

不安に襲われ、再び養育者にしがみつこうとするのである。マーラーは、この劇的な変化が生じる生後14ヶ月から24ヶ月にかけての時期を再接近期と名づけた。ここで分離不安にとらわれ、養育者に再接近しようとする幼児の願望が満たされないと、見捨てられ不安が体験される再接近危機に陥り、その後の自立に向けた歩みを妨げてしまう可能性があるのである。この分離不安は養育者と幼児の双方に共有されているが、幼児がこの不安を乗り越えるためには、個体としての子どもの可能性を信じて見守る養育者の姿勢が重要となる。3歳になる頃、子どもは、この養育者の信頼を取り入れて自信をもてるようになる。つまり、自らの可能性を信じて見守る養育者を、内的対象として自分のなかに保持できるようになるのであり、マーラーはこれを情緒的対象の恒常性確立と呼んだ。こうして子どもは、安心して、養育者から物理的な距離をとれるようになり、分離－個体化が達成されるのである。

2　子どもたちの成長を認知的な発達からとらえる

　ここでは、乳児期から、さらに幼児期、児童期にかけての子どもたちの発達について、言語、認知、社会性の3領域の発達の視点からとらえていきたい。

A　言語の発達

　生後間もない赤ちゃんは泣くことしかできなかったが、1ヶ月半頃から母音での発声がみられ、さらに7ヶ月頃になると、バ行、マ行、ダ行などの音を繰り返す喃語（なんご）がみられるようになる。興味深いことに、やがて喃語は両親の言語の影響を受け、その言語に近い発声が出現し、またそれが強化され、ここで言葉が両親の言語（母語）に近づくことが観察されている。そして、1歳頃になってはじめて、母語の一語が出現し「初語」とされる。初語は、日本語では、「まま」「まんま」が多く報告される。英語では「ダダ」（ダディ：お父さん）もよく報告される。1歳半から2歳にかけて、子どもたちの語彙は100語近くになる。当初、一語文だった言語も、まもなく簡単な二語文「まま、いなーい」となる。しかし、二語文の組み合わせは、まだ文法無視のつぎはぎで、「だめ、いない、だめ」「○○（子どもの名前）、いくう、うわーん!!」という調子である。

　しかし、2歳をすぎると、子どもたちの言語は飛躍的な発達を遂げる。英語圏の研究では、2歳児では、驚くべきことに8000語を理解し、そのうちの4000語を使えるようになると報告されている。このすばらしい発達に関して、1950年代に展開されたチョムスキーの生成文法論は、言語習得の自律性を強調した。人間には生来的な普遍文法があり、これが外的な環境とつながり言語習得が進むという考え方である。そこには確かに、一面の真実があるとしても、2000年以降の心理学者は、むしろ子どもたちの学習能力や社会的文脈の重要性を指摘している。子どもたち自身が「これ何？」と質問を発しつつ単語を習得していくことや、4歳に至るまで、周囲の大人が子どもたちの誤った文法を修正して繰り返しながら、子どもたちのさらなる発話を促すなどの社会的相互作用の要因が、生来的要因ととも

に重要なものであると主張されるようになったのである。こうして、子ど
もたちは、学齢に達する頃にはかなりの言葉を使いこなし、周囲の言葉を
理解するのと同程度に、相手に自分の考えを伝えることができるようにな
る。その後、学校に通う年代では、どんどん複雑な言葉を習得し、複雑な
発音ができるようになり、また複雑な文法の理解とともに、言語を使った
思考が可能になるのである。また、言語そのものを客体としてとらえ自分
自身の発した言語をふりかえり、言語の基本原則に照らして自分の言語を
修正できる、いわゆるメタ言語能力が出現する。このメタ言語能力の出現
が、さらなる言語能力の精緻化、洗練をもたらすといわれている。

B 認知の発達

一人一人の子どもの発達を何年にもわたって継時的に観察し、そこから
知性の発達段階の理論化を行ったのが、スイスの心理学者のピアジェ
(Piaget, J.) である。ピアジェによると、子どもたちの知性は、シェマ（活動
を生み出す一定の機能的な組織・構造、認知システムの基礎要素）の同化と調節と呼
んだ2つの過程により説明される。まずシェマの同化の例を挙げると、あ
る男の子は、ブロックを彼のお気に入りのかなづちの玩具でバンバン叩く
のが大好きだったが、あるとき、それより大きなスパナの玩具をプレゼン
トされると、彼は、まず、それを握ってブロックを叩いた例を挙げること
ができる。彼が既に持っている「叩く」というシェマに、玩具のスパナが
「同化」されたのである。しかし、後になって、彼が叩くばかりではなく、
はめ込まれたブロックをはずすことに興味を持ち始めた頃、これまでスパ
ナにも適用されていた叩くシェマは、スパナの本来の機能を教えられて習
得した彼にとって、対象をはさんで、ひねり、はずすシェマへと「調節」
されることになる。彼にとって、スパナは新しい道具として体験され、ス
パナによって、ブロックは組み立てては分解できる玩具へと変化を遂げ、
彼の経験する世界は、より広がり、深まるのである。

このように、新しい経験により、獲得していたシェマを現実に合わせて
調節することを繰り返しながら、子どもたちのシェマはより複雑なものに
なり、このシェマの内在化によって知能が発達していく。ピアジェによる
と、知能は**表6-7**に示された4段階で発達するとされた。

表6-7　ピアジェによる認知の発達段階

感覚運動期	0〜2歳	感覚的な入力と運動反応の協応がすすむ。触り、嗅ぎ、物を操作する探索的な遊びが発達を促進する。対象の恒常性に関わる「いないいないばあ」も楽しまれる。
前操作期	2〜7歳	この時期に言語や象徴を用いた思考が可能になるが、それは、まだ直感的、自己中心的な段階にとどまっている。実際の物を見たり、触れたりする体験が重要な段階。
具体的操作期	7〜11歳	この時期に、時間、空間、重さ、数などの概念がつかえるようになるが、まだ単純で具体的な段階である。一般化した思考が可能になるが、そのため実例が重要な段階。
形式的操作期	11歳以上	抽象的、理論的思考、仮説による思考が可能になる。言語的、象徴的な説明を理解し普遍的な規則や原理を知ることができ、仮説より、多様な可能性を推論できる。

　今日においてもピアジェの理論は子どもたちが世界をどのように体験しているかを知るための重要な地図を提供してくれている。たとえば、前操作期（2〜7歳）の子どもたちは、自己中心的である。彼らは自分が世界の中心にいると感じており、他者も自分と同じものを見ていると考えている。たとえば、大人がテレビを観ているときに、テレビと大人の間に割り込んできたこの年齢の子どもたちに、「テレビが見えないよ」と言っても、「よく見えるよ！」と返答がかえってくるだろう。彼らの自分勝手さに腹を立てるのは早計である。ピアジェの理論は、彼らの認知能力では、他者の視点に立つことがまだ困難であることを教えてくれる。

　このように、ピアジェの理論は、子どもたちの体験を理解するための重要な手がかりを提供してくれるが、しかし現代の発達心理学者から、いくつかの反論も提起されている。たとえば、ピアジェの理論だけでは、知能の発達における文化的影響については説明することができない。知能獲得の過程が、これらの要因によってどのように多様化するかについては今後の研究課題といえるだろう。

C　社会性の発達

　学齢前の子どもたちにとって、友人との出会いはどのような意味をもつのだろうか？　社会性の発達にとって、重要なことは、遊び相手の心を思

いやることであろう。ピアジェによれば、それは自己中心性からの離脱として記述されたが、単なる視点や認知の問題ではなく、情緒的な思いやりを考えるときには、相手の内的な体験としての心の認知が重要になる。それはまた自分自身の内的な体験の認識でもある。子どもたちは、いつ、どのようにして、目で見ることができない「心」「気持ち」が、自分そして相手にも存在していることを認識できるようになるのだろうか？ いわば実在しない「心」という想定概念を用いて、対人関係を考え、ふるまえるようになる過程こそ、社会性の第一歩といえるだろう。これにこたえる発達心理学の発見として、「心の理論」を紹介したい。それは、人には心（思考、信念、感情、欲望等）という心的状態があり、それが行動に影響を及ぼすことを理解する現象をさす。心の理論の証明として、ウィマーとパーナー（Wimmer & Perner, 1983）の実験を紹介しよう。

　　「マックスはチョコレートを持っていて、それを戸棚の緑の引き出
　　しに入れて遊びに出かけた。その間に彼のお母さんがチョコレートを
　　青い引き出しに移した。そこへマックスが帰ってきて、チョコを食べ
　　たいと思ったとき、彼はどの引き出しを開けますか？　緑ですか？
　　青ですか？」

　実験の結果、5〜6歳以前の子どもたちは、かなり自信たっぷりに「青！」と答えることがわかった。彼らは、マックスがどの引き出しにチョコをしまったのか覚えていたにもかかわらず、彼ら自身が知っていること（彼らの心）と、マックスが知っていること（マックスの心）は違うということを理解するのが困難だったのである。この実験より、自分と異なる相手の心を理解するために必要な認知機能は4歳から6歳にかけて発達するといわれるようになった。しかし、子どもたちの日常生活を観察していると、心そのものの存在は、もう少し小さい子どもも理解していることが報告され、心の理論の出現そのものは、3〜4歳頃といわれている。

　さらに年齢が進み、学齢期の子どもたちにとって、友人との交流は、その心の成長にとって大きな意味をもつようになる。なぜなら、この年代の子どもたちにとって、友人との遊びこそ自発的な学びの場だからである。遊びのなかで、子どもたちは自由なファンタジーを展開させる。11歳ぐらいまで、子どもたちは何者かになったつもり遊びに夢中になることができ

るのである。ファンタジーのなかで子どもたちはヒーローやお姫様を生きることができるのである。このような遊びの場面は、現実と子どもたちの内的世界の間の中間領域（Winnicott, D.）であり、子どもたちの感情をいきいきと活性化させ、表現の場を与え、さらに感情の変容や新しい気づきをもたらし、心の成長に向かう動きを促進するのである。

3 身体を基盤とする心の発達

　外界や他者との相互作用の営みのなかで、脳神経が複雑なネットワークを形成し、より複雑な心的活動が可能となる。このような心的活動の総合されたものが心に他ならず、ここに心の発達が生じる。しかし、私たちの身体は脳だけではなく、身体全体をもって発達する。身体の大きさや、その知覚・運動機能の発達は、子どもたちが体験する世界をひろげ、その体験様式を複雑化し、その体験の質をさらにひろげ、深めていくのである。私たちは身体を媒体にして世界と出会い、その経験を複雑に組み上げて、さらに複雑な心を形成していくのである。

A フロイトのとらえた発達における心と身体の関連

　フロイト（Freud, S.）は、医学部で解剖学を学び、人間の身体の構造と機能の科学的研究をその出発点としていた。彼は、神経の損傷ではなく心因性によるマヒが催眠によって治癒する事例を研究することで、精神分析理論を生み出した。フロイトは、その精神分析理論の根拠となる発達理論として、心の発達を性的なリビドーによって説明する幼児性欲論を論じた。フロイトによれば、心の深層に存在する衝動は、心理的欲求として知覚され、心的エネルギー、すなわちリビドーの緊張をもたらし、心の発達の推進力となるという。重要な点は、生物学的な身体成熟に伴い、このリビドーの活発な部位が推移することである。フロイトは、当時の医学的知識からこの部位の推移を推定して、これに基づいた心理 – 性的発達モデルを提唱した（表6-8）。

表6-8　フロイトによる精神発達図式 （鑪他、1997）

前期　アンビヴァレンツ期	前性器期	①	口唇期 （Oral phase） a) b)	—乳児
		②	肛門期 （Anal ph.）	—幼児
		③	エディプス期 （Oedipus ph.）	—幼児後期 児童
	性器期	④	潜伏期 （Latent ph.）	—児童 少年
		⑤	思春期 （Puberty ph.）	—青年
		⑥	性器期 （Genital ph.）	—成人

　当時の社会的常識は、幼児と性欲を結び付けたこの理論を受け入れることができず、大きな感情的反発を招いたが、実はフロイトは幼児に成人と同質の性欲があると論じたわけではなかった。生まれたばかりの乳児にとって、最も重大な関心事は乳を飲むことである。乳を必死で求め、乳を飲むことでおおいに満足する。この求める力こそ、フロイトのいうリビドーであり、たとえてみれば、全身をとろけさせてしまうほどの、喜びの感覚をもたらす源泉なのである。この性愛的な喜びが口唇の領域で体験されるのが口唇期である。性とは、まさに生きる力の発露であって、生後1年間、乳を飲む赤ちゃんにとって、性愛の活動は、この乳を飲む口唇周辺で営まれる。生後1年を過ぎると、今度は肛門の周辺でリビドーが活性化する肛門期となる。その体験は、この時期に神経や筋肉が発達し、排泄物を肛門や尿道で、ある程度、意図的に保持できるようになることと関連している。赤ちゃんは、そこで自分の身体から何かが外に出ようとする緊張感を楽しんだり、自分でそれをとどめて、さらに緊張感を高めたり、ゆるめたりする感覚を体験し、今度はそこでうっとりするような喜びを感じるという。人間の身体をひとつの袋にたとえてみると、生後約1年間は、栄養物を取り入れる入り口の部位で世界と出会い、取り入れる感覚に夢中になり、生後2年から3年にかけては、その出口の部位の感覚に目覚め、出口を締めたり、ゆるめたり、自分でコントロールする喜びを体験するのである。そして、3歳頃になると、さらに外性器の部位が活性化され、幼児は自分の性器の感覚を発見する幼児性器期を迎える。この時期に、幼児によっては、

マスターベーションを体験するが、それは成人の性器的な感覚とは異なっていて、身体感覚の探索をしている過程で見出した微弱な性器の感覚である。外的な世界への興味が広がることで、いったんは消失することが多い。6歳を迎える頃、幼児性器期のリビドーの活性化がいったん終息し、子どもたちの興味がもっぱら外的世界の探索に向けられるようになる。フロイトは、この時期を潜伏期／潜在期と名づけた。ちょうど小学校に通う時期がそれに該当する。この時期の子どもたちは、身体的な感覚を伴う葛藤にとらわれることが少なくなり、外的世界を探索し、認知的にも、運動感覚的にも成長する。次に、リビドーが活発に活動を始めるのは、第二次性徴の時期であり、ここでリビドーが本格的に性器的感覚に関連して活性化する性器期を迎える。この時期の性的なリビドーは、性器的な感覚を伴う性の対象へと向けられるようになるという。フロイトが論じた幼児性欲論は、こうした成人の性器的な性愛が、乳児期の乳を飲む喜びをその出発点としており、排泄をコントロールする喜びを経て、徐々に性器へと導かれ、年月を経て成熟することを論じたものであった。こうしてフロイトは、西洋のキリスト教文化において意識から抑圧されがちな性愛のエネルギーこそ、人間の生きる原動力、その発達の推進力であり、他者との関係における深い愛情を生じさせて、次世代の創生へとつながってゆくことを科学的な立場から論じたのである。

B　エリクソンによる心理・社会・性的発達モデル

　エリクソン（Erikson, E. H.）はフロイトの心理−性的発達モデルを基礎に、これに社会的な次元を付け加えて、心理・社会・性的発達モデルを提唱した。それは個体が身体の発達をベースにして、社会的な相互作用を営みながら発達分化していく図式でありグランド・プランと呼ばれる（表6-9）。

　フロイトの発達理論では、リビドーそのものが発達の原動力であったが、エリクソンの理論においては、発達の各段階で生じる危機こそが発達を進行させることを強調している。すなわち身体を基盤とする個体の心が、社会と関わるなかで、各段階に特有の危機が生じる。この危機は、相反する2つの原理の間のゆらぎであり、このゆらぎをくぐり抜けることで発達が進行するのである。各段階の発達でどのような危機が生じるのかについて

は次の通りである。

表6-9　エリクソンによる個体発達分化に関する理論的図式　グランド・プラン（鑪、1997）

段階	心理・社会的危機の所産	人格的活力（徳）	重要な対人関係の範囲	社会価値、秩序に関係した要素	心理・社会的行動様式	儀式化の個体発生	心理・性的段階
Ⅰ	信頼：不信	望み	母および母性的人間	宇宙的秩序	得る、見返りに与える	相互的認知	口唇期
Ⅱ	自律性：恥、疑惑	意志	両親的人間	"法と秩序"	つかまえ、はなす	善悪の区別	肛門期
Ⅲ	自主性：罪悪感	目的感	核家族的人間	理想的原型	ものにする（まね る）、らしく振舞 う（遊び）	演劇的	エディプス期
Ⅳ	勤勉性：劣等感	有能感	近隣、学校内の人間	技術的要素	ものを造る（完成する）、ものを組み合わせ組み立てる	遂行のルール	潜伏期
Ⅴ	同一性：同一性拡散	忠誠心	仲間グループ，グループ対グループ・リーダーシップのモデル	知的、思想的な将来の展望	自分になり切る（あるいはなれない）、他人が自分になり切ることを認め合う	信念の共同一致	青年期
Ⅵ	親密性：孤立	愛情	友情における相手意識、異性、競争、協力の相手	いろいろな型の協力と競争	他人の中に自己を見出す、見失う		
Ⅶ	世代性：停滞性	世話	分業ともち前を生かす家族	教育と伝統の種々相	存在を生む、世話をする	世代継承的認可	性器期
Ⅷ	統合性：絶望	知恵	"人類" "私のようなもの"（自分らしさ）	知恵	一貫した存在を通して得られる実存、非存在への直面		

[1] 基本的信頼 vs. 不信の対立（乳児期）

　生後1年まで、口唇期の乳児は、立つことも歩くこともできず、基本的に受身、他力本願の存在である。空腹になったときも、ただ泣くことしかできない。養育者がその声を聞きつけてかけつけてくれなければ、飢えてしまう。いくら懸命に空腹を訴えても何も与えられないときは、世界に厳しく拒絶されたように感じてしまうだろう。しかし、ひとたび乳を与えられ、満たされると、乳児は、世界が自分をあたたかくうけとめてくれていると体験する。これが世界に対する基本的信頼である。この両極間のゆらぎは、生後6ヶ月頃まで、クラインのいう妄想的・分裂的ポジションに対応しており、100%の幸福と100%の絶望・怒りとの間のゆらぎである。満た

されると、これまでの怒りはすっかり消えうせるが、満たされないときに
は、これまでの幸福は消し飛んで、怒りと絶望のかたまりになってしまう
のである。他力本願の赤ちゃんは、状況を、世界が自分を受け入れてくれ
るか、自分を破滅させようとしているか、どちらかであると体験している。
そして、これに対する喜びや怒りも、自分の感情として感じているのでは
なく、「外界」から押し付けられたものとして体験している。たとえば不満
足の状態に対する怒りは、そのまま外界に投映され、外界が大変な怒りを
もって自分を破滅させようとしていると感じて脅え、また怒るのである。

　しかし、突然、事態は一変する。「魔法のように」養育者があらわれて、
乳が与えられるのである。クラインは、この「魔法のような」体験にも着
目している。それは、この時期の乳児の幻想としての万能感の体験である。
クラインの理論によれば、この妄想的・分裂的ポジションは、発達ととも
に抑うつ的ポジションに移行していく。この抑うつ的ポジションでは、満
足をもたらしてくれる養育者と、満たしてくれない養育者が同一人物であ
ることが、おぼろげに理解できるようになるにつれて、これまでのように
一方的に相手を責めることができなくなる。欲望が満たされないとき、こ
れまでは怒りを感じていたが、かわって悲しみが体験されるようになる。
これまで怒りを思う存分相手にぶつけたことについても、罪悪感が体験さ
れる。怒りは抑制されて、内向し、抑うつ感情へと変化する。

　至福と絶望の間のゆらぎに翻弄されていた乳児は、だんだんと、絶望や
怒りをうけとめ、耐え、これにもちこたえられるようになるのである。こ
こでは、満たされない怒りは、じっと抱え込まれ、悲しみとして体験され
るのである。そこには、怒りと幸福の間の極端な分極ではなく、矛盾する
2つの感情が、ともに自分の体験として抱えられる苦しみが生じている。
こうした基本的信頼と不信の間のゆらぎは、生後1年間をもって終結をす
るわけではない。むしろ、心の基底にいつも存在し、とりわけ情緒的な危
機の際に、このポジションが活性化すると考えてもよい。たとえば、社会
状況が悪くなり、生存が脅かされると、それは特定のグループのせいであ
ると認知して攻撃したり、魔法のように救いをもたらす救済者を期待する
といった心の動きには、この妄想的・分裂的ポジションが影響していると
考えてもよいだろう。また、子どもたちは、正義の味方が極悪人をやっつ

けるわかりやすいドラマを好むが、複雑な現代社会のストレスにさらされている大人も、この100%の正義と、100%の悪者が対決する単純な映画でストレスを解消させるのかもしれない。

　私たちは、物事が思い通りにならないとき、どのように反応するのだろうか？　だれかが悪者であると決め付けて責め立てるかもしれない。あるいは、じっと悲しみを抱えるかもしれない。そのような心の反応の基盤は、この時期に体験されるのである。

[2] 自律性 vs. 恥・疑惑（幼児期前期）

　1歳後半の幼児期前期の肛門期に生じる疑惑とは、主に自己に対する疑惑である。この2つの原理には排泄の成功体験と失敗体験が深く関わっている。言い換えると、肛門、尿道周囲の神経や筋肉系統が発達し、不完全ながらも自己コントロールが可能になった頃、幼児にとって、排泄物の保持や排出の体験が新たな関心事となる。自分の思い通りに排泄をコントロールできることは、幼児にとって自律の成功体験になるのである。これに対して失敗体験は、保持の限界を超えたために、自分のコントロールが及ばず、排泄してしまうときであろう。この体験は、幼児に失敗、恥として体験され、自己への疑惑の原理につながっていく。

　文化によって、この時点でしつけという介入がなされて、定められた場所での排泄をするように働きかけが行われる。たとえば、幼児は、尿意を告げることを求められる。尿意を告げると、定められた場所に座るように導かれ、そこでの排泄に成功すると、ほめられる。幼児にとっては、このほめられ体験は、少々くすぐったく感じられるかもしれない。おそらくこの段階の幼児たちは、本来ほめられることよりも、自分の思い通りに排泄ができたことに喜びを感じていることであろう。しかし、ここで自己コントロールと文化的要請を一致させることで、社会的承認が得られることが体験されるのである。この意味で、排泄成功体験をほめる「しつけ」は、幼児たちを社会化するうえで重要な役割を果たしている。しかし、同じ介入であっても、「おもらし」という失敗の体験に傷ついて自己疑惑を体験している幼児に対して、非難、叱責することは、既に体験されている自己への疑惑をさらに強化することになってしまう。たいていの「おもらし」は、

我慢ができないことで起こるのではなく、我慢しようとする傾向の強い幼児の我慢の程度が、彼の容量を超えてしまったときに起こるのである。ここでの強い叱責は、自律への意欲をくじき、自己疑惑の原理を強めてしまうおそれがある。しかし、「失敗」に対しての無関心は、罰よりも悪い。失敗を経験したときこそ、その状況の対処に一緒に取り組むことで、何より心の発達を進めてゆくのである。

　この1歳半以降から3歳までの肛門期の体験は、排泄だけに限定されるわけではない。自己コントロールの有効性に関する経験は、自分自身の感情、やがては思考や創造的行為の産出にも関わると考えられる。たとえば自分自身の感情、とりわけネガティブな感情をどのように抱え、もちこたえるか？　あるいはそれをいかに適切な形で表現するかという問題との関わりを考えてみよう。怒りを感じて、その表出を我慢しすぎたとき、思いがけない形で、怒りが爆発してしまうことは、排泄の失敗体験と似ている。また創作活動において、作品が、あまり吟味されない形でどんどん放出されてしまうことは、保持が効かない状況と似ている。それは、内から外へ向けて何かを出す行為において、いかに主体的にコントロールするかという問題なのである。その失敗が、秘めておくべきものの露呈であり、恥という体験になる。一般に日本の文化では、感情の抑制を求めたり、恥を忌避する傾向が強い。この背景には、排泄の失敗を許容しにくい畳という住宅事情の影響があるかもしれない。しかし、過度の抑制を求める状況は、必然的に、抑制の限界を超えたときに爆発を引き起こし、恥の感覚をもたらす危険を高める。

　エリクソンの発達図式の長所は、2つの原理のゆらぎ、すなわち、自律を体験しながらもこの恥や疑惑の体験を避けるのではなく、そのゆらぎをくぐり抜ける大切さを強調していることである。つらい恥を体験し、もちこたえてこそ、本当に適切な抑制、コントロールが身につけられるのである。

[3]　自主性 vs. 罪悪感の対立（幼児期後期）

　3歳から5歳にかけて幼児期後期のエディプス期・幼児性器期において対立する2つの原理は「自主性 vs. 罪悪感」である。この時期の幼児たちは、既に運動や自己コントロールを身につけた段階で、思い通りに世界を

探索できる準備が整い、好奇心をふくらませている。彼らは、行為や欲望の主体である自分をはっきりもつようになり、そこでは、主体性、自主性が体験されるようになる。彼らは、両親に興味をもち、両親のまねをしたがる。「おままごと」は、この時期の女の子の遊戯である。一方、男の子は、正義のヒーローを演じる。彼らの生きる世界では、彼らが世界の中心である。しかし、まだ、その自我は、彼らの力の限界や、その探索がどのようなリスクをもたらすかについて前もって察知することができない。それゆえに、彼らの冒険や探索はときに「失敗」や「行き過ぎ」になる。思いがけない大人の怒りに触れる場合もあるだろう。幼児たちなりに、その瞬間、「やり過ぎた」と感じる感覚が、エリクソンのいう罪悪感の体験である。自我が成立した途端、彼らは罪悪感と出会うことになる。彼らが、自分の行動、自分の知的探索の主体であることは、同時にその責任を自分で負うことを伴うのである。

　探索は彼らの身体領域に及び、微弱な段階ながらも性器の感覚を知ることもある。この感覚は彼らを魅了するが、また同時に独特の罪悪感をもたらすようである。また、幼児のマスターベーションに対する大人の反応によっては、罪悪感はさらに強化されてしまうだろう。

　この段階の体験は、聖書の創世記にあるアダムとイブの物語に語られている。イブは蛇にそそのかされて知恵の実であるりんごを食べ、アダムにもすすめる。2人はこの実を食べて、自分たちが裸であることを恥ずかしいと感じるようになり、楽園の主である神から姿を隠そうとする。異変に気づいた神は、彼らが禁断の実を食べたことを知り、怒って彼らを楽園から追放するという物語である。

　ここで、アダムとイブが裸であることを恥ずかしいと感じたのは、彼らが自分の姿を、神から隠さねばならない罪深い存在と感じるようになったからである。動物も性を生きるが、それを罪深く感じることは決してない。知恵をもつことによって、人間はまた、自らを省みるもうひとつの目を獲得し、自身の罪深さをも感じるようになる。聖書の物語は、それが自我をもつ人間の始まりであり、罪悪感の原点であることを、見事に語っているのである。

　また、認知的な側面でも、この時期の幼児たちは、はっきりと性別を意

識するようになり、異なる性別の間に作用している引きつけあう力を感じるようになり、とりわけ異性の親に魅力を感じる。ギリシャ悲劇に語られたエディプスの物語は、それと知らず父親を殺め母親と結婚してしまったエディプスが真実を知って嘆く悲劇であったが、フロイトはこの物語にちなんで、異性の親の愛情を独り占めしたいと願い、同性の親を排除したいという幼児の願望をエディプス願望と名づけている。日本では、幼児期、自分がこのような願望を抱いていたと同意できる人は少ないかもしれないが、母親と息子の情緒的な結びつき、父親と娘の情緒的結びつきには、特有の強さがあることは了解されるだろう。

　例（図6-2）は神戸の小学校教諭、鹿島和夫氏が採録した小学生の詩である。このようなあどけなさで「大きくなったらお母さんと結婚する」「お父さんと結婚する」と思う幼児たちにとって、母親は聖なるマドンナであり、父親は永遠のヒーローである。これまで性別と無縁の世界を生きていた幼児たちは、ここから男性／女性として生きる第一歩を踏み出す。このとき、幼児自身が罪悪感を抱くにせよ、大人がこれを強化するにせよ、自主性と罪悪感の間をゆらぎながら、複雑な心を形成していくのである。

> おとうさんはぼくに
> しゅんすけはだれとけっこんするんや
> ときいた。
> ぼくは、おかあさんとけっこんするねんというた。
> あんなおばはんのどこがええんや
> おとうさんはわかいのんがええわというた。
> それでも　おかあさんがええわというたら
> おれのおんなにてをだすなというた。
> あほらしくてはなしにならない。

図6-2　小学校1年生の大堀俊介くんの詩（鹿島・灰谷、1981）

[4] 勤勉性 vs. 劣等感の対立（学童期）

　6、7歳から思春期の始まりまで、これまで幼児を脅かしていた性愛的リビドーは、いったん活動を潜在させる時期となり、子どもたちは、発達し

た認知・運動能力をもって、外界との関わり方を学ぶ時期を迎える。伝統的な文化を生きる社会、部族社会では、この時期、子どもたちは狩猟や漁、あるいは農耕に参加してそれらの技や知識を身につけたであろう。このような技や知識は、自分を社会に適応させるとともに、社会を維持し変革する力へとつながるという。近代以降の社会では子どもたちが学ぶ場として学校を設定してきた。幼児期の遊びと異なり、学びにはある程度の忍耐力が必要である。繰り返しの練習や、新たな挑戦が求められる。挑戦はいつも成功するとは限らず、ときには失敗の痛みにも耐えねばならない。それでも、遊びではなく社会に求められる方向性に応えていこうとする原理が勤勉性である。

　しかし、この学びの場には、競争が伴う。競争においては常に勝てるわけではなく、ここで子どもたちは競争に負けることを体験し、劣等感の原理にとらわれるかもしれない。技の修得に向かって努力を続ける勤勉性と、この劣等感の間のゆらぎをくぐり抜けることで子どもたちは生きるための技を修得していくのである。子どもたちの興味、リビドーは主として外界に向けられており、外界との相互交流によって、自己有効感や自尊心を確立する時期といえるだろう。

　また、この時期に同性同年輩の友人との出会いも重要である。この出会いが子どもたちの世界を大きく広げることになる。これまで親との絆を情緒的なよりどころとしていた子どもたちが、新たに友人との絆に力を得て、自身の世界を広げられるようになってきたことは大きな変化である。彼らはこうして少しずつ親の価値観と異なる価値観にも触れ始める。

[5] 自我同一性の確立 vs. 拡散の対立（思春期）

　思春期の到来とともに、あらためて「自分は何者か？」という問いに直面する。エリクソンが述べた自我同一性（エゴ・アイデンティティ）とは、自分が自分であるという感覚をもつことである。いまを生きる自分を考えるときに、エリクソンは時間軸と空間軸の2つの軸を想定した。時間軸として、過去において自分が何をしてきたのかをふりかえり、その線上にいる自分を定位するとともに、さらに、その延長線上の未来の自分が何を求めていこうとするのかについても問われる。それは、時間のなかで一貫性を

もって存在する自身の歴史性の確認である。そして、空間軸においては、仲間との関わりのなかで、他者に埋没しない、独自性をもつ自分を発見することが求められる。この自我同一性は、いったん確立したと思える瞬間があっても、再び懐疑の対象となる。日々の外的世界との交流で、新たな刺激にさらされ、確立したと思っていた自我同一性が、ゆらぐことも多い。そこで他者との交流から引きこもることもあれば、あるいは過剰な交流のなかで自分を見失ってしまうこともある。そのような移行的な状況について、エリクソンは時間軸と空間軸によって分割される４つの象限として表した（図6-3）。

　実際の青年たちを対象に半構造的なインタビューをすることで、自我同一性の確立の状況を判定する研究をしたマーシャ（Marcia, J. E.）は、自我同一性の確立の前提として、いったんこれまで確立したと思えていた自我同一性の危機を体験し、自分は何者なのかをあらためて問い始めること、さらに、「打ち込む」対象や目標を見出していることを挙げている。いまの自分にこだわって変化を拒む状態では、自我同一性は確立しない。まず、これまで作り上げてきた仮の自分を解体して、新たに主体的な自分を組み上げ、その自分をもって、とりあえずでも何かに打ち込むときに、自我同一性が確立されることになる。マーシャの図式（表6-10）によると、一度も迷いを経ることなく将来の目標を設定している状況をフォア・クロージャー（早期完了）と名づけている。これは、生まれて以来、「よい子」の殻を脱

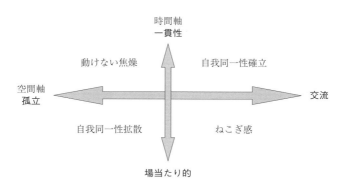

図6-3　エリクソンの自我同一性確立における空間軸と時間軸

表6-10　自我同一性ステイタス（Marcia, 1964）

自我同一性ステイタス		危　機	積極的関与
自我同一性達成（Identity Achiever）		既に経験した	している
モラトリアム（Moratorium）		現在、経験している	あいまいである。あるいは積極的に関与しようとしている
早期完了（Foreclosure）		経験していない	している
自我同一性拡散（Identity Diffusion）	危機前拡散（Pre-crisis Diffusion）	経験していない	していない
	危機後拡散（Post-crisis Diffusion）	既に経験した	していない

いでいない状態ともいえるだろう。また、自分は何者かを問い続けながら自己投入の対象を模索中の状況は、モラトリアムと名づけられた。この時期、青年は確定しない自由な状況で、多くの役割実験を生きているともいえる。社会において役割に組み込まれる前の段階のモラトリアムは、自分の役割を最終的に選ぶために重要な体験だといえるだろう。

　エリクソンが自我同一性をめぐるゆらぎの段階とした思春期から青年期は、親に期待された役割を生きる子どもの段階から、主体的な役割取得へと移行する時期である。多くの文化では、この時期の子どもたちを一人前の大人として社会に迎え入れる儀式を行うが、文化人類学ではこの儀式を通過儀礼、あるいは成人加入礼としてイニシエーションと名づけている。ファン・ジェネップ（van Gennep, A.）のいうようにイニシエーションとは、あるステイタスから次のステイタス（例 状況・社会的地位・年齢等）への移行に伴う儀式という意味である。青年たちは、ここで子どもから大人への移行を体験する。エリアーデ（Eliade, M.）は、この儀式について、「儀式の本体と口頭で伝えられる教えは、イニシエートされる人の宗教的・社会的地位の明確な変容を起こすことを目的としている。哲学的にいえば、イニシエーションは実存的な状態の基本的な変化に等しい。修練者は、その試練をくぐり抜けたとき、そのイニシエーション以前に所有していたものとはまったく違うものを与えられるのである。彼は別人になる」（エリアーデ、1971）と述べている。近代以前の文化、いわゆる部族の文化では、子どもから大人への移行は、その文化が継承してきた儀式によって、集団的に速やかに

進行する。しかし、個が尊重される近代以降の青年たちは、自分自身でその移行を達成しなければならない。すなわち、もはや子どもではなく、大人でもない境界的な性格をもつこの時期に、何らかの挑戦や試練を体験することで、子どもであった自分と別れを告げ新しい自分に生まれ変わるのである。

このような移行がうまく進行しない場合として、エリクソンの述べた自我同一性拡散だけでなく、心理的にいつまでも子どものステイタスにとどまるフォア・クロージャーやモラトリアムも含められる。この状況について、ノイマン（Neumann, E.）は、イニシエートされない少年を永遠の少年、プエル・エテルヌスと呼んだ。永遠の少年の特徴は、自由や感覚的刺激を求め、束縛をきらって、仲間集団へのコミットを避け孤立しがちなことである。彼らは、母との情緒的な絆が強く、自分の限界を受け入れることが困難である。これに対して永遠の少女、プエル・エテルナは、父親との情緒的絆にとらわれている。偉大な父の幻想をもち、その父に庇護されていること、周囲から特別扱いされることを求めがちである。母にしろ、父にしろ、彼らに注がれる過度な愛情や期待は、大人への移行を阻む障害となる。この異性の親への情緒的なとらわれから抜け出すことができたとき、青年の対象選択は、同年代へと移行してゆく。

[6] 親密性 vs. 孤立の対立（青年期）

この段階で求められる新たな対象は、同年輩のパートナーである。その関係には性を含むことも想定されているが、その前段階においては、ときめきを感じる相手と考えてみてもよいだろう。この性の対象の選択は、彼らの心の性を反映する。たとえば、生物学的に男性であっても、心理的な性別が女性である場合は、性の対象として同性の男性が選ばれる。この心と身体の性別の不一致がある場合について性同一性障害という診断名が用いられる。その場合、特有の生きづらさを抱えることになるが、社会的偏見がそれに拍車をかけることも多い。現代においては、医学の進歩によって身体の性別を転換することはできるが、心の性別はこれを強制することはできないという考えに基づいて、彼らの心の性別を尊重する支援が行われている。

　これに対して、異性に向かう途上で、一時的な同性に対するときめきの体験もある。彼らの心理的発達段階として、まだ異性との性的な関係の準備が整っていない場合、自己の理想像としての同性の対象へのときめきが生じても不思議はない。また、異性との親密な関係は、ようやく確立した自我同一性を脅かす。それは、他者との融合の体験であり、その関係性に埋没して自分を見失う恐れがあるからである。そのため、あえて異性との性的な関係に入らず、ファンタジーや観念の世界に閉じこもる青年たちもいる。これが、孤立の原理である。現代日本では、いわゆる二次元の恋人（漫画やアニメーションのキャラクター）を選択する例が挙げられるだろう。

　この段階では、確立された個として、あらためて他者と出会い、親密な関係をもつことになる。そこには相互に強く引き合う力、いわゆる恋愛の感情が発生する。この恋愛については、ユング（Jung, C. G.）は、アニマ・アニムスという概念を使って説明している。ユングによれば、私たちは、社会に期待された役割に応じて、ペルソナを形成している。それは外の世界に対してみせる「私」である。しかし、ユングによれば本来の心のもつ可能性はもっと広いものであり、私たちはその豊かな可能性のなかから、社会の期待する役割を選び、これを磨いて、社会的達成につなげていく。そこには、性別役割も影響して、たとえば、男性であれば、男性らしくものを感じ行動するペルソナが形成されていく。その場合は、彼のなかの女性的な部分は生きられないまま、潜在的可能性としてとどまることになる。おそらくペルソナと正反対の性格をもつ潜在的可能性が心の内面で人格イメージとして浮かびあがるとき、これはペルソナと対照的な性別をもつ人格イメージとなる。つまり、男性にとっては、自分の心のなかの女性像；アニマとなり、女性にとっては男性像：アニムスとなるのである。そして、このアニマや、アニムスのイメージに、ある程度一致する異性と出会うと、この相手にアニマやアニムスが投映され、たちまち恋愛の状態に陥るのである。つまり、私たちが内にもっていながら、それを十分に実現していない資質が心のなかに潜在しているとき、その資質を現実世界で生きている相手に出会うと、その相手に強く惹かれることになる。つまり根底で共通点をもちながら、その表現がまったく正反対であるような相手が、恋愛の相手として選ばれやすい。恋愛は、自分のなかの異性像に向けられた愛情

の投映でもあり、ある種の幻想である。幻想であるがゆえに、強力な魅惑をもつともいえる。また、この関係性の破綻の経験は、世界から見捨てられたような強い孤独感をもたらす。親密性と孤立のゆらぎは、ここでも避けることはできない。幻想的な恋愛の相手との融合的な関係への切望は、たとえ一瞬かなえられたとしても、長くは続かない。この関係を、生産的な、世代継続的な性質のものに変換していくとき、現代においては、結婚という制度が選択されると考えられてきた。しかし、近年は結婚の存続率が低下している状況でもあり、恋愛から結婚への移行は一般的とはいえないのかもしれない。一方で、現代において、最も費用とエネルギーをかけられる儀式が、結婚式であるとすれば、現代における結婚式は、通過儀礼としての意味をもっているといえるだろう。結婚式は、まさに、エリクソンの親密性 vs. 孤立の段階から、次の世代性 vs. 停滞の段階への移行の儀礼としてとらえることができるのである。

[7]　世代性 vs. 停滞の対立（壮年期）

　結婚とは、パートナーとともに家庭を形成することである。本来、日本文化においては、結婚の儀式は社会的側面が強く、共同社会の公認をもって新世帯として認められていた。それはペアとしての、社会デビューであった。しかし、近代以降、この結婚式に宗教的要素が加えられることが多くなった。信徒でなくとも、牧師や神官の司る結婚の儀式を経て、多くの知人を参集して結婚を披露することが多い。この結婚は、エリアーデのいう通過儀礼の要件を満たしているだろうか？　「儀式の本体と口頭で伝えられる教えは、イニシエートされる人の……社会的地位の明確な変容を起こすことを目的としている」という部分では、結婚式での来賓の祝辞が思い起こされる。これからの人生や結婚生活への心構えなどが話されることが多い。「その試練をくぐり抜けたとき、そのイニシエーション以前に所有していたものとはまったく違うものを与えられるのである。彼は別人になる」という部分については、結婚式では、それほどの試練は設定されていないが、それでも式を終えて出かける新婚旅行も儀式の一部であり「試練」なのかもしれない。その後、彼らは同じ姓を名乗って新居に住むことになる。2人は某家の娘、某家の息子ではなく、独立した世帯の妻と夫と

なるのである。あるいは、現代でも某家の嫁、某家の婿としての新たな地位につくこともある。いずれにしても、そこには、明確な地位の変化があるのである。たとえば結婚式場の広告に見られるように、結婚はバラ色の幸せとして描かれる。しかし、実際のところ、それは、パートナーと協力して、課題に取り組む困難な道のりの出発点である。エリクソンによれば、この成人期・壮年期にあらわれる原理とは、世代性である。これは、次の世代を産み出し、世話をして、育てていくことであるという。すべての人が結婚を選ぶわけではないし、すべてのカップルが子どもに恵まれるわけではない。ここで産み出されるものは、子どもと限らず、技術やアイディアであることもある。子どもの世話をするだけでなく、たとえば職場において、あるいは文化活動において、若い世代を育てることも、世代から世代への知識や技能の継承である。これが達成されないと、次なる世代になんら継承する活動がなされないままに、世代の継承性は停滞してしまう。この停滞は、心身症やうつ病としてあらわれることもある。ここであらためて人生の目的を考えてみると、それは、いわゆる幸せ、すなわち、安全・安心で、十分に満たされた悩みのない状態を達成することとは言い切れない。エリクソンによれば、むしろ、多くの困難をくぐりながら、他者と協力して、何かを産み出し、これを育て上げ、広い意味で次の世代に伝えていくことなのである。

[8] 統合性 vs. 絶望の対立（老年期）

　エリクソンの図式は、最終的に老年期の原理の対立にまで到達している。エリクソンの述べた統合性とは、自分の生き方をふりかえり、それがたとえ完璧でないものであったとしても、自分の責任で生きられてきた人生であることを受け入れて、自分の生き方の尊厳を確信することであるという。この段階では、自分と異なる生き方や価値も尊重できており、その関心は人類全体にまで広がっている。しかし、これに対して、自分の人生に対して、あるいは死を前にしての絶望の原理もあらわれるという。

　残された人生の時間は限られており、加齢とともに能力は衰えていく。これまで価値をおいていた、前向きの発達、進歩、健康を望むことはできない。人生には上り坂だけではなく確実に下り坂がひかえている。この下

りの道をたどることの意味を私たちが見失ってしまうとき、人生の最終段階で絶望を抱えることになるだろう。しかし、私たちは、自分たちがこの世界に生まれ、やがて死を迎えることの意味、死に向かう下り坂をも含めてその過程を生きることの意味を統合していく可能性をもっている。その可能性こそ、私たちの知を新しい次元に向けて開き、人類の存続を実現するものかもしれない。

‖‖トピック‖‖　発達課題か個性化か？

　発達の方向性を考えるときに、発達課題について論じられることがある。
　本章で紹介したエリクソンのグランド・プランも、一見すると、発達課題を提言しているかのように誤解されるからである。しかし、各時期に達成すべき課題があるという考え方は、個人独自の人生の展開を阻んでしまう。エリクソンの発達図式の真の意味は、各時期の発達の危機をくぐりぬける意味の重要性であり、最終の段階で直面する危機は、自分の責任で選び取ってきた自分の生き方の尊厳を感じられるかどうかであった。

　自分自身の人生の尊厳は、外の世界の基準によって測ることはできない。自分の内面から「これでよい」というメッセージを受け取らねばならない。

　ユングは、本来の自分自身を仮定しており、本来のその人らしい生き方を実現するプロセスを個性化と呼んだ。個性化は、ユングによる概念であり「個性というものをわれわれの最も内奥の、究極の何者にも代え難い独自性と解するかぎり、本来の自分自身（Self）になることである」と書かれている通り、本来のその人らしいあり方、生き方を実現するプロセスをさす。その人らしさは、外の世界から与えられるものではない。それは、その人の内面から生じてくるものである。ユングによれば、個性化は、「集合的関係を前提としており、集合的世界への参加を伴うのである。……個性の独自性を十分に顧慮することによって、その人間が立派に社会において業績をあげることが期待されるのである。独自性をなおざりにしたり、押さえつけたりする場合よりも、すぐれた成果が予測される」（Jung, 1953）。その人らしいあり方、生き方は、身近な人々や社会とのその人らしいつながり方、関わり方を前提として実現されるのである。

引用文献

Ainsworth, M. D. S.（1963）. The development of infant-mother interaction among the Ganda. In B. M. Foss（Ed.）, *Determinants of Infant Behavior II*（pp. 67-104）. London : Methuen.

Eliade, M.（1969）. *Naissances mystiques ; Eaaay sur quelques types d'initiation*. Paris : Gallimard.（M. エリアーデ（著）堀一郎（訳）（1971）生と再生―イニシエーションの宗教的意義　東京大学出版会）

繁多　進（1987）. 愛着の発達――母と子の心の結びつき　現代心理学ブックス　大日本図書　p.127.

Jung, C. G.（1953）. *Two essays on analytical psychology*. London: Routledge & Kegan Paul.（ユング, C. G.（著）野田倬（訳）（1982）. 自我と無意識の関係　人文書院）

鹿島和夫・灰谷健次郎（1981）. 一年一組せんせいあのね――それから　理論社　p.54.

柏木恵子他（1978）. 親子関係の心理（有斐閣新書）有斐閣　p.54.

Marcia, J. E.（1964）. *Determination and construct validity of ego identity status*. unpublished doctoral dissertation, Ohio State University.

岡本祐子（1994）. 成人期における自我同一性の発達過程とその要因に関する研究　風間書房　p.54.

小此木啓吾・渡部久子（編）（1989）. 乳幼児精神医学への招待　別冊発達9　ミネルヴァ書房

高橋道子（1994）. 身体と運動の発達　若井邦夫他（編）. 乳幼児心理学――人生最初期の発達を考える　サイエンス社　p.45.

鑪幹八郎（1997）. 精神分析と発達心理学――エリクソンを中心に　村井潤一（編）発達の理論　ミネルヴァ書房　p.152.

鑪幹八郎・宮下一博・岡本祐子（共編）（1997）. アイデンティティ研究の展望Ⅳ　ナカニシヤ出版　p.17.

氏原　寛・東山弘子・岡田康伸（共編）（1990）. 現代青年心理学――男の立場と女の状況　培風館

Wimmer, H., & Perner, J.（1983）. Beliefs about beliefs : Representation and constraining function of wrong beliefs in young children's understanding of deception. *Cognition*, **13**（1）, 103-128.

理解を深めるための参考文献

● Stern, D.（1985）. *The interpersonal world of the infant: A view from psychoanalysis and developmental psychology*. New York: Basic Books.
（スターン, D.（著）小此木啓吾他（監訳）（1989）. 乳児の対人世界（理論編）　岩崎学術出版社）

知識を確認しよう
. . . .

【択一問題】

(1) 乳幼児の社会性の発達に関連ある事象の組み合わせとして正しいものを、下記のア～オのなかから1つ選びなさい。

a　自発的微笑　　b　誘発的微笑　　c　アイ・コンタクト
d　モロー反射　　e　間主観性　　　f　情動調律
ア　acdf　　イ　bcde　　ウ　bcef　　エ　acef
オ　abcf

(2) マーラー（Mahler, M.S.）の分離個体化理論における各期と愛着の発達段階の対応させた組み合わせについて、誤っているものを下記の①～⑤のなかから1つ選びなさい。

① 共生期－人物に対する定位と発信
② 分離個体化期－愛着対象と空間的に接近していなくても安心して過ごせる
③ 正常な自閉期－愛着対象に対する定位と発信
④ 分化期－人物を見分けて特定の人物に対する定位と発信
⑤ 再接近期－愛着対象との空間的接近を求めて後追いする

(3) エリクソン（Erikson, E.H.）のグランド・プランにおける各原理の対立と関連のある現象を対応させた組み合わせについて、誤っているものを下記の①～⑤のなかから1つ選びなさい。

① 基本的信頼 vs. 不信の対立－妄想分裂的態勢
② 自律性 vs. 恥・疑惑－他者への不信感
③ 自主性 vs. 罪悪感－秘密の誕生
④ 勤勉性 vs. 劣等感－技の獲得
⑤ 自我同一性の確立 vs. 拡散－コミットメント

【論述問題】

(1) 三つ子の魂百までと言われるように、心の基盤は幼児期に形成される。このような心の発達において養育者との関係が果たす役割を述べよ。

(2) 幼児期に対する養育者に求められる態度と、青年期に対する養育者に求められる態度の相違点について述べよ。

(3) 子どもの言語の発達を促進する環境要因について述べよ。

**キーワード**

自己	援助行動
対人認知	内集団ひいき
印象形成	外集団差別
帰属	集団意思決定
対人魅力	同調
説得	流行
攻撃行動	流言

本章のポイント

　私たちはさまざまな社会集団や人間関係のなかで日々生活をしている。その他者との関わりにより、私たちの思考や感情、行動は多大な影響を受け変化する。社会心理学では社会生活を営む「社会的動物」としての人間の心理を解明しようとする。社会心理学が扱う問題は多岐にわたる。社会的環境における自己や社会的認知といった個人の心理はどのようなものか。人はどのように他者と関係を構築するのか。そして集団行動や集合行動（流言や流行など）はどのようにして生じるのか。これらの問題について社会心理学がどのような研究をしてきたのか紹介する。

1 ● 社会的認知

A 自己

　心理学分野において自己の先駆的研究を行ったジェームズ（James, W., 1892）は、自己を主体としての「主我 (I)」、それによって知られる客体としての「客我 (me)」とに分類し、自己を知る者であると同時に知る対象であるという、自己を認識するときの二重性を指摘した。

　自己は自分自身を知る手がかりとして機能し、自分をひとつの対象とし認識することで、人は自分について「私は学生だ」「私は女性である」「私は心理学に興味がある」などのイメージをもつ。このようなさまざまな自分自身に対して抱く考えから自己概念 (self-concept) は構成されているのである。自己概念は、「自分について知っていること」として自己知識 (self-knowledge) と呼ばれることもあり、日頃の自分自身の行動観察や、思考・感情の内観、他者との比較などを通じて知ろうとする。そのなかでも、情報処理において機能する構造化した自己知識は自己スキーマ (self-schema) と呼ばれ、自己に関連する情報の処理を促進する。たとえば、騒がしいパーティ会場でも自分の名前を話す人がいれば、即座に反応できる。その現象はカクテルパーティ効果と呼ばれ、社会的事象のスキーマのひとつである自己スキーマの働きによるものである（表 7-1）。

表 7-1　社会的事象に関するスキーマ（Fiske & Taylor, 1991）

(1) 人スキーマ （person schema）	人格特性や目標に関する枠組み的知識であり、他者の行動を予測する際に役立つ。
(2) 自己スキーマ （self schema）	人スキーマの特殊な一例。他者を認知する際の判断や評価基準としても機能する。その他に、自己の将来の行動を予期させる。
(3) イベントスキーマ （event schema）	特定の状況での一連の行動連鎖からなる枠組み的知識。スクリプト（script）とも呼ばれる。
(4) 役割スキーマ （role schema）	職業、年齢、性別、人種といった社会的カテゴリーや社会的役割に関する枠組み的知識。社会的集団に対するスキーマはステレオタイプ（stereotype）と呼ばれ、偏見や差別を生じさせやすい。

[1] 自己と感情

　自己概念には評価的側面も含まれる。自己評価は自己の個々の特定領域
への評価を指し、自己を肯定的に評価することで、自分自身にもつ肯定的
感情を自尊感情（self-esteem）と呼ぶ。自尊感情を測定する尺度として代表
的なのが、ローゼンバーグ（Rosenberg, M.）の自尊感情尺度である。この尺
度では、自尊感情を特性と同じように、文脈に依存しない安定的な評価と
考え、その個人差を問題とする。自尊感情は、心の健康との間に密接な関
わりが認められている（表7-2）。

　自尊感情では、自己に対する評価の結果として生起する肯定的感情をど
の程度もっているかを問題とするのに対し、セルフ・ディスクレパンシー
理論（Higgins, 1987）では、自己とさまざまな感情（たとえば、幸福感、達成感、
怒り、落胆など）がどのような関係性にあるのかをより具体的に整理してい
る。理論に基づくと、人は現実自己（real self）、理想自己（ideal self）、当為自
己（ought self）の3つの自己領域をもつ。現実自己とは「いま自分がどのよ
うな人間であるのか」に関する認識である。「自分がどのような人間であ
りたいか」という理想自己と、「自分はどのような人間であらねばならない
か」という当為自己は自己指針として働く。理想自己と現実自己との間に

表7-2　ローゼンバーグの自尊感情尺度
（Rosenberg, 1965；山本・松井・山成、1982）

1	少なくとも人並みには、価値のある人間である。
2	色々な良い性質を持っている。
3*	敗北者だと思うことがよくある。
4	物事を人並みには、うまくやれる。
5*	自分には、自慢できるところがあまりない。
6	自分に対して肯定的である。
7	だいたいにおいて、自分に満足している。
8*	もっと自分自身を尊敬できるようになりたい。
9*	自分は全くだめな人間だと思うことがある。
10*	何かにつけて、自分は役に立たない人間だと思う。

注1）各項目を「1：あてはまらない」～「5：あてはまる」の5段階で評価し、全
　　項目の評定を単純加算する。
注2）＊は逆転項目

不一致（ディスクレパンシー）を知覚したときには、理想が達成されないことによる悲しみや不満足など失意落胆に関連する感情が生じる。他方で、当為自己と現実自己との不一致は義務や責任を果たしていないことから、制裁を受ける恐怖や緊張などの動揺に関連する感情が生じる。

　自己評価や自己に関わる感情は、他者の行動や他者との関係性によっても変動する性質をもつ。そのため、人は出来事に応じて自分の行動や課題との自己関与度、他者との心理的距離を調整することで、自己評価を維持しようとする。自己評価維持モデル（Tesser, 1988）によると、心理的に近い他者が優れた成果を上げたとき、その成果が自己の主要で中心的領域にあるものかによって生起する感情は異なる。その成果が自己の関与度の高い中心的領域に関するものであれば自己評価の低下をもたらす脅威を感じ、関与度の低い周辺的領域に関するものであれば誇りを感じる。たとえば、ある学生がサッカー選手としての技能に優れているという自負をもっていたとしたら、自分ではなく親友だけサッカーの選抜チームに選ばれた結果を素直に喜ぶことは難しく、その親友とこれまでのように親しくすることを控えようとするかもしれない。だが、もし親友がサッカー選手ではなく陸上選手として選ばれていたら、親友を誇りに思い、さらに親交を深めたいと思うだろう。

[2] 自己と行動

　自分自身のことを他者に話すという自己の表出行動には、自己呈示（self-presentation）と自己開示（self-disclosure）の2つがある。自己呈示は、相手に与える自分の印象をコントロールしようとする意図のもと行い、自分にとって望ましい結果を得ることを目指している。まさに就職面接において、リクルートスーツを着用し自己アピールをするといった行動がその一例である。このように意図的な自己表出行動を自己呈示と呼ぶ。

　ジョーンズ（Jones, E. E.）とピットマン（Pittman, T. S.）が挙げる**表7-3**のような自己呈示は、他者に「このようなイメージを自分にもってほしい」という意図をもって行われるが、その反対に「このようなイメージを自分にもってほしくない」という防衛的意図からの自己呈示もある。たとえば、テストの直前に、「前日ゲームに熱中しすぎてあまりテスト勉強ができな

表 7-3　自己呈示の戦術（Jones & Pittman, 1982）

自己呈示の戦術	成功した場合の帰属	失敗した場合の帰属	相手に喚起される感情	典型的行為
取り入り	好感がもてる	追従者・卑屈・同調者	好意	自己描写・意見同調・親切な行為・お世辞
自己宣伝	能力がある	自惚れた不誠実	尊敬	業績の主張業績の説明
示範	価値がある立派な	偽善者信心ぶった	罪悪感・恥	自己否定・援助・献身的努力
威嚇	危険な	うるさい・無能・迫力なし	恐怖	脅し・怒り
哀願	かわいそう不幸	なまけ者要求者	養育・介護	自己非難援助の懇願

かった」と級友に話すことがある。事前にこのような言い訳をするのは、テストの成績が良くなかった場合には、テスト勉強量の不足が原因とみなされ、能力が低いという評価を回避できるためである。さらに、もしテストの成績が良かった場合は、テスト勉強量が不十分であったのに良い結果を出したことで、評価を高めることができる。

　それに対して、自分の悩みを友人に打ち明ける行動のように、相手に与える印象を操作する意図を持たずに、特定の他者に自分自身の個人的情報を伝えることを自己開示という。自己開示は、開示者の抱える不安や緊張を解消したり、開示者の意見や態度をよりはっきりと自覚させたり、相手からの反応を頼りに、意見や態度が社会的に妥当かを評価するのに役立つ。自己開示は言語を介した伝達のみを対象とする。開示の量や内容が内面的であるかどうかの程度は、受け手との関係性によって異なる。自己開示は相手との親密さを強める要因でもあるため、人間関係が維持に向かうときには、自己開示はより深くなり、離別に向かうときにはより浅くなるといった関連をもつ。

B　対人認知

[1] 印象形成

　私たちは自分に対して「外向的な性格の持ち主だ」といったイメージを

もつのと同じように、他の人々に対しても「あの人は神経質そうだ」など
という印象を形成し、それを参考に相手への対応を変化させている。たと
えば、見知らぬ土地で道をたずねるときには「あの人なら道を教えてもら
えそうだ」ということを瞬時に判断し、声をかけるかどうかを決める。つ
まり、私たちは短時間でも相手に何らかの印象を形成できることがわかる。
では、その印象を人はどのように形成しているのか。

　印象形成において手がかりとなりうるすべての情報は、均一的な重みを
もつわけではない。アッシュ（Asch, S. E.）が行った実験では（Asch, 1955）、あ
る人物の性格特性として、性格形容詞のリスト「知的な→器用な→勤勉な
→あたたかい→決断力のある→実際的な→用心深い」をこの順に参加者に
読み聞かせ、その後でその人物に抱いた印象を記述させた。別の参加者に
は、7つの性格形容詞のなかの「あたたかい」という単語だけを「つめた
い」に変えたリストを同様に読み聞かせたところ、残りは同じ性格形容詞
にもかかわらず、対象人物の印象はより非好意的な内容となっていた。こ
れによりアッシュは、人は単に個々の性格特性の総和により印象を形成す
るのではなく、中心特性（「あたたかい」「つめたい」）を核にしてその他の周辺
特性を体制化し、統合された印象を形成することを指摘した。

　このように、印象形成には手がかりによって重視される程度が異なる。
たとえば、対象人物について望ましい情報と望ましくない情報がある場合、
望ましくない情報により注意が向き、影響を受けた印象が形成される。こ
の現象をネガティビティ・バイアスと呼ぶ。望ましくない情報を重視する
背景には、対象人物のネガティブ情報がその人物の敵意や攻撃性を示唆す
るものと考えられるため、敏感に反応することで自分自身の防衛をはかる
意味あいがあるとも考えられている。

　印象形成は、対象人物やその状況によって異なる心的プロセスを経ると
するプロセスモデルがいくつか提唱されている。そのうちのひとつが連続
体モデル（Fiske & Neuberg, 1990）である（図7-1）。

　連続体モデルでは、カテゴリー依存型処理とピースミール依存型処理の
2種類の処理過程を想定する。カテゴリー依存型処理では、相手のカテゴ
リー属性（性別、職業、国籍など）に基づいてその人を理解しようとする。ピ
ースミール依存型処理は、相手の固有の特性を詳細に吟味し印象を形成す

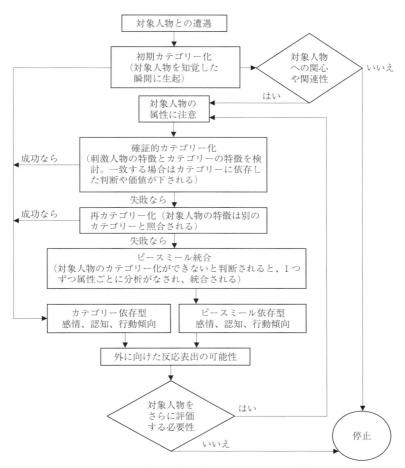

図 7-1　連続体モデル（Fiske & Neuberg, 1990）

る。最初はカテゴリー依存型処理から開始し、相手との相互作用を経て反カテゴリー情報に注目した場合や、相手の正確な理解が重要な場面においては、ピースミール依存型処理への段階的移行は促進される。だが、日常生活では認知資源の節約という効率性から、カテゴリー依存型処理の段階で情報処理が終了することが多いようである。

[2] 帰属

　出来事や他者の行動の原因が何かを推測することを帰属（attribution）という。日常では他者の行動の原因が何かを推測するという帰属が多く行われる。他者の行動の原因はさまざまだが、大きく2種類に分けて考えられる。ひとつは行為者の態度や性格特性、能力といった行為者に関する内的要因、あるいは属性要因である。もうひとつは、行為者以外の環境や文脈に関する外的要因、または環境要因である。

　ジョーンズとデイヴィス（Davis, K. E.）は内的帰属が行われる条件をより詳細に分析し、対応推論モデルとしてまとめた（Jones & Davis, 1965）。対応推論モデルによると、内的帰属は行動と属性の論理的必然性（対応性）が高いときに行われる。人は外部からの圧力がかかっていないとき、あるいはその行為によって期待される特別な効果が少ないとき、社会的望ましさが低い行為であるときに対応性をより高いものとみなし、内的帰属を行う。

　内的帰属だけでなく外的帰属も含めた帰属モデルには、ケリー（Kelley, H. H.）の共変モデルがある（Kelley, 1967）。このモデルでは、人は共変（原因が存在すれば結果も存在するが、原因が存在しなければ結果も存在しない）関係に基づいた推論を行う。そして3つの基準をもとに行動の原因を「人（行為の主体）」「実体（行為の対象）」「時/様態（状況）」のいずれに帰属するかを決定する。その3つの基準とは、「弁別性（他の対象に関してはどうか）」「合意性（他の人々はどうか）」「一貫性（他の機会ではどうか）」である。たとえば、「Aさんが昨日見たテレビ番組αを面白かったと発言した」行動を考える場合、Aさんはテレビ番組αについてのみ面白いといい（弁別性）、Aさんだけでなくその他の人々も面白いといい（合意性）、録画したテレビ番組αをAさんが別の日に見たときも面白いという（一貫性）ように、弁別性、合意性、一貫性のいずれも高い場合には、テレビ番組α、すなわち「実体（行為の対象）」に原因があると判断される。このように、各基準の高低の組み合わせによって、どの原因に帰属されるかが決まる。

　しかしながら、これらの理論が示すような合理的な原因帰属を私たちは常に行うわけではない。例として、明らかに行為者以外の外的要因から影響を受けている場合でもそれを十分に考慮せず、その行為者の行動原因を過度に内的要因に帰属する傾向がある。これを、対応バイアスまたは基本

的帰属のエラーと呼ぶ。その他にも、自分が行為者の立場にあるときは状況や外的要因に帰属しやすいが、観察者の立場にあるときは行動原因を行為者の属性に帰属しやすいという行為者－観察者バイアスが働く。また、自分が成功した原因は自分の能力や努力など内的要因に帰属し、自分が失敗した原因は運の悪さや環境など外的要因に帰属しやすい。これをセルフサービング・バイアスと呼ぶ。

2 対人関係

A 対人魅力

さまざまな人々と関わるなかで、仲良くなりたいと思える魅力をもった人に出会うことがある。そのような魅力のことを対人魅力という。

[1] 身体的魅力

これまでの研究の結果、出会いの段階では、身体的魅力が高い（外見の良い）人ほど対人魅力をもつことが示されている。商品の宣伝に身体的魅力の高い芸能人を起用するのは、対人魅力を利用して商品の魅力も上げ、売り上げアップを狙ったものであるといえるだろう。

ただし、身体的魅力による効果は何回か会って接した後だと影響力が弱まるとされている。出会いの段階では相手の情報が得られないために外見に左右されるが、関係が深まるにつれ内面の情報が得られるからである。

[2] 近接性

近接性とは、自分との物理的距離の近さのことである。自分と相手の物理的距離が近いということは、相手の存在を知るという意味で重要である。たとえば、300人が受講している大教室での講義に参加していて、誰も知り合いがいなかったとしたら、そのなかの誰と仲良くなる可能性があるだろうか。おそらく近くの席に座っている人である。300人の大人数だと、近くに座っていない限り、お互いの顔を見る機会すらないかもしれない。

　また、隣の席の人とは体の向きを変えるだけで話しかけることができるが、廊下側に座っている人が窓側の人に話しかける場合には、距離があるのでコスト（時間や手間）をかけて移動しなければならない。このことから、近くにいる人に魅力を感じ、親しくなりやすいと考えられている。

[3] 単純接触効果

　アメリカのある州の選挙において、候補者が名前をブラウンに変えたところ、当選したという出来事が起きた。ブラウンという名前は、その州の政界ではよく知られた名前だったからだと分析されている。このように、単によく知っているという理由だけでその対象に対して好意をもつ傾向のことを単純接触効果という。ザイアンス（Zajonc, R. B.）が行った実験では、提示された回数の多い写真の人物に対して好意が高くなることが明らかにされている。例外はあるが、単に何度か顔を合わせるだけで相手に魅力を感じ、相手からも魅力を感じてもらえるということになる。

[4] 類似性

　何回か会って接した後の段階では、類似性が高い（似ている）人と仲良くなりやすい。バーン（Byrne, D.）とネルソン（Nelson, D.）は、調査対象者に「喫煙には賛成か反対か」といった質問項目のアンケートに回答を求めた後、同じアンケートに答えた人の回答を見せ、その相手に魅力を感じるかを尋ねた（Byrne & Nelson, 1965）。その結果、自分と相手の回答の一致度が高いほど相手に魅力を感じることが示された。また、カップルを調べた研究（Lewis, 1973）では、付き合い続けているカップルは、別れたカップルに比べ、出会いの段階から互いの類似性が高いことが示された。

　ただし、似ていることよりも社会的に望ましいことに魅力を感じるという知見や、考え方が似ていないほど仲良くなりやすい（相補性）という知見もある。

B　対人的影響

　親が子どもにもっと勉強させたい場合、上司が部下に仕事のやり方を変えてもらいたい場合など、私達は日常的に相手の考え方や行動を変えるよ

う働きかけなければならない場面に遭遇する。このような働きかけのことを説得という。

　一般的に最も望ましい方法は、話し合いをしてこちらの主張を納得して受け入れてもらうことである。しかし、仕事としてとにかく商品をたくさん売らなければならないケースのように、ときには相手に明確な論拠を示せぬまま説得しなければならない場面もある。逆に、相手に勧められてほしくもない商品を何となく買ってしまった経験はないだろうか。これは、論拠が不明確であるのに説得されてしまった例である。

　これまでの研究の結果、人間は説得を受けたときに合理的に判断するとは限らないことがわかっている。そこで、これまでに有効性が確認されている説得方法について紹介する。

[1] 信憑性

　同じことをいわれても、誰から説得されたかによって説得されやすさが変動することがある。

　ホブランド（Hovland, C. I.）とワイス（Weiss, W.）の実験では、同じ情報を、あるグループには信憑性の高い人物（専門知識をもっており信頼できる人物）からのものとして、あるグループには信憑性の低い人物（専門知識に乏しくあまり信頼できない人物）からのものとして伝えた（Hovland & Weiss, 1951）。その結果、同じ情報であったにもかかわらず、信憑性の高い人物から情報を与えられたグループの方が、信憑性の低い人物から情報を与えられたグループよりも説得されることがわかった。専門家に「この商品は素晴らしい」と主張させる宣伝は、この信憑性の効果を基にするものである。

　ただし、信憑性の効果は、時間が経つにつれ有効性が低くなることが示されており、効果は短期的であるといえる。

[2] 恐怖喚起コミュニケーション

　恐怖を感じさせるようなメッセージを伝えることを、恐怖喚起コミュニケーションという。

　レーベンサール（Leventhal, H.）らは、破傷風という病気の怖さをアピールして説得すると、「破傷風の予防接種を受けたい」と考えるようになる人が

増えることを明らかにした（Leventhal, Singer & Jones, 1965）。この結果から、説得する理由の根拠が合理的であるかどうかに関わらず、恐怖喚起コミュニケーションを受けると説得されやすくなってしまうことが示された。

その一方、強過ぎる恐怖メッセージの場合、相手がその話題について考えること自体をやめてしまい、有効性が低くなる（Janis & Feshbach, 1953）。いずれにせよ、この方法は相手を不快にさせる可能性が高いので、使い方や状況に十分気をつける必要があるだろう。

[3] フット・イン・ザ・ドア・テクニックとドア・イン・ザ・フェイス・テクニック

有効とされる説得方法のひとつに、フット・イン・ザ・ドア・テクニックがある（Freedman & Fraser, 1966）。たとえば、交通安全のためのステッカーを車などに貼ってほしいと依頼してまずは応じてもらう。その後自宅の庭に安全運転を呼びかける大きな看板の設置を依頼する、といったように、相手にとって負担にならない程度の要求を受け入れてもらった後、本来の要求をするという方法である。

また、フット・イン・ザ・ドア・テクニックとは逆の方法として、ドア・イン・ザ・フェイス・テクニックがある（Cialdini et al., 1975）。最初は断られると承知の上で5万円を借りようとし、断られたら1万円に下げるといったように、相手にとって負担の大きい要求をした後、最初よりは負担の小さい本来の要求をするという方法である。

どちらが有効であるかについては、これまでの研究結果をみると、差はないようである（今井、2008）。

C　対人行動

1995（平成7）年の阪神淡路大震災では、多くの被災者が近所の倒壊した家から自主的に人々を助け出した。普段の生活のなかでも、宿題に頭を悩ませている友人を手伝うなど、他者を助ける行動はよくみられる。同時に、親への反抗やいじめから戦争に至るまで、世の中にはさまざまな身体的・心理的攻撃も存在する。このように、私たちは他者を助けたいという心と他者に攻撃してしまう心をあわせもっている。他者を助ける行動は援助行動、意図的に他者を攻撃する行動は攻撃行動という。私たちはなぜ援助行

動をしたり攻撃行動をしたりするのだろうか。また、これらの行動は、行為者、被行為者にどのような影響を与えるのだろうか。

[1] 援助行動

私たちが援助行動を行う理由として、①助けることによるメリットを得て、助けないことによるデメリットを避けるため、②他者が苦しんでいるのをみて、自分も苦痛を覚えるのを避けるため、③純粋に他者を思いやる気持ちがあるため、の3つがあるとされている（Batson, 1991）。

援助行動の研究が盛んになるきっかけは、皮肉なことに援助行動が行われなかった事件である。1964年、ニューヨークでキティ・ジェノビーズという女性が帰宅途中に1人の男にナイフで刺された。彼女が大声で助けを求めたため、男は近くの暗闇に姿を隠したが、誰も助けに来ないのを見て再び彼女をナイフで切りつけたのである。実は周辺住民38人が最初に刺されたときの彼女の叫び声に気づいており、窓から事件を目撃していた。しかし誰一人として彼女を助けるどころか、彼女が亡くなるまで警察に通報もしなかったのである。事件の報道によって、周辺住民は冷淡だとして社会からの非難を浴びた。そしてマスコミは、現代社会の都市化の影響として、都会人の他者への無関心、無責任な態度、道徳性の低下を指摘した。

一方、ラタネ（Latané, B.）とダーリー（Darley, J. M.）は、この事件から、他者（傍観者）の存在が援助行動を抑制すると考えた（Latané & Darley, 1970）。ラタネらは、実験参加者が作業をしている部屋に、無害な煙を流れ込ませるという実験を行った。1人きりで作業している状況、他者と2人で作業している状況、3人で作業している状況等で、煙が流れ込んでいることを実験者に伝えに行く行動に出るかどうかを比較した。なお、複数人で作業を行う状況では、実際の実験参加者は1人のみであり、残りは実験者に指示された通りの言動をする実験協力者（サクラ）である。サクラは、煙に気づいたときにたいしたことではないという演技をすること、そのまま作業を続けることを指示されていた。その結果（図7-2）、1人きりの状況では、半数以上の人が煙に気づいてから2分以内に実験者に報告した。しかし、サクラとともに部屋にいた人の多くは煙を報告せず、手で煙を払いながら作業を続けた。また、マイクを通して討論を行うなかで、サクラである討

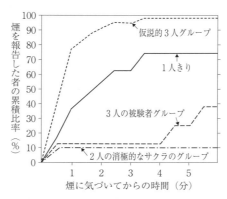

図 7-2　煙を報告した累積比率（Latané & Darley, 1970）

注：「仮説的3人グループ」は、「1人きり」の条件の報告率から割り出した期待確率に基づくものである。すなわち、3人グループの条件下で、グループの各メンバーが影響し合うことが全くないと考えた場合の報告率である。実際の「3人の被験者グループ」条件の被験者の報告率は、「1人きり」条件の報告率よりもかなり低い。

論相手が発作を起こしたふりをするという別の実験を行った。すると、自分と討論相手との2人の場合、85%が実験者に相手の異常を報告する。しかし、自分以外の4人が討論の様子を聞いているという状況では、実験参加者の報告は31%に止まった。

　多数の傍観者が存在した場合、「誰かが助けるだろう」と目の前の出来事に対する責任が分散し、誰も助けないのを見て「助ける必要はないようだ」と解釈してしまう。さらに、誰も助けない状況で自分1人が助けようとすることが周りにどう見られるのかを気にする。その結果、目の前の出来事に関わることを避けようとするのである。たとえ緊急時であっても援助行動が抑制されてしまう危険性がある。

[2] 攻撃行動

　攻撃行動には、実行することによって身を守る、相手に判断や行動を強制する、制裁を加える、強いイメージを印象づけるといった機能がある（大渕、2011）。バロン（Baron, R. A.）とリチャードソン（Richardson, D. R.）は、攻撃の目的別に行動を分類し、攻撃によって相手を苦しめること自体が目的の敵意的攻撃と、別の何かの目的を達成するために手段として攻撃する道具

表7-4　危害を加えられた際の原因のとらえ方（大渕、1982）

(1)不合理な原因 ①攻撃意図：相手がこちらを苦しめようと意図していたケース。 ②自己中心的動機：攻撃意図はないが、相手の身勝手な行動によって被害を受けたケース。 ③過失・怠慢：相手の過失・怠慢・不注意によって被害を受けたケース。 ④情報欠如：被害の発生に関する情報がないケース。 **(2)合理的な原因** ①事故：全くの偶然の出来事によって被害が生じたケース。 ②強制・社会的圧力：相手が権威者の命令や強制に従った、あるいは合法的役割遂行の結果であるケース。 ③利他的動機：相手がこちらの利益のために妨害したケース（例．しつけ）。 ④自業自得：こちらが不心得や社会的に容認されない行動をしたケース。

的攻撃の2つがあるとした（Baron & Richardson, 1994）。いずれにせよ、強引な方法であるため、一般的には行為者にとっても被行為者にとっても望ましくない行動である。

　攻撃行動にはさまざまな要因が影響していると考えられている。たとえば、他者から受けた攻撃の理由を不合理だととらえた場合は攻撃をし返すことが多く、合理的ととらえた場合は攻撃をし返すことは少ない（表7-4）この他にも、行為者の性格、考え方、目標、そのときの気分や欲求不満の状態、攻撃行動に関する経験や学習、周囲からの挑発、薬物などの要因がある。たとえば、高温多湿で不快な気分になっているときは、攻撃的になりやすい。さらに、個人要因と状況要因が組み合わさると攻撃行動を引き起こしやすい。たとえば、もともと「他者は自分に悪意をもっている」と思い込みやすい人が、危害を受け、どうして危害を加えられたかの情報がない場合、攻撃行動を起こしやすくなる。

　また、攻撃行動は、個人要因よりも、その場にいる他者からの影響によって生じることがある。これは3A［3］同調・服従（p.213）において解説する。その他にも、攻撃行動を真似するという点で、メディアの影響も指摘されている。バンデューラ（Bandura, A.）の子どもに対する実験では、何も観察させなかった統制群と比べると、大人の女性が言葉や行動で攻撃する場面を見せた群、アニメで犬などの動物が攻撃的行動をしている場面を見せた群は、明らかに攻撃行動が増えていた。また、文化差については、特

定の文化の人々の攻撃欲求が低いというよりは、葛藤を内に溜め込む傾向が高いことが関係しているといわれている。日本人の場合は、他者と仲良くやれることや協調できることを目指す自己認識をもっており（高田、1999）、そのことが攻撃行動と関連しているのではないかと考えられる。

アンダーソン（Anderson, C. A.）とブッシュマン（Bushman, B. J.）は、攻撃に至る段階として、入力・経路・結果の3段階を想定しモデル化した（Anderson & Bushman, 2002）。入力は、上記の攻撃行動に関わる個人要因（性格など）・状況要因（欲求不満など）である。入力は次の経路（感情や考え方など）に影響を与え、評価に基づいて最終的に攻撃行動をするかしないかの結果に至る。

攻撃行動の抑制については、共感性や他者の利益への志向性である利他性などが関連するといわれている。

3 集団・集合

A 集団

[1] 内集団と外集団

世の中に存在する人々の集まりのうち、比較的永続的な組織体のことを集団という。私たちは、大学、サークル、家族等、さまざまな集団に所属している。自己が所属する集団のことを内集団、自己が所属しない集団のことを外集団という。

「私はこの集団の一員である」と認識すると、何が起きるのだろうか。

タジフェル（Tajfel, H.）の社会的アイデンティティ理論によると、そのような認識をした場合、他の集団との違いを意識するようになったり、所属する集団のルールに沿って判断や行動をし、その集団のメンバーらしく振舞うようになったりするという（Tajfel, 1978）。

また、「私の属している集団は優れている」ととらえがちになり、自分の集団が有利になるようにひいきをする内集団ひいき、他の集団を迫害する外集団差別といった現象が起きるという。これらの現象を確認するために、

```
┌─────────────────────────────────────┐
│                問題                  │
│     500 円玉が 5 枚あります。         │
│   青チームの 543 番の人に＿＿＿枚、   │
│   黄チームの 816 番の人に＿＿＿枚     │
│       になるように分けます。         │
└─────────────────────────────────────┘
```

図 7-3　最小条件集団パラダイムの一例（小池、2009）

注：くじ引きにより青チームと黄チームを作る。次に、奇数のもの（たとえば、500 円玉 5 枚）を
同じチームの人と違うチームの人にどのように分けるかを各自で決める。くじ引きによりラン
ダムに分けられただけのチームにもかかわらず、自分と同じチームの人に多く分配する傾向がみ
られる（「同じチームの人に多く分配すると良いことがある」という教示はしていない）。

タジフェルらは、最小条件集団パラダイム（図 7-3）という方法を用い実験
を行った。この方法では、実験中に参加者はランダムに特定の集団にふり
分けられる。一般的に、ある集団に所属した瞬間に、「私はこの集団の一員
である」と強く意識する人は少ない。しかし、この実験では、報酬分配場
面で、外集団成員に比べて内集団成員に対し多くの報酬を与えるという差
別行動が生じた。集団に分けられたばかりにもかかわらず、また誰が集団
成員かわからず過去と将来において相互作用がないにもかかわらず、内集
団ひいきが起きたのである。

[2]　集団意思決定

　1961 年、アメリカがキューバの政権打倒のためピッグス湾から侵入する
作戦を実行したが、作戦は大失敗に終わった。この作戦は，大統領とその
側近達との話し合いで計画されたものであった。後にその側近の 1 人は、
話し合いの場ではいくつかの質問はできたが、作戦の中止を言い出せる雰
囲気ではなかったと証言している。このように、集団で何かを決定すると
きに多面的な議論がされず、誤った決定へと導いてしまうことを集団思考
（groupthink）という。集団思考に陥ることを避けるためには、偏った態度を
示さず広く意見を聴くことが重要であることも示されている。

　また、集団極性化（group polarization）という現象が起きることもある。集
団極性化とは、集団での話し合いの結果、決定が極端なものになってしま

うことである。ストーナー（Stoner, J. A. F.）の研究では、実験参加者にいくつかの問題についてよく考えるよう求めた（Stoner, 1961）。たとえば、深刻な心臓の病をもつとき、失敗すると死亡するが成功すれば完全に治すことができる手術を選択するか、長くは生きられないが手術はせず病と共存しながら生きていく道を選択するかを選ぶ、といった問題である。まず、実験参加者それぞれが選択を行った後、集団になって集団としての選択を行った。その結果、集団のメンバーそれぞれが初めから慎重な意見をもっていた場合、話し合いによって集団としてより慎重な選択を行った。また、集団のメンバーそれぞれが初めから危険性の高い意見をもっていた場合、話し合いによって集団としてより危険性の高い選択をするようになった。このような集団極性化は、自分自身に危険が及ばない選択においても見ることができる。

　集団での話し合いのなかで極性化が起こる理由としては、情報的影響と規範的影響が考えられる。情報的影響とは、他者の言動を情報として自らの言動を変えることである。たとえば、窃盗犯の話し合いを検討した研究では、メンバーの 1 人が「盗みに入ろうとしている時間は周囲に人が多い」という推測を発言すると、「正確な判断をしたい」という気持ちから、それを情報として、集団としてより慎重な決断をすることが示されている。規範的影響とは、集団に受け入れられるため、または集団の他のメンバーに好かれるために、自らの言動を変えることである。たとえば、前述の心臓の手術をするかしないかの選択の際、あるメンバーが「危険性が高いが、手術成功の確率が 50% でも挑戦すべきだ」と主張したとする。そこで、他のメンバーが「成功するかわからないが、諦めないことが大切だ。私なら手術成功の確率が 1% でも挑戦する」と発言したとする。「50% は危険だが挑戦すべき」と発言したメンバーは、「挑戦派」としての自分を受け入れてもらいたいという思いから、「危険と言えるのはもっと低い確率だ」と考え直す。このようなやり取りを経て、集団自体の意見が、より危険性の高い判断に動いていくことになる。

[3] 同調・服従

(1) 同調

　周りの友だち全員が「携帯メールの返事は1分以内に返すべきだ」と主張していたら、あなたはどう思うだろうか。もちろん1分以内で返すべきという社会的なルールはなく、「私は自分の好きなときに返信する」という人もいる。なかには友だちの意見に合わせて1分以内に返事をするよう行動を変化させる人もいるだろう。そのなかで「その通りだ」と思い、自分も「1分以内に返すべきだ」という意見をもつかもしれない。このように周囲の意見に合わせて自分の考えや行動を変える現象のことを同調という。

　シェリフ（Sherif, M.）は、暗くて何も見えない部屋のなかで実験参加者に光点を見せ、それがどのくらい動いたかを回答させた。光点は実際には動いていないが、暗闇のなかで見ると動いているように見える。実験参加者1人で回答させた場合は、動いた距離の回答のばらつきは大きかった。複数の参加者で一緒に判断すると、次第にお互いの回答に影響されるようになり、最終的に同じ集団のなかでの回答は似たものとなった。人には「正しい判断をしたい」と願う傾向があり、自分の判断に自信がもてない状況では他者の判断を基準として利用しがちである。この傾向は、「流行にのる」という行動の説明のひとつとしても考えられている（流行についてはp. 214 **3B 集合** において解説）。

　ところが、周囲の人が明らかに間違えた答えをいっているにもかかわらず、同調が起きる場合もある。アッシュは図7-4のような線を実験参加者に見せ、左の線と同じ長さの線を右側から選ばせる実験を行った。参加者は順に回答していくが，本当の実験参加者は1人だけで、残りの6人はサクラであり、6人全員がわざと間違えた答えをいう。すると、正解が明らかにわかる簡単な課題にもかかわらず、同調を起こしてしまう人がいることが明らかとなった。この結果は、同調をしないことで、集団の和を乱したり人間関係が悪くなったりすることを避けたいという心理が関係していると考えられている。なお、サクラのうち1人でも正解をいうと、実験参加者は恐れることなく自分の意見をいえるようになるという結果がみられている。このように、多数派への同調という傾向がある一方、少数派が多数派の考えを変え、自分たちの意見の方に動かすこともある。特

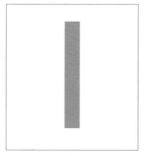 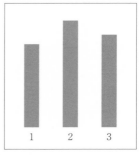

図 7-4　同調実験の刺激カード（Asch, 1955）

に、少数派の主張が一貫している場合、多数派の考えを動かすことが多い。

(2) 権威への服従

　ここでいう権威とは、立場が上の人のことである。服従とは命令されるがままに権威に従うことだが、果たしてそのようなことが起こりうるのだろうか。

　ミルグラム（Milgram, S.）は、実験参加者が実験者（権威）の命令に服従して、他者に与える電気ショックの水準をどこまで上げるのかを検討した。実際には電流は流れていないが、電気椅子に固定されているサクラは苦痛を訴えたり悲鳴を上げるという演技をする。実験者は電圧を徐々に上げるよう実験参加者に命令して、330 ボルト以上になるとサクラは何の反応もしないという演技をする。あなたが実験参加者であれば、どこまで続けるだろうか。

　この実験では、60% 以上の実験参加者が最大の 450 ボルトまで電気ショックを流し続けた。人間は従来考えられていたよりも権威に服従しやすいことが明らかとなった。

B　集合

[1] 流言

　流言とはうわさのことである。流言は不特定多数に広がっていくが、その間に内容が変化し、不正確になりやすいという特徴をもっている。

　そのなかで、平均化とは、最初の話の細かい部分が切り捨てられ、単純

な話になることである。たとえば、「○○銀行がつぶれるかもしれない」という
ううわさが、「○○銀行がつぶれる」というように断定された形になるケースである。また、強調化とは、関心のあることや強く印象に残ったことが誇張されることである。たとえば、「銀行（業界全体）が危ない」という話が、「○○銀行が危ない」といったように多くの人がお金を預けている銀行の名前が出てくる場合である。その他に、不完全な話を完全な話にしたり、話を筋の通ったものに変えたりしてしまう統合化という現象も起きやすい。

[2]　流行

　流行とは、これまで受け入れられていなかった物や考え方、行動パターンが多数の人々に採用される現象のことである。

　流行の広まり方には、上層階級のなかで普及していたものが大衆化して流行るパターン、大衆的なものが社会全体で流行るパターン、特定の人たちの間でのみ流行るパターンなどがある。これらのパターンのどれが発生するかは、流行する対象や状況によって異なる。

　いつ流行を取り入れるかには個人差があり、5つのタイプに分けることができる（Rogers, 2003）。①流行を真っ先に取り入れるイノベーター、②流行が社会に受け入れられるか判断したうえで採用する初期採用者、③初期採用者の様子をみて慎重に流行にのる前期追随者、④多数派に遅れたくないという理由で流行にのる後期追随者、⑤なかなか流行にのらない保守的な遅滞者である。

　現在のメディアは、昔に比べ、不特定多数の人々へ短時間で伝達する能力をもっており、影響力が強い。また、新たなメディアの発達により、今後流行の仕方が変化する可能性も考えられる。

▐▐▐　トピック　▐▐▐　社会心理学からとらえる新型コロナウイルス感染症（COVID-19）

　新型コロナウイルス感染症（COVID-19）の世界的大流行は私たちの生活を一変させたが、その感染流行にまつわるさまざまな社会的現象は、社会心理学の視点からどのように理解することができるのだろうか。

　COVID-19がニュースとして取り上げられるようになってから程なく、

マスクやトイレットペーパーの品切れが発生した。こうした現象の理解は、流言や買い占め行動に関する知見が役立つだろう（p. 214 B [1] 流言 参照）。新型コロナウイルス感染症に関する大量の情報の氾濫は、情報の送り手側だけに問題があるわけではない。情報の受け手側には、否定的な情報に対しては肯定的な情報よりも敏感であるという認知バイアス（ネガティビティ・バイアス）があることも忘れてはならない。

　感染が拡大していく過程では、医療従事者をはじめとするエッセンシャルワーカーや感染者への偏見と差別が問題となった。偏見や差別が生まれる基本的メカニズムは、集団研究の領域からとらえることができる（p. 210 3A 集団 参照）。

　感染拡大抑制のための行動変容については、要請方法に関しては説得的コミュニケーション（p. 204 B 対人的影響 参照）やリスク・コミュニケーションの知見、現象理解には同調の概念も有用である（p. 213 [3] (1) 同調 参照）。加えて、感染予防のための新たな行動様式は、社会的動物である人間に対して、他者との物理的接触に制約を強いるものであり、心理的苦痛をもたらす可能性を孕む。また、急激な生活環境の変化自体が、大きなストレスの原因ともなりえる。そのため、ストレス研究領域が蓄積した対処行動の知見も、今後の新しい行動様式への円滑な移行に大いに役立つだろう。

　感染流行の収束まで、当面の間は感染防止をはかりつつ社会経済活動を維持するという課題に取り組まなければならない。その解決の道筋には、価値観の対立を超えて連帯するという難問がある。COVID-19 のようなリスクの問題をめぐって社会の分断が生まれる背景の理解には、社会心理学との接点も多い計量社会科学やリスク学の知見も役立つ。また新型コロナウイルスとの共存を求められるいま、個人と社会のそれぞれのレベルにおいて、ICT 分野等の先端技術の急速な受容と活用能力がより一層問われることになる。そのため、技術と心の問題を扱う研究領域も脚光を浴びることになろう。このように COVID-19 以後の社会は、あらゆる分野において新しい可能性の模索を要求する。それに対して社会心理学をはじめ、その隣接領域として近年発展を遂げている社会神経科学、行動経済学からの貢献も大いに期待される。

引用文献

Anderson, C. A., & Bushman, B. J. (2002). Human aggression. *Annual Review of Psychology*, **53**, 27-51.

Asch, S. E. (1946). Forming impressions of personality. *Journal of Abnormal and Social Psychology*, **41**, 258-290.

Asch, S. E. (1955). Opinions and social pressure. *Scientific American*, **193** (5), 31-35.

Bandura, A. (Ed.) (1971). *Psychological modeling*: conflicting theories. Chicago : Aldine. (バンデューラ，A.原野広太郎・福島脩美（共訳）(1975), モデリングの心理学 金子書房)

Baron, R. A., & Richardson, D. R. (1994). Human aggression. 2nd ed. Plenum Press.

Batson, C. D. (1991). *The altruism question*. Laurence Erlbaum Associates.

Baumeister, R. F., Bratslavsky, E., Muraven, M., & Tice, D. M. (1998). Ego depletion : Is the active self a limited resource? *Journal of Personality and Social Psychology*, **74**, 1252-1265.

Byrne, D., & Nelson, D. (1965). Attraction as a linear function of propotion of positive reinforcements. *Journal of Personality and Social Psychology*, **6**, 659-663.

Cialdini, R. B., Vincent, J. E., Lewis, S. K., Catalan, J., Wheeler, D., & Darby, B. L. (1975). Reciprocal concession procedure for inducing compliance: The door-in-the-face technique. *Journal of Personality and Social Psychology*, **31**, 206-215.

Festinger, L., Schachter, S., & Back, K. (1950). *Social pressures in informal groups: A study of human factors in housing*. Harper & Brothers.

Fiske, S. T., & Neuberg, S. L. (1990). A continuum of impression formation, from category-based to individuating processes : Influences of information and motivation on attention and interpretation. In M. P. Zanna (Ed.), *Advances in experimental and social psychology*. vol. 23, New York: Academic Press, pp. 1-74.

Fiske, S. T., & Taylor, S. E. (1991). *Social cognition*. 2nd ed. New York: McGraw-Hill.

Freedman, J. L., & Fraser, S. C. (1966). Compliance without pressure: The foot-in-the-door technique. *Journal of Personality and Social Psychology*, **4**, 195-202.

Higgins, E. T. (1987). Self-discrepancy: A theory relating self and affect. *Psychological Review*, **94**, 319-340.

Hovland, C. I., & Weiss, W. (1951). The influence of source credibility on communication effectiveness. *Public Opinion Quarterly*, **15**, 635-650.

今井芳昭 (2008). 2段階、3段階のフット・イン・ザ・ドア法とドア・イン・ザ・フェイス法の比較 東洋大学社会学部紀要, **45**, 73-86.

James, W. (1892). *Psychology, briefer course*. Macmillan. (ジェームス，W.（著）今田 恵（訳）(1992). 心理学（上）岩波文庫)

Janis, I. L., & Feshbach, S. (1953). Effects of fear-arousing communications. *Journal of Abnomal and Social Psychology*, **48**, 78-92.

Jones, E. E., & Pittman, T. S.（1982）. Toward a general theory of strategic self-presentation. In J. Suls（Ed.）, *Psychological perspectives on the self.* vol. 1, Hillsdale, NJ : Erlbaum, pp. 231-262.

Jones, E. E., & Davis, K. E.（1965）. From acts to dispositions : The attribution process in person perception. In L. Berkowitz（Ed.）, *Advances in experimental and social psychology.* vol. 2, New York: Freeman, pp. 219-266.

Kelley, H. H.（1967）. Attribution theory in social psychology. In D. Levine（Ed.）. *Nebraska symposium on motivation.* vol. 15, Lincoln: University of Nebraska Press, pp. 192-238.

小池はるか（2009）. 養護・保育を学ぶ大学生版「ソーシャル・ライフ」の効果測定　高田短期大学育児文化研究, 5, 11-17.

Latanè, B., & Darley, J. M.（1970）. *The unresponsive bystander: Why doesn't he help?* Prentice Hall.
（ラタネ, B., ダーリー, J. M.（著）竹村研一・杉崎和子（訳）（1977）. 冷淡な傍観者——思いやりの社会心理学　ブレーン出版）

Leventhal, H., Singer, R. P., & Jones, S.（1965）. The effects of fear and specificity of recommendation upon attitudes and behavior. *Journal of Personality and Social Psychology, 2,* 20-29.

Lewis, R. A.（1973）. A longitudinal test of a developmental framework for premarital dyadic formation. *Journal of Marriage and Family, 35,* 16-25.

大渕憲一（1982）. 欲求不満に対する原因帰属と攻撃反応　実験社会心理学研究, 21, 175-179.

大渕憲一（2011）. 新版 人を傷つける心——攻撃性の社会心理学　サイエンス社

Rogers, E. M.（2003）. *Diffusion of Innovations.* Free Press.
（ロジャーズ, E. M.（著）三藤利雄（訳）（2007）. イノベーションの普及　翔泳社）

Rosenberg, M.（1965）. *Society and adolescent self image.* Princeton: Princeton University Press.

Stoner, J. A. F.（1961）. *A comparison of individual and group decisions involving risk.* Unpublished master's thesis, Massachusetts Institute of Technology.
（Nolen-Hoeksema, S., Fredrickson, B. L., Loftus, G. R., & Wagenaar, W. A.（2009）. *Atkinson & Hilgard's introduction to psychology.* 15th ed.）

Tajfel, H.（1978）. *Differentiation between social groups: Studies in the social psychology of intergroup relations.* Academic Press.

高田利武（1999）. 日本文化における相互独立性・相互協調性の発達　教育心理学研究, 47, 480-489.

Tesser, A.（1988）. Toward a self-evaluation maintenance model of social behavior. In L. Berkowitz（Ed.）, *Advances in experimental and social psychology.* vol. 21, New York: Academic Press, pp. 181-227.

山本眞理子・松井豊・山成由紀子（1982）．認知された自己の諸側面の構造　教育心理学研究，**30**，64-68.

Zajonc, R. B.（1968）. Attitudinal effects of mere exposure. *Journal of Personality and Social Psychology Monographs Supplement* **9**, 1-27.

理解を深めるための参考文献
- 池田謙一・唐沢穣・工藤恵理子・村本由紀子（2019）．社会心理学（補訂版）　有斐閣
- アロンソン，E./岡隆（訳）（2014）．ザ・ソーシャル・アニマル──人の世界を読み解く社会心理学への招待　第11版　サイエンス社

知識を確認しよう
・・・・・・・・・・・・・・・・・・・・・・・・・・・・

［択一問題］

(1)　次の文中の空欄に入る最も適切な語句を以下の選択肢のなかから選びなさい。

［問題］

　友人との会話のなかで自分の生い立ちを話すような、本人が特に意図を持たずに自分の情報を聞き手に伝えることを（　①　）という。ただし、相手に自分の情報を伝えるという自己表出行動である点では同じでも、その情報を伝えることで相手に「自分のことを有能な人間であるという印象をもってもらいたい」という意図をもち、自分自身をアピールする行動は（　②　）と呼ばれる。

ア　自己開示　　イ　自己欺瞞　　ウ　自己呈示　　エ　自己説得
オ　自己評価

(2) ホブランド (Hovland, C. I.) とワイス (Weiss, W.) の実験で、説得に効果が
　　あると明らかになった要因はどれか。

ア　類似性　　イ　信憑性　　ウ　恐怖喚起コミュニケーション

エ　フット・イン・ザ・ドア・テクニック

オ　ドア・イン・ザ・フェイス・テクニック

(3)　アッシュ (Asch, S. E.) の同調実験の解釈に関する記述として、最も妥当
　　なのはどれか。

①　日本人の場合は、他者と仲良くやれることや協調できることを目指す
　　自己認識をもっている。

②　人間には「正しい判断をしたい」と願う傾向があり、自分の判断に自
　　信がもてない状況では、他者の判断を基準として利用しがちである。

③　同調をしないことで集団の和を乱したり、人間関係が悪くなったりす
　　ることを避けたいという心理が関係している。

④　人間は、従来考えられていたより権威に服従しやすい。

⑤　流行には個人差があり、5つのタイプに分けることができる。

［論述問題］

(1)　具体例を挙げながら、ケリー (Kelley, H. H.) が提唱した原因帰属に関す
　　る共変モデルについて説明しなさい。

(2)　2つの集団が合併によりひとつの集団になったときに、どのような問
　　題が生じると考えられるか。「内集団」「外集団」という語を使用して、
　　述べなさい。また、その問題を解決したいときに、どのような対応策
　　が考えられるか、述べなさい。

⚷ キーワード

臨床心理学	心理カウンセリング
心理アセスメント	心理療法
心理検査	共感的理解
倫理	臨床実践
公認心理師	スーパーヴィジョン

本章のポイント

　臨床心理学は、心理学のなかでも、臨床・教育・研究の3つが一体となった学問領域であり、対人援助を行う専門職（臨床心理職）を養成しているという大きな特徴がある。

　日本で臨床心理職がさまざまな領域で任用されるようになったのは、実質的には第二次世界大戦後のことである。日本人の心性や東洋的な考え方と、西洋から輸入された考え方の折り合いをどうするかという課題を含めて、臨床心理学はこれから発展を求められているまだ若い学問である。しかし、人と人のつながりが薄れている現代社会において、その地道な実践活動が期待されている。

1 臨床心理学とは

A 臨床心理学の特徴

　臨床心理学（clinical psychology）は、人の心理的課題を心理学の知識・理論・技術を土台として軽減・解決することを目的とした分野である。直接的に対象者を支援する対人援助専門職を養成していることもあり、心理学のなかで最も生活者に近い分野として、重要な位置を占めている。

　臨床心理学が期待されている背景には、日本社会の現在だけをみても次のようなことが挙げられる。第二次世界大戦の後、高度経済成長期を経て、経済的な優劣や物質的な多寡を中心とする考え方が蔓延した。こうした物質主義的な価値観は、狭義の科学データのみを正しいと認識する傾向の増大と相まって、人々の価値観に多大な影響を及ぼし続けている。そして、急速に進むIT化、成果主義の台頭、少子高齢化、コミュニケーションの量と質の低下など、人と人とのつながりが薄れ、人々の生活は確実に変化し、生きづらさが増している。その現れとして、自殺、育児放棄、虐待、家庭内暴力、不登校、ひきこもり、動機がにわかに了解されにくい事件など、臨床心理学が関与を求められるような問題が社会ニュースでとり上げられる日常となった。また、大規模災害等で心理支援が求められることも多い。

　臨床心理学の最大の特徴は、他の心理学領域と違って、臨床（＝実際に対人援助を中心とした臨床心理学的支援を行うこと）・教育・研究の3つが一体となった学問であるという点である。たとえとして外科医をイメージするとわかりやすい。外科医は手術をする（＝臨床）。自分が手本として手術をしないで、後進の育成はできない（＝教育）。また、手術をしたことがないのに、術式の研究はできない（＝研究）。臨床心理学もこれと同じである。臨床心理学を土台とした対人援助専門職の代表は、いわゆる心理カウンセラー（psychological counselor/counsellor）であり、心理カウンセラーは自分でカウンセリングを行い（＝臨床）、それを後進に伝え（＝教育）、その臨床実践を「研究」として世に問い、還元している。また、臨床心理学は心理的な課題に関する支援であれば、そのすべてが対象になるため、活動領域が広いのも特徴的である（pp. 239-241参照）。

B 心理アセスメントと心理カウンセリング／心理療法

　現在の臨床心理学は、心理アセスメント（psychological assessment）と心理カウンセリング（psychological counseling/counselling）／心理療法（psychotherapy）の 2 つが、車の両輪のように不可分に関係しながら臨床心理学的支援として発展を続けている。

　心理アセスメントとは、臨床心理学的支援を行う際に、支援対象（個人に限らず、家族、集団、組織、地域、事態など）の特徴や状況などに関する情報を収集し、それらを多角的・多層的に解析した結果を統合して、個々の特徴を呈示することである。最近では、取り組むべき課題の性質や程度および優先順位などを明らかにし、どのような支援が適切なのかという基本方針ならびに具体的な支援計画を作業仮説として導き出す一連の営みも含めて心理アセスメントと考える傾向が強い。

　カウンセリング（counseling/counselling）という言葉は、非専門家が専門家に「相談する」という意味で、心理面を中心としたカウンセリングに限らない。心理カウンセリングは心理面を中心とした相談業務のことであり、そのなかで、学術理論のもとに体系化された技法と対象範囲があり訓練が必要となってくるものを狭義の「心理療法」と呼ぶ。現在、世界で 400 種類もの心理療法があるとされているが、その根底にある学派は数個である（pp. 237-239 参照）。

　心理療法とは、生きるうえで何らかの心理的苦悩や課題をもつ対象者が、その解消や軽減を望む際に、専門的訓練を受けた心理療法家との関係性を通じて行われる、臨床心理学に基づいた援助方法である。日常の会話から

図 8-1　日常の会話から心理療法までの関係

図 8-2　臨床心理学の外延的定義
（鑪・川畑、2009）

心理療法までの関係を図8-1に示した。

　また、臨床心理学は応用分野であるため、隣接する他の学問領域が数多く、少なく見積もって図8-2のようになっている。次項で臨床心理学の歴史にふれるが、他の学問領域からの影響も多々含まれている。

2　西洋における臨床心理学の歴史

　人がいつから苦悩や生きづらさを感じるようになったのか、困ったときに誰かに助けを求めるという行為がいつから始まったのかに関して、定かなことは誰もいえない。しかし、今日もそうであるように、誰かに心理面での相談をする場合、家族・恋人・友人といった個人的な関係の人に相談することが日常的には主であろう。少し範囲を広げてコミュニティ内の誰かに相談するとなると、歴史的には宗教家がその役割を果たしてきた。

　大山（2009）によれば、臨床心理学の「臨床＝clinical」という言葉は、ギリシャ語のクリネー（κλίνη）に由来しており、土や石を盛り上げて作った「寝台」という意味である。病苦で横たわる人の傍らにいて、話を聞き、心の安寧へと導くという、もともとは宗教家が行っていた役割であり仕事という語源が伝わってくる。この言葉がラテン語（clinicus）を経て、英語のclinicとなった。

　それでは、宗教に関係した行為ではなく、現在の臨床心理職（clinical psychologists）のように、クライエント（client 来談者＝相談に訪れた人）と相談を受ける専門家という関係を土台とし、「契約」に基づいて心理相談業務を職業として行うという行為は、いつ始まったのであろうか。これに関しては、ウィットマー（Witmer, L.　1867〜1956）の存在を挙げないわけにはいかないだろう。

A　近代臨床心理学の誕生

　およそ学問というもののルーツは哲学にあるが、心理学も同じであった。そのなかで、ドイツのヴント（Wundt, W. M.　1832〜1920）は、1879年にライ

プチッヒ大学で世界初の心理学実験室を開設した。この 1879（明治 12）年が心理学史上、近代心理学誕生の年とされており、ヴントは近代心理学の父といわれている。ヴントのもとには世界中から研究者が集まったが、そのなかに、アメリカのキャッテル（Cattell, J. M.　1860〜1944）がいた。キャッテルはヴントのもとで博士号を取得した後、ケンブリッジ大学にいたときに、イギリスのゴールトン（Galton, F., Sir　1822〜1911）と出会い、ゴールトンの研究に強く影響された。ゴールトンは進化論で有名なダーウィン（Darwin, C. R.　1809〜1882）のいとこにあたり、「個人差」に関する研究を熱心に行っていた。キャッテルはアメリカに戻ってペンシルバニア大学で研究を続けた。

　そのペンシルバニア大学を 1888 年に卒業した、アメリカのウィットマーはキャッテルに学び、ヴントのもとで博士号を取得し、1892 年にペンシルバニア大学に戻った。ウィットマーは 1896 年、同大学に「心理クリニック」（the psychological clinic）を開設した。この 1896 年をもって近代臨床心理学の成立の年とする文献が多い。また、同じ年に「臨床心理学」（clinical psychology）という語をはじめてアメリカ心理学会で使用したのも彼である。ウィットマーは、いまでいう学習障害などの問題を抱える子どもたちに対して心理学の知識を用いて直接的な支援を行った。子どもの支援から近代臨床心理学の歴史が始まったというのは興味深いことである。

　しかし、現在の臨床心理学を構成する流れは複雑であり、いままでの説明はごく一部である。図 8-3 を参照されたい。上述してきた、ゴールトン→ビネー/キャッテル→ウィットマーという流れが中央に示されている。ここで出てくるビネー（Binet, A.　1857〜1911）は、1905 年にパリ教育長の委嘱を受けて、精神発達遅滞児の識別のために「ビネー・シモン式知能検査」を完成させたフランスの心理学者である。これは、いまも引き継がれる発達・知能検査の誕生を意味していた。

　以上のように、ゴールトン→ビネー/キャッテル→ウィットマーという流れは、個人差研究の流れであり、現在の心理検査法の由来はゴールトンにあるとされている。ゴールトン→ビネー/キャッテルから現代へと続く流れは、心理検査法→現在の心理アセスメントへと発展が続いている。心理アセスメントで把握される特徴は、医学的な分類（診断）とは異なってお

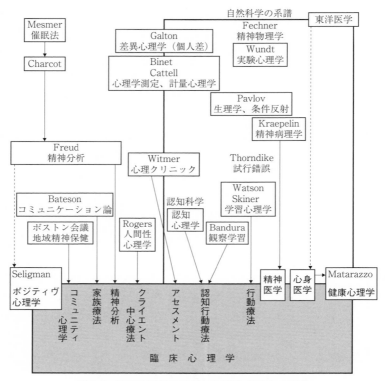

図8-3　臨床心理学の発展史の概略（野口、2009）

り、唯一無二である個々の人間存在に目を向ける視点が強いことが臨床心理学の大きな特徴である。

　次に、臨床心理学にとって図8-3の左側の重要なライン、メスメル (Mesmer, F.A.　1734〜1815)→シャルコー（Charcot, J.M.　1825〜1893)→フロイト (Freud, S.　1856〜1939)→現在の力動的心理学の流れを解説する。これは「心理療法」の創始へと至る流れである。現代であれば、精神的に悩んだとき、精神科を受診して薬物療法を受けるという手段がある。しかし、確かな薬剤が開発される前はどうだったのであろうか？　加えて、宗教とは別に学術理論に基づいた心理療法や心理カウンセリングもない時代であったとし

たら？　そもそも精神障害者は歴史的にどう扱われてきたのであろうか？
メスメルにふれる前に、紀元前からの歴史を先に簡単にまとめておきたい。
なお、精神障害者の歴史は、精神医学や精神保健学の歴史に留まらない。
異常心理学（abnormal psychology＝行動や人格に認められる異常現象を研究対象と
する心理学分野の総称）の分野でもあり、臨床心理学とも密接に関係している。

B　紀元前〜「鎖からの解放」──西洋における精神障害者の処遇史

　歴史を紀元前まで遡る。場所はヨーロッパである。あらゆる病気は悪霊
が人間に憑くために起こるものと考えられ、これはいまでも洋画でしばし
ば出てくる悪霊学（Demonology）の考え方といえる。異常とされる行動が悪
霊によるものと考えられていたため、いまでいう治療者は祈祷師つまり宗
教家であり、儀式によって悪霊を払おうとし、ときには、鞭打ちや断食と
いった治療も行われていたとされている。

　紀元前5世紀になって、古代ギリシャの医師であり、近代医学の父とい
われるヒポクラテス（Hippocrates　BC460頃〜BC375頃）は、精神病による異
常行動も、身体的な原因によるものとして、他の身体疾患と同様に医学の
治療対象と考えた。しかし、これは彼をはじめとする一部の知識人の考え
方であったとされている。

　ギリシャ・ローマ文明から中世になり、キリスト教、特に教会の影響が
強まったことで、キリスト教修道院の修道士が精神障害の治療の主体者と
なっていった。悪霊学の思想が強まり、「悪魔払い」（exorcism）が行われ、
「魔女」を同定するための「魔女狩り」が強化された。その象徴的存在が『魔
女の槌』（Malleus Maleficarum）である。これは異端審問官（宗教上の裁判官）の
標準テキストであった。悔い改めない者は死刑（火刑）となったため、数世
紀にわたり犠牲者（スケープゴート scapegoat）が大量に出る結果となった。
このうち大半が精神障害者・知的障害者であったのではないかという説が
長くあったが、事実はそうではなく、多くの正常な者たちが拷問にかけら
れ、過酷な拷問のために妄想様の告白がなされていたという見解に至って
いる。

　ヨーロッパは魔女とされた人物を殺すという時代から、次第に収容する
という時代に入った。15〜16世紀のことである。収容施設（asylums）には、

いまでいう精神障害者だけでなく浮浪者なども多く収容されたといわれている。殺さない代わりに収容して実質的に監禁するだけでなく、それを見せ物にするということも行われ、有名な例として、1784年にウィーンに「狂人塔」が建設された。この時代の治療は、灌水療法、瀉血療法、回転療法などであった（大熊、2008）。

　このような状況に変化をもたらしたのは18世紀～19世紀初頭にかけての産業革命とフランス革命である。フランスのピネル（Pinel, P.　1745～1826）は、不衛生な収容所に閉じ込められ、栄養への配慮もなく、鉄の鎖などで監禁されていた人々を、人間として取り扱おうとした人物であるといわれている。彼は、1793年にパリのビセートル収容施設（男性患者専用の公立精神病院）の責任者として赴任し、そこで収容者を鎖から解放した。次に、1795年にサルペトリエール収容所（女性患者専用）でも同様の解放を行った。このピネルの「鎖からの解放」という功績はあまりにも有名であるが、本当は彼ではなく病院にいたピュッサン（Pussin, J. B.　1746～1811）とその妻が行ったものであるとする文献（Hochmann, 2004, 2006）がある。いずれにしても、ピネルはその価値を認め、患者を人間として扱おうとしたという点でその名が知られている。

C　心理療法の誕生

　B（p. 227）で述べたような歴史を押さえたところで、図8-3（p. 226）の一番左上にあるメスメルから話をスタートする。オーストリアやパリで活躍したメスメルは、精神的な病や健康を動物磁気と呼ぶ流体の流れによるものと理解し、動物磁気と患者が接触することが治療になると考え、その治療を実践した。彼のところには多くの患者が訪れたが、その学説はまやかしとして学問的には非難された。彼の考え方は後にメスメリズム（mesmerism）と呼ばれ、いまでいう催眠療法の先駆的役割を果たし、これを宗教から科学的な治療への第一歩と考えると、歴史的な意味をもつ人物である。

　次に登場するフランスのシャルコーは当時、著名な神経科医であった。彼は1870年代よりヒステリー（hysteria）に興味を抱き、催眠を用いて治療にあたった。なお、ヒステリーとは、今日でいう転換性障害もしくは解離性障害のことである。

　現在でも有名なフロイトは、モラヴィア（現在のチェコの東部）のフライベルグに生まれ、ウィーンで活躍した。フロイトは、1885 年、パリへ留学し、シャルコーのもとで催眠によるヒステリー症状の治療法を学んだ。翌年、フロイトはウィーンへ戻り、シャルコーから学んだ催眠による治療を一般開業医として実践に移した。治療を重ね、技法に改良を加え、最終的に彼が辿り着いたものが自由連想法（free association method）であった（p. 237 参照）。催眠もかけられず、電気も流されず、薬物も投与されず、身体拘束もない自由な状態で、患者は思い浮かんだことを話す。これは世界初の個人心理療法（individual psychotherapy）の誕生を意味していた。

　フロイトの臨床実践や理論などを総合したものが「精神分析」（psycho-analysis）であり、彼の考え方は世界に大きな影響を及ぼした。その契機となったひとつは 1909 年の出来事で、フロイトは、スイスのユング（Jung, C. G.　1875〜1961）ら初期の弟子たちとともに渡米し、講演を行った。この講演によって、フロイトの精神分析はアメリカ心理学界に認められることとなった。当時、アメリカ心理学界の長老であったジェームズ（James, W. 1842〜1910）もフロイトに賛辞を送ったという（大山、2009）。これが図 8-3 のメスメル→シャルコー→フロイト→精神分析という大きな流れである。

　さて、図 8-3 の下部を左からみて「コミュニティ心理学」から「行動療法」までの重要な流れのうち、「アセスメント」と「精神分析」を概観してきた。この 2 つに挟まれた「クライエント中心療法」を次に概説する。

D　ロジャーズ──心理カウンセリングの祖

　「心理カウンセリング」の実質的な創始者がロジャーズ（Rogers, C. R. 1902〜1987）である。その影響は大きく「この 4 半世紀で、自分が最も影響を受けたサイコセラピストは誰ですか？」という問いに多数の専門家が答えた結果、そのナンバー 1 は、2007 年の時点でも、ロジャーズであった（Psychotherapy Networker, 2007）。今や学派を越えて、心理カウンセリングや心理療法の土台としてロジャーズの精神は伝授されている（p. 238 参照）。

　ロジャーズは紆余曲折の末に臨床心理学と教育心理学を学んでコロンビア大学を卒業後、児童虐待防止協会で現場の臨床に携わった。その実践のなかで、心理的な課題をもつ子どもたちを説教で黙らせるようなやり方で

はなく、精神分析的な方法でもなく、クライエントの内的な力を発揮させ
ようとする、独自の心理カウンセリングを構築しはじめた。彼の考えは「ク
ライエント中心療法」（client centered therapy）と呼ばれる。さらに彼は個人
カウンセリングから「エンカウンター・グループ」という集団心理カウン
セリングに力を入れ、エンカウンターを通した世界平和の実現へと関心を
移し、クライエント中心療法から人間中心療法（person-centered approach；
PCA）へと発展した。彼の実践記録として映画『Journey into Self』（出会い
への道、1968年）がある。

3 日本における臨床心理学の歴史

A 記紀の時代から――「気」

　精神分析家の北山修（1993）は、日本神話のひとつであるイザナギ・イザ
ナミ神話をもとに「見るなの禁止」を論じ、日本人の心性に迫っている。
この例のように、古事記や日本書紀（記紀という）の時代から日本人の心性
に特徴があったとして、狂気も「タブレ」という言葉に象徴されるように
記紀の時代から存在している。「タブレ」は、動機を了解することの困難な
行動に対する社会的批判の意味とされ、「タブレ」から段々と、モノツキ、
モノグルイ、「狂気」へと転じていったとされている（下山、2001）。
　これは現代にも脈々と受け継がれており、たとえば宮崎 駿 監督の長編
アニメーション『もののけ姫』（1997年公開）は、英題が「Princess Mononoke」
であり、日本語の「もののけ」は英単語に直訳できない。「もののけ」は、
「物の気」もしくは「物の怪」と書き、物の気の「気」は狂気の「気」と同
じで、日本人にとって「気」という言葉が重要なことが示唆される。日本
語の「気」は、心理の動きや状態を宇宙的な広がりをもって表す言葉とし
て記紀の時代から用いられていた。気にとりつかれると人間は苦しむとさ
れ、物の怪は「霊気」という意味として使われ、気がふれる、気が狂うと
は、このような「気」の意味として使われているとされている（下山、2001）。
こうした東洋的な考え方は、現代日本人でも容易に感じとることができる。

B　日本における精神障害者の処遇史

　明治以前の日本では、精神障害一般を「癲狂」と呼び、一般的には、精神障害を「狐憑き」などとして、憑きものを追い払うための加持祈祷などが行われていた。治療は、漢方薬、鍼灸術、滝に打たれる療法などであり、自宅その他に監禁される精神障害者もあったが、多くは放置されていた（大熊、2008）。

　11世紀、後三条天皇（在位1068〜1072）の皇女が興奮状態になったが、大雲寺（京都の岩倉村）にこもって霊水を用いたところ全快したと伝えられ、多くの精神病者やその家族が岩倉村に移住し、江戸末期頃には村全体が一種のコロニーになっていった。なお、ヨーロッパではベルギーのゲール（Gheel）がコロニーとして有名である。その後、江戸時代に全国各地の寺院の境内などに精神障害者の収容施設が設けられ、それらの多くが明治時代に精神病院へ移行した。

　明治以降、1879（明治12）年に「東京府癲狂院」（現在の東京都立松沢病院）が設置され、1886（明治19）年に東京大学医学部にはじめて精神病学教室が設置された。1900（明治33）年に、精神障害者に関するはじめての法律として「精神病者監護法」が制定され、これによって無許可で精神障害者を監禁することは禁止されたが、一定の手続きをとれば監禁できることが公式に認められた。これを「私宅監置」と呼ぶ。このような状況下で、呉秀三（1865〜1932）は、1918（大正7）年の論文で「我邦十何万ノ精神病者ハ実ニ此病ヲ受ケタルノ不幸ノ外ニ、此邦ニ生マレタルノ不幸ヲ重ヌルモノト云ウベシ」という有名な一文を残している。「私宅監置」が禁止されたのは、戦後の1950（昭和25）年「精神衛生法」が制定されてからのことである。この「精神衛生法」が「精神保健法」を経て、1995（平成7）年、改正・改称の「精神保健福祉法」（正式名称：精神保健及び精神障害者福祉に関する法律）へとつながっている。

C　明治以降の臨床心理学

　1874（明治7）年、開成学校（東京大学の前身）に「心理学」が講義科目としてはじめて登場した。1875（明治8）年頃には西周が『心理学』という翻訳書を刊行している。このように、他の多くの学問と同様に、西洋の心理学

が日本に急速に入ってきた。

　大正時代になり、1915（大正4）年に、三田谷啓（1881～1962）がビネー式
の知能検査を日本ではじめて翻訳して販売した（鈴木、2007）。また、夏目漱
石の門下として著名な中村古峡（1881～1952）は1917（大正6）年に日本精神
医学会を作り、そこには多様な分野の人々が名を連ね、『変態心理』が創刊
された。当時の変態心理学とは、異常心理学に近い学問であり、これが臨
床心理学領域の日本におけるはじめての学術専門雑誌といえよう。さらに、
久保良英（1883～1942）が1917（大正6）年に児童教養研究所の知能部の主任
となった。彼が中心となって児童教養のための相談が行われており、これ
が心理職による児童相談のはじまりといわれている（鈴木、2003）。

　そして、1923（大正12）年、コロンビア大学で博士号を取得して帰国した、
高良とみ（1896～1993）が九州帝国大学医学部精神科教室に助手として赴任
した。この時代に医学部に心理職が正規に勤務していたというのは重要な
歴史である（p.23 トピック参照）。

　昭和に入り、内田勇三郎（1894～1966）が1930（昭和5）年にロールシャッ
ハ法を紹介した。ここから現在の投映法（p.234参照）の発展へとつながる。
そして、第二次世界大戦後、1947（昭和22）年に児童福祉法ができ、児童福
祉を担当する公的機関に心理学を学んだ者が採用されるようになった。さ
らに、1948（昭和23）年、少年法と少年院法ができて心理職の任用が進んだ。
1951（昭和26）年に、村上英治（1924～1995）が名古屋大学医学部精神医学教
室に入り、1952（昭和27）年に、国立精神衛生研究所心理学部に佐治守夫
（1924～1996）が入った。このように、児童福祉→少年の矯正領域→医療領
域と、臨床心理職の活動領域が広がっていった。学術団体としては1964
（昭和39）年に日本臨床心理学会が設立されたが、学園紛争や資格問題で紛
糾して分裂した。その後、1982（昭和57）年に、日本心理臨床学会が発足し、
2020年の時点で会員数が2万8千人を超え、日本の心理学ワールドで最大
の学会となっている。

　現代は、脳科学に代表される生物学的視点が圧倒的であり、生物・心理・
社会（bio-psycho-social）といったバランスをとって人の存在を全体的に見る
という視点は保たれていない。臨床心理学の存在意義はそこに浮かび上が
る。人間科学（human sciences）を含む学術研究とは何かという本質を抜き

にして、心理統計解析結果を追い求めるのが心理学のすべてではない。まだ若い学問である臨床心理学は、いまこそ、その真価が問われる時代に突入している。

4　臨床心理学の実際

臨床心理学の両輪である、心理アセスメントと心理療法の内容と、臨床心理職の活動領域、職業倫理および訓練に関してふれる。

A　心理アセスメント

心理アセスメントは p. 223 のような定義だが、実際には①心理検査、②心理面接（アセスメント面接）、③行動観察のどれか、もしくはこれらの組み合わせとして行われる。①心理検査に関しては多くの種類があるため、その分類と代表的な検査に関して以下概説する。

心理検査は、信頼性（reliability）と妥当性（validity）を担保するように開発されている。心理検査の種類を大別すると（1）発達・知能検査、（2）人格検査（パーソナリティ検査 personality test）、（3）作業検査、（4）神経心理学的検査、（5）その他に分けられる。

（1）発達・知能検査

さまざまな発達上の特徴や知的機能の特徴を測る検査である。日本でよく使用されている個別式知能検査は、①田中ビネー知能検査、②ウェクスラー知能検査である（WISC-Ⅳ、WAIS-Ⅳなど）（**図 8-4**）。発達検査としては、新版 K 式発達検査 2001 などがある。

（2）人格検査

対象の人格構造や性格特徴の把握のために使われる。人格検査の「人格」とは、personality の訳語であり、ラテン語のペルソナ（persona 仮面）に由来する言葉で、劇で使用される仮面という意味が、やがて演じられている役割を指すようになり、それが人柄という意味に転じた用語である。ところが、personality の日本語定訳が「人格」とされたため、日本語の「格」

図 8-4　WAIS-Ⅳ成人知能検査（写真提供：日本文化科学社）

という字がもたらす価値判断的色彩が残ってしまった。そのため最近では「人格」と表記せず、そのままカタカナで「パーソナリティ」と記載することも多い。人格検査の種類は、①質問紙法（questionnaire method）、②投映法（projective method）に分けられる。①の質問紙法は、意識されている自己概念を把握するものである。代表的なものとして、MMPI（ミネソタ多面的人格目録）、CMI 健康調査表などがある。②投映法は、刺激に対する対応から、その人の人格特徴などを見てゆくもので、質問紙法との違いは、本人が意識している面だけでなく、あまり意識されていない特徴も把握できることである。ロールシャッハ・テストが有名であり（図 8-5）、SCT（文章完成法テスト）、PF スタディ（絵画欲求不満テスト）、TAT（絵画統覚検査）などがある。多くの種類が開発されている描画法も投映法の一種であり、代表的なものとして、バウムテスト、HTP（The H-T-P Technique）、風景構成法などがある。

(3) 作業検査

　作業の過程における、努力、練習効果、疲労などを分析し性格や病理水準を測定する方法で、内田クレペリン精神作業検査が代表的なものである。

(4) 神経心理学的検査

　高次脳機能の特徴を測定する検査である。器質性障害の有無を大まかに判断する BGT（ベンダー・ゲシュタルト・テスト）、新しいことを覚える能力である記銘力を調べるベントン視覚記銘検査、記憶検査として WMS-R（ウ

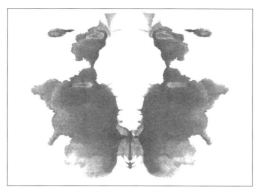

図 8-5　ロールシャッハ法図版の模擬サンプル（山中・山下、1988）

ェクスラー記憶検査）などがある。

（5）その他

　たとえば、抑うつを測定する SDS（日本版 SDS 自己評価式抑うつ尺度）や、不安を測定する MAS（顕在性不安尺度）のような尺度など枚挙にいとまがない。

　参考のために、2020 年 4 月 1 日の時点で診療保険点数が認められている心理検査を表 8-1 にまとめた。診療保険点数上の分類では、（1）発達・知能検査と（2）人格検査はそのままだが、残りの（3）（4）（5）がすべて「認知機能検査その他の心理検査」に入っている。

　以上のように、各々の心理検査で測定している内容と範囲がある。そこで、対象を多角的・多層的に理解し援助方針を立てるために、実際の臨床場面ではいくつかの心理検査を組み合わせて実施する。これを検査バッテリー（テストバッテリー）と呼ぶ。

表8-1　2020年4月1日現在で診療保険点数として認められている
臨床心理・神経心理検査一覧

	1. 操作が容易なもの（80点）	2. 操作が複雑なもの（280点）	3. 操作と処理がきわめて複雑なもの（450点）
D283 発達 および 知能検査	津守式乳幼児精神発達検査、牛島乳幼児簡易検査、日本版ミラー幼児発達スクリーニング検査、遠城寺式乳幼児分析的発達検査、デンバー式発達スクリーニング、DAM グッドイナフ人物画知能検査、フロスティッグ視知覚発達検査、脳研式知能検査、コース立方体組み合わせテスト、レーヴン色彩マトリックス、JART	MCC ベビーテスト、PBT ピクチュア・ブロック知能検査、新版K式発達検査、WPPSI 知能診断検査、全訂版田中ビネー知能検査、田中ビネー知能検査V、鈴木ビネー式知能検査、WISC-R 知能検査、WAIS-R 成人知能検査（WAISを含む）、大脇式盲人用知能検査、ベイリー発達検査、Vineland-II 日本版	WISC-III 知能検査、WISC-IV 知能検査、WAIS-III 成人知能検査、WAIS-IV 成人知能検査
D284 人格検査	パーソナリティイベントリー、モーズレイ性格検査、Y-G 矢田部ギルフォード性格検査、TEG-II 東大式エゴグラム、新版TEG、新版TEG3	バウムテスト、SCT、P-F スタディ、MMPI、TPI、EPPS 性格検査、16P-F 人格検査、描画テスト、ゾンディーテスト、PIL テスト	ロールシャッハテスト、CAPS、TAT 絵画統覚検査、CAT 幼児児童用絵画統覚検査
D285 認知機能 検査 その他の 心理検査	●簡易なもの（疾患の早期発見を目的とし、原則として3月に1回に限り算定＊）→MAS 不安尺度、MEDE 多面的初期認知症判定検査、AQ 日本語版、日本語版 LSAS-J、M-CHAT、長谷川式知能評価スケール及び MMSE ●その他のもの→CAS 不安測定検査、SDS うつ性自己評価尺度、CES-D うつ病（抑うつ状態）自己評価尺度、HDRS ハミルトンうつ病症状評価尺度、STAI 状態・特性不安検査、POMS、POMS2、IES-R、PDS、TK 式診断的新親子関係検査、CMI 健康調査票、GHQ 精神健康評価票、ブルドン抹消検査、WHOQOL26、COGNISTAT、SIB、Cog-health(医師、看護師又は公認心理師が検査に立ち会った場	ベントン視覚記銘検査、内田クレペリン精神検査、三宅式記銘力検査、標準言語性対連合学習検査（S-PA）、ベンダーゲシュタルトテスト、WCST ウイスコンシン・カード分類検査、SCID 構造化面接法、CLAC-II、遂行機能障害症候群の行動評価（BADS）、リバーミード行動記憶検査、Ray-Osterrieth Complex Figure Test（ROCFT）	ITPA、CLAC-III、標準失語症検査、標準失語症検査補助テスト、標準高次動作性検査、標準高次視知覚検査、標準注意検査法・標準意欲評価法、WAB 失語症検査、老研版失語症検査、K-ABC、WMS-R、ADAS、DN-CAS 認知評価システム、小児自閉症評定尺度、発達障害の要支援度評価尺度（MSPA）、親面接式自閉スペクトラム症評定尺度改訂版（PARS-TR）

合に限る)、NPI、BEHAVE-AD、音読検査(特異的読字障害を対象にしたものに限る)、WURS、MCMI-Ⅱ、MOCI邦訳版、DES-Ⅱ、EAT-26、ST-AI-C状態・特性不安検査(児童用)、DSRS-C、前頭葉評価バッテリー、ストループテスト、MoCA-J、Clinical Dementia Rating（CDR）	

＊医学的必要性から3月に2回以上算定する場合には、診療報酬明細書の摘要欄に理由と医学的根拠を記載する。

B　心理療法

　人が内的に発達し変化するときは、その人の潜在的な力が源になっている。その力が発揮されやすいよう手伝うのが心理療法である。心理療法に多種類があるのは、対象の病態水準、人格傾向、解決課題などが多種多様なため、各々に応じてセラピストが工夫した結果である。主たる心理療法について概説する。

(1)　精神分析 (psychoanalysis)

　精神分析はp.229にあるように、フロイトによって創始された。彼が考えた「自由連想法」では、被分析者は寝椅子に横になり、思い浮かんだことを自由に話すように教示される。被分析者は自身の生育歴上、重要な人との関係を分析者との間でも再現する（転移 transference）ため、分析者は過去もいまここでも生じている関係性とその意味を被分析者に伝えていく（解釈 interpretation）。精神分析は、精神分析的精神療法もしくは力動的心理療法として現在も幅広く発展している。

(2)　分析心理学 (analytical psychology)

　ユング（p.229参照）は「個人的無意識」よりも深い層に「普遍的無意識」（＝集合的無意識 collective unconscious）があり、神話、おとぎ話、夢、精神病者の妄想などからそれが認められると考えた。普遍的無意識が象徴的に表現されたものがアーキタイプ（元型）であり、セルフ、アニマ、アニムス、シャドー（影）、グレート・マザー、オールドワイズマンなどである。人のこころの全体性が阻害され、一面的になりすぎたときに心理的問題が生じる

と考え、夢やイメージを通してこころ全体を補償してゆく過程がユング派の心理療法では行われる。なお、河合隼雄（1928〜2007）がスイスで分析心理学を学んで日本に広めた。

(3) クライエント中心療法 (client centered therapy)

p. 229 にあるようにロジャーズによって提唱された。ロジャーズは、対象者の内面的な発達を促進する支援者の態度として次の3つを指摘した。①「無条件の肯定的配慮」(unconditional positive regard)、②「共感的理解」(empathic understanding)、③「純 粋 性」(genuineness) または「自己一致」(congruence) である。これらは、いまも心理カウンセラーもしくは支持的心理療法の基本的態度となっており、ロジャーズ以外の臨床心理学者も加えて人間性心理学派 (humanistic approach) として世界各地で活躍している。

(4) 行動療法 (behavior/behaviour therapy)

学習された不適切な行動（行為・思考・感情）を学習理論に基づいて修正することを目的としている。問題行動が生じ維持されている刺激−反応 (stimulus - response) 関係を見立て、その関係に介入 (intervention) する。具体的方法としては、系統的脱感作法や応用行動分析などがある。

(5) 認知療法 (cognitive therapy)

認知療法では、出来事そのものから心理的問題が生じるのではなく、出来事に対する認知 (cognition＝ものの見方) の偏りから問題が生じ維持されているとみなす。それゆえ、認知を変えることが介入の切り口となっている。最近、流行している認知行動療法 (cognitive behavior therapy；CBT) は、この認知療法と (4) の行動療法を組み合わせたものである。

(6) 家族療法 (family therapy)

家族をひとつのシステムとみなし、家族のあるメンバーに心理的課題が生じた場合、それはその個人だけの問題ではなく、システムから生じる課題を体現していると考え、システムに介入をしていく学派の総称である。

以上の6つはすべて西洋で発祥した心理療法であるが、それらを輸入して修正するだけでなく、日本から世界に発信している心理療法として、次の3つがある。

(7) 森田療法 (morita therapy)

森田正馬（1874〜1938）により創られた。彼は、不安などの状態を異常視

して、それを取り除こうと努力すればするほど、そこに注意が向かうために、より不安を強く感じ、結果として自分を苦しませる症状（神経症の症状）を引き起こすというメカニズムを精神交互作用と名づけた。そして、いまの自分の「あるがまま」の状態を受け入れ、不安をもちつつ必要な行動をとってゆくための治療技法を確立した。

(8) 内観療法（naikan psychotherapy）

　吉本伊信（1916〜1988）が、浄土真宗の一派にある「身調べ」から宗教色を取り除いて開発した方法である。こもって行う集中内観と、生活のなかで行う日常内観がある。具体的には、身近な人に対して、①どのような世話や親切を受けたか、②それに対して返したことは何か、③迷惑をかけたことを、系統的に思い起こしていく。他者の視点から自分の体験をみつめ直すことで新たな意味づけを体験する方法である。

(9) 臨床動作法（clinical dohsa-hou）

　成瀬悟策（1924〜2019）により始められ、現在も発展している独自性の高い心理療法である。こころとからだは一体で、からだの動きとこころのあり方はつながっていることから「動作」に着目し、動作課題を援助者からの支援を受けながら取り組むことで、こころに働きかけてゆく心理療法である。

C　臨床心理職の活動領域

　人が心理的な苦悩や課題を抱えるというのは誰にでもあり得ることで、臨床心理職が活動する領域は幅広く、病気の有無とは関係しない。日常生活を普通に送っている社会人が自分の内的整理のために心理カウンセリングを活用することも、自己投資として十分に価値あることである。そのため臨床心理職は、およそ人のいるところであればどこでも配置される可能性があるが、主に（1）医療・保健、（2）福祉、（3）教育、（4）産業・労働、（5）司法・矯正/保護・警察、（6）私設心理相談、（7）大学などで働いている。

(1) 医療・保健領域

　病院、クリニック、精神保健福祉センター、保健所など。医療機関では精神科、心療内科、小児科などで働いていることが多いが、緩和ケア、慢性疾患、高齢者など対象は幅広い。業務としては、臨床心理面接、心理療

法、心理検査といった主業務以外に、デイケアや病棟活動などにも参画している。精神保健福祉センターや保健所では、集団療法、家族教室、3 歳児検診の発達検査や発達相談などを行っている。

(2) 福祉領域

児童相談所、さまざまな児童福祉施設、身体・知的障害児/者施設、療育施設、発達障害児/者支援機関、女性相談・DV 相談支援センター、母子生活支援施設、婦人保護施設、高齢者・介護各種機関、福祉作業所など。児童相談所では「児童心理司」と呼ばれる。この領域では狭義の臨床心理面接に留まらず対象者の生活全般に関わることも多い。

(3) 教育領域

教育相談室、教育センターなどの公的教育相談機関で「教育相談員」として働く者と、「スクールカウンセラー」として学校で働く者が代表的である。児童や生徒を対象にした心理的援助のみならず、養育者の相談、教諭へのコンサルテーションなどを行っている。2007 年、特別支援教育が開始されてからは、学校支援に当たる専門家チームの一員としても臨床心理職が活動している。

(4) 産業・労働領域

企業内の健康管理センター、職業安定所 (障害者就労支援を含む)、EAP など。個人相談業務だけでなく、職場の精神保健の向上に関する業務を行っている。EAP (Emmployee Assistance Program 従業員援助プログラム) では、企業が EAP サービス機関と契約することで、その企業の従業員がメンタルヘルス・サービスを受けられる。

(5) 司法・矯正/保護・警察領域

家庭裁判所、少年鑑別所、少年院、刑務所、保護観察所、警察など。家庭裁判所では少年事件や家事事件 (離婚や相続など) に関わっている。少年鑑別所では少年の非行の背景を査定している。刑務所では受刑者に集団療法などを実施している。保護観察所では保護観察処分を受けた人の指導や保護司の指導を行っている。警察では少年非行に関する相談を受ける他、犯罪被害者の支援なども行っている。

(6) 私設心理相談

臨床心理職が個人もしくはグループで開業している地域の心理相談所の

こと。対象や技法において特色ある心理療法を行っているところが多い。

（7）大学関係

主として所属大学生が対象で、原則無料の学生相談室が代表的なものである。また、大学附属の心理臨床センターは、地域の生活者を対象にした心理カウンセリング施設である。大学の地域貢献および臨床心理職養成などの理由により、私設心理相談に比べて相談料が安価なところが多い。

D　臨床心理職の倫理と訓練

[1]　倫理

臨床心理職は、他人の個人的な秘密を聴く職業であるため、倫理の遵守が強く求められる職種のひとつである。倫理（ethics）を簡単にいえば、専門職としての行動規範のことで、具体的には、倫理綱領や倫理規程が定められている。倫理綱領を明示することで、臨床心理職者は社会的な責任を担い、同時に対人援助行為の質を保っている。

最も有名な倫理綱領は、アメリカ心理学会による倫理綱領である。日本では、臨床心理職の多くが集まる日本心理臨床学会（p. 232 参照）などで倫理綱領が制定されている。いずれにしても、臨床心理職は、対象者やその家族の人権と福祉を第一優先に考えることが、最も大切な倫理である。そのために、自身の技能向上、守秘義務、多重関係の禁止、インフォームド・コンセントなどが倫理綱領に定められている。

[2]　訓練

臨床心理職を目指す動機として、次のようなことがあろう。自分がいじめられたことがある。家庭が複雑である。不登校だったことがある。友だちがうつ状態になったときにうまくアドバイスできなかった。話が聞き上手だといわれる、などなどである。これらは臨床心理職を目指す「動機」としては充分に理解できる。しかし、たとえば自分が複雑骨折に見舞われ、その体験が動機となって外科医を目指したとして、“複雑骨折”は優秀な外科医になれる条件であろうか。そうではなかろう。この外科医の例のように、動機が充分だからといって自分が対人援助専門職に向いているとはいえない。ここを錯覚しないことが肝要である。

　それでは、臨床心理職として適切な対人援助行為を行えるようになるためには、どのような訓練が必要なのであろうか。臨床心理学は心理学を基礎として、他の学問の影響を受けて発展してきた。ゆえに、学部 4 年間ではまず心理学を十分に学ぶ。そして、大学院修士課程に入学後、臨床心理学の専門的知識や技能の習得を開始することが望ましい。臨床心理学は実践学であるため、学習の基本として、知的学習と体験学習を並行して進めてゆく。たとえば、水泳をマスターするためには、本だけ読んでいても難しい。繰り返し泳ぐという実践が必要であり、それもプロになるためには指導者のもとでの訓練が必要なのと同じことである。さらにたとえれば、サッカー選手として、うまくボールを操れるだけでなく試合で適切なチームプレイができるようになるためには、絶え間ない基礎訓練と作戦を理解したうえでの連携練習が年余にわたって必要なように、臨床心理職も専門家として実践力を身につけるまでには時間がかかる。特に、最初の体験的訓練においては、自分の限界を突きつけられるため、それまでとは質的に違った内的な大変さを経験するだろう。さらに、知的学習 – 臨床実践 – 研究も必要である。その下準備のため、卒業論文に加えて、臨床心理学に関する修士論文作成などを通して、臨床心理学研究法を学ぶ。

　実務を始めてからの卒後研修も当然であり、熟練者による指導であるスーパーヴィジョンや研修を受け、生涯学習が求められる。何よりも、対象ときちんと内的に関われるような個人としての成熟が求められる職業が臨床心理職であり、大学院修了後 10 年以上の実務経験を積んでやっとスタートラインに立てるといわれるほど、地道な職業である。

▌▌▌トピック 8-1　　臨床心理学に関係する資格について

　日本における臨床心理学に関する資格の歴史は長く、第二次世界大戦後すぐに国家資格を願う活動が開始されていた（津川、2017）。当時から臨床実践を行う心理職は、医療のみならず、いろいろな領域にいたが、国家資格化はなかなか実現せず、日本心理臨床学会を含む 16 の心理臨床学関連学会の協賛によって、現在の公益財団法人日本臨床心理士資格認定協会が、1988（昭和 63）年 3 月 8 日に設立総会を開いた（日本臨床心理士資格認定協会、2008）。同年 9 月 1 日に、第 1 回臨床心理士資格審査委員会（初代委員長：佐

治守夫）が組織され、臨床心理士の第 1 号が誕生した。第 1 号は成瀬悟策
（1924〜2019）である。その後、臨床心理士は増え続け、2021（令和 3）年度ま
での合格者は累計で 39,576 名となっている（5 年に 1 度の資格更新制度のため
現任者数ではない）。職能団体である一般社団法人日本臨床心理士会の動向
調査によると、医療・保健領域、教育領域、福祉領域、産業・組織領域、
司法・法務・警察領域、私設心理相談領域、大学・研究所領域など、幅広
い領域で臨床心理学に基づいた臨床実践を行っている（日本臨床心理士会、
2016）。

　その間、心理学ワールドに属する複数の学協会等も、資格認定をはじめ
ており、22 団体、総資格数は 37 となっており、人数の総計は 95,363 名と
なっている（横山、2014）。

　このような背景のもと、公認心理師法が第 189 回国会で議員立法により
成立し、2015（平成 27）年 9 月 16 日に公布された。国家資格の成就である。
立法の趣旨や法の特徴は、奥村・金子（2016）などでわかりやすく整理され
ている。2017（平成 29）年 5 月 31 日付で国による「公認心理師カリキュラ
ム等検討会」の報告書が公表され、同年 9 月 15 日に法が施行され、2018（平
成 30）年 9 月 9 日に第 1 回の国家試験が実施された。2022（令和 4）年 6 月
末日現在で、54,649 名の公認心理師が誕生している（登録者数）。

　これから心理学を学ぶ者にとって、心理専門職の国家資格が存在する意
味は大きい。心理学を専門とする職業が国によって公式に認められたとい
うことは、生活者にとって心理学の専門家の存在が必要だと公式に認めら
れたことになるからである。また、心理支援が必要であると行政が考えた
際に、それを依頼する先として国家資格が活かされていくことになる。一
例を挙げると、大規模災害の際などに、今後は、公認心理師の有資格者が
中心となって活用されていくものと考えられる。なお、公認心理師法に関
する最新情報は、厚生労働省の公認心理師制度推進室の Web サイトなど
をご覧いただきたい。

▎▎▎トピック 8-2 ▎▎▎　**大規模災害と危機介入**
　　　　　　　　　　——新型コロナウイルス感染症の流行

　生きていくうえで人はさまざまな困難に遭遇するが、それらは発達過程における顕著な変化に伴うもの（例えば、受験や退職など）と、突如出現するものに分けられる（福森, 2011）。後者の代表的なものが事件や事故で、災害やテロなども含まれる。大規模災害などの直後に心理的支援を行う際のマニュアルとして、サイコロジカル・ファーストエイド（Psychological First Aid : PFA）があるが、PFA は公認心理師試験でも出題されている。

　大規模災害時の心理支援の例として、2011 年 3 月 11 日に発生した東日本大震災では、すぐに東日本大震災心理支援センターが設立された。阪神・淡路大震災などにおいて支援活動を行ってきた実績のある日本臨床心理士会（臨床心理士の職能団体）と、日本心理臨床学会（p. 232）が協働して、被災者に対する心のケアを全国展開で実践した。

　また、危機（crisis）にさらされた個人や集団に対して、自己回復能力や対処能力を促進することを目的に迅速かつ適切な支援を行うことを、臨床心理学では危機介入（crisis intervention）という（前田, 2011）。危機介入は、臨床心理職に期待されている重要な役割のひとつである。

　さて、2020 年に世界を覆い尽くした新型コロナウイルス感染症の流行は、これまでにない危機状態となった。一例として、日本では学校が休校になり、スクールカウンセラーが直接、児童生徒に会いにくくなった。つまり、他の災害であれば行えるはずの直接支援が実践できにくくなったのである。電話相談、SNS、オンライン・カウンセリングなどを駆使することが急速に増した。何よりも、本来、人と人が触れ合うこと、話し合うことを重視する臨床心理学にとって、「三密（密閉・密集・密接）を避ける」ことの徹底は、感染症対策と両立しながらの心理支援という新たな課題が突きつけられたことになった。しかし、感染症の流行によって、当たり前の日常の大事さを人々が改めて認識することになり、安全・安心という、こころの安寧の根幹にも改めて気づかされたのではなかろうか。

引用文献

Davison, G. C., Neale, J. M., & Kring, A. M.（2004）. *Abnormal Psychology*, 9th Edition. John Wiley & Sons, Inc.
  （デビソン，G.C.，ニール，J.M.，クリング，A.M.（著）下山晴彦（編訳）（2007）. テキスト臨床心理学1　理論と方法　誠信書房）

福森崇貴（2011）. 危機介入　（一社）日本心理臨床学会（編）　心理臨床学事典　丸善出版　pp. 604-605.

福屋武人編（2002）. 現代の臨床心理学　学術図書出版社

服部　環（2006）. 精神測定法　中島義明・繁桝算男・箱田裕司・安藤清志・子安増生・坂野雄二・立花政夫（編）マルチラテラル心理学 CD-ROM 版　有斐閣

Hochmann, J.（2004, 2006）. *Histoire de la psychiatrie*. Collection Que sais-je? **1428**.
  （オックマン，J.（著）阿部惠一郎（訳）（2007）. 精神医学の歴史［新版］白水社）

河合隼雄（1967）. ユング心理学入門　培風館

北山　修（1993）. 見るなの禁止　日本語臨床の深層　北山修著作集　第1巻　岩崎学術出版社

前田　潤（2011）. 危機介入　（一社）日本心理臨床学会（編）　心理臨床学事典　丸善出版　pp. 634-635.

（一社）日本臨床心理士会（2016）. 第7回「臨床心理士の動向調査」報告書（会員限定）.

（財）日本臨床心理士資格認定協会20周年記念事業委員会（2008）. 臨床心理士の歩みと展望――（財）日本臨床心理士資格認定協会20周年記念　誠信書房.

野口節子（2009）. 臨床心理学の歴史　高塚雄介・石井雄吉・野口節子（編著）臨床心理学――やさしく学ぶ　医学出版社　pp. 1-13.

大泉　溥（2003）. 日本心理学者事典　クレス出版

大熊輝雄（2008）. 現代臨床精神医学　改訂第11版　pp. 7-19.

奥村茉莉子・金子和夫（2016）. 公認心理師法　金子和夫（監修）、津川律子・元永拓郎（編著）心の専門家が出会う法律（新版）――臨床実践のために　誠信書房　pp. 39-46.

大山泰宏（2009）. 臨床心理学はどのようにして生まれた？――歴史　伊藤良子（編著）臨床心理学――全体的存在として人間を理解する　ミネルヴァ書房　pp. 12-38.

Psychotherapy Networker（2007）. *The most influential therapists of the past quarter-century*.

佐藤達哉・溝口　元（1997）. 通史　日本の心理学　北大路書房.

下山晴彦（2001）. 日本の臨床心理学の歴史と展開　下山晴彦・丹野義彦（編）講座　臨床心理学1　臨床心理学とは何か　東京大学出版会　pp. 51-72.

鈴木朋子（2003）. 久保良英によるビネー式知能検査の改訂　心理学史・心理学論5　pp. 1-13.

鈴木朋子（2007）. 日本の心理学「大正」　大山　正（監修）安齊順子（編）あたりまえ

の心理学　文化書房博文社　pp. 248-256.

鑪　幹八郎・川畑直人（2009）．心理学の世界　基礎編8　臨床心理学——心の専門家の教育と心の支援　p.9.

津川律子（2017）．日本における心理臨床に関する資格の歴史と現状　津川律子・元永拓郎（編著）心理臨床における法と倫理　放送大学教育振興会　pp. 228-243.

Witmer, L.（1907）. Clinical Psychology. *Psychological Clinic*, 1, 1-9.

山中康裕・山下一夫（編）（1988）．臨床心理テスト入門　東山書房

横山知行（2014）．心理職の各種民間資格制度に関する調査　村瀬嘉代子（研究代表）心理職の役割の明確化と育成に関する研究，厚生労働科学特別研究（H26-特別-指定-011）分担研究報告書.

理解を深めるための参考文献

- 鑪　幹八郎・川畑直人（2009）．心理学の世界　基礎編8　臨床心理学——心の専門家の支援　培風館
- 下山晴彦編（2009）．よくわかる臨床心理学　改訂新版　ミネルヴァ書房

知識を確認しよう

択一問題

(1)　次の人物と業績の組み合わせから間違っているものを1つ選びなさい。

① ヴント（Wundt, W. M.）は、世界初の心理学実験室を開設した。

② ビネー（Binet, A.）による人格検査の完成が、人格検査の誕生と考えられている。

③ フロイト（Freud, S.）により、精神分析が創始された。

④ ウィットマー（Witmer, L.）の心理クリニック開設をもって、近代臨床心理学成立とみなされることが多い。

⑤ ロジャーズ（Rogers, C. R.）により始められたのは、クライエント中心療法である。

(2) 心理検査に関する①〜⑤の記述のうち、正しい説明を１つ選びなさい。

① 心理検査としての質を担保するためには、信頼性と安全性の２つが最低でも求められる。

② 知能検査により、知的機能と性格や病理水準の特徴が測定される。

③ 人格検査には、客観的に正しい自己概念を把握する質問法と、本人に意識されない人格特徴もとらえる投映法がある。

④ 神経心理学的検査は、高次脳機能障害の特徴を測定する検査である。

⑤ 作業検査は、課題一般に対する基本的作業能力の高さを測定する。

(3) 心理療法に関する①〜⑤の記述のうち、間違っている説明を１つ選びなさい。

① クライエント中心療法の支援者の３態度は、心理カウンセラーの基本的態度と考えられている。

② 日本発祥の心理療法として、森田療法、内観療法、臨床動作法がある。

③ 分析心理学では、個人的無意識より深い層に普遍的無意識があると考えた。

④ 家族療法では、原因となる個人からの影響により、家族に問題が生じると考え、家族システムに介入していく。

⑤ 認知行動療法は、認知療法と行動療法を組み合わせて使用している。

論述問題

(1) 心理アセスメントについて説明しなさい。

(2) 心理検査施行時に、検査バッテリーを組むことでどのような利点が生じるのかを述べなさい。

知識を確認しよう

解説

第1章　心理学の方法

●53頁　(1)　正答は①オ　②キ　③ア　④イ

実験は実験者があらかじめ考えた「仮説」を検証するために行われる。仮説の検証のために実験が計画されるが、その際に実験的に操作可能な変数が「独立変数」であり、測定可能な測度が「従属変数」である。たとえばイメージのしやすい単語の方がイメージしづらい単語よりも、よく記憶できるという仮説を立てたとする。この実験の独立変数は単語のイメージのしやすさであり、従属変数は実験参加者の記憶成績である。

このような実験を行う際に、たとえば実験者が選んだイメージしやすい単語はそうでない単語よりも綴りが短かったとしよう。この場合、記憶成績に影響したのはイメージのしやすさなのか綴りの長さなのかが不明となる。そこでイメージがしやすくてもしづらくても、綴りの長さを同じにする必要がある。独立変数以外で従属変数に影響を及ぼすことが予測される変数を「剰余変数」と呼ぶ。

●53頁　(2)　正答はオ

① ×　心理検査の作成において標準化の手続きを経る必要がある。
② ○　同一の個人や集団を、期間を経て少なくとも2回以上行う調査を縦断的調査と呼ぶ。
③ ×　母集団から抽出された比較的少数の標本集団に行われる調査は標本調査である。
④ ○　調査において母集団の全員を調査対象とすることが困難なために、母集団から無作為に標本集団を抽出する必要がある。

●54頁　(3)　正答は①ウ　②ア　③エ　④ク

① 心理検査は検査内容の客観的を高めるために、標準化の手続きを行って作成される。①は信頼性を指している。
② 標準化の条件として信頼性に加え、②の妥当性も認められる必要がある。
③ 心理検査の信頼性を調べる方法は複数ある。③は再検査法を説明している。
④ 知能検査や性格検査など、複数の種類の検査を組み合わせて実施することをテスト・バッテリーと呼ぶ。

第2章　感覚・知覚・認知・感性
●81頁　(1)　正答は②と⑥
① 外界の情報を感覚器で感知することは「感覚」と呼ばれる（56頁）。
③ 閾値が低いとは、感度が良いことである（62頁）。
④ 順応によって後続する刺激に影響を及ぼすことは「残効」と呼ばれる（64頁）。
⑤ マガーク効果は視覚が聴覚に影響を与える感覚間相互作用である（58頁）。
⑦ 生まれたときから脳は知覚に必要な細胞を有しているが、生後8ヶ月頃にそれらをつなぐシナプスの数が急増し、さまざまな能力が獲得されていく。ただし、成人と同様の能力を獲得するには、さらに年月を必要とする（75頁）。
⑧ 感性は好き嫌いや美的印象に限らず、質感のような知覚的印象や、ヒューリスティックのような直感判断、芸術や科学理論を生み出す創造的な能力なども含めた総合的な心の働きとしてとらえられる（76頁〜78頁）。

●81頁　(2)　正答は以下の通り
①イ　弁別閾、②カ　ウェーバーの法則（62頁〜63頁参照）
③オ　対比、④ウ　同化（64頁〜65頁参照）

第3章　記憶と学習
●105頁　(1)　正答は④
① × 系列のはじめの方の項目が記憶に残りやすいことは初頭効果であるが、終わりの方の項目が記憶に残りやすいことは新近効果という。
② × リハーサルのうち、意味づけなど高度な処理を伴うものは、精緻化リハーサルであるが、情報をそのまま何度も反復するものは維持リハーサルという。
③ × 記憶すべきことを自分に関連づけることで覚えやすくなることは、自己準拠効果という。
④ ○ 自伝的記憶はリアルな実感を伴うものであるが、実は客観的事実と異なることもある点に、注意が必要である。
⑤ × 事故の目撃者などの自らの記憶に対する確信度は高いが、それにもかかわらず、目撃証言はあまり信頼できない。なぜならば、記憶の正確さと記憶の確信度の間の相関は決して高くはないからである。

●106頁　(2)　正答は⑤
① × 白ネズミを使って、アルバート坊やを相手に人間の恐怖反応の条件づけを行ったのは、ワトソンである。
② × ソーンダイクはチンパンジーではなく、ネコを使って試行錯誤学習を見出した。
③ × ネズミやハトのオペラント条件づけを行ったのは、スキナーである。

④　×　ある刺激を与えることにより特定の自発的行動を減らす操作は、負の罰では
なく正の罰という。
⑤　○　ある（不快な）刺激を取り除くことによって特定の自発的行動を増やすこと
ができる。この操作を負の強化という。

● **106頁　(3)　正答は③**
①　×　チンパンジーの知恵実験と呼ばれる有名な実験を行ったのは、ケーラーであ
る。ちなみにバンデューラは、観察学習の研究を行った人である。
②　×　観察学習は、実は動物キャラクターのふるまいを映像で見ただけでも成立す
る。バンデューラの実験では、ネコのキャラクターを用いた。
③　○　認知活動を主な研究対象とする認知心理学の歴史は浅く、20世紀半ばに現れ
ている。
④　×　学習の近転移（よく似た内容や状況で起こる転移）は、遠転移（あまり似て
いない内容や状況で起こる転移）よりも生じやすい。決して「同程度」ではない。
⑤　×　自己調整学習は、メタ認知と無関係に成立し得ない。学習者自らが学習の目
標や計画を立てたり、効果的な学習方略を選んだりするというメタ認知を働かせ
ずには、自己調整学習は成功しない。

第4章　感情
● **133頁　(1)　正答（間違っているもの）は②**
①　○　ランゲはジェームズとともに、感情の生起に関して末梢の神経系の働きを伴
う身体変化を重視し、その身体的変化の知覚が感情を引き起こすとして、末梢起
源説（ジェームズ・ランゲ説）を唱えた。「泣くから悲しい」ということである。
②　×　末梢起源説の考え方に対して、キャノンやバードは、中枢神経系（脳）の働
きを重視し、中枢起源説を唱えた。「悲しいから泣く」ということである。
③　○　情動二要因説はシャクターによって、ジェームズやキャノンの説より半世紀
ほど後にでてきた説である。感情体験における認知的要素の重要性を指摘し、生
理的覚醒と認知的評価という2つの要因の組み合わせによって感情は生起すると
考えた。
④　○　トムキンスの顔面フィードバック説は、末梢起源説と類似の考え方といえ、
顔面筋のフィードバックによって感情が生じるというものである。
⑤　○　ソマティック・マーカー仮説は、ダマシオによって提唱され、意思決定にお
いて、情動的な身体反応が重要な役割を果たすとするものである。

● **133頁　(2)　正答はA：③　B：①　C：⑦　D：⑥　E：④**
感情と表情は密接につながっており、感情表出が進化の産物であると指摘したダー

ウィンの主張を心理学者のエクマンらが実証し、喜び、怒り、悲しみ、嫌悪、恐れ、驚きの6つを基本感情（情動）として挙げ、感情表出の普遍性を示した。また同時に、潜在的に経験される感情は同じでも、それをどのような場でいかに表出するかという表示規則には文化差があることもエクマンやマツモトにより明らかにされた。

●134頁　(3)　正答は②

　欲求の種類には、生理的な一次的欲求と社会的な二次的欲求の2種類があり、欲求階層説では、生理的欲求を基底層として、それより上位の層に、安全の欲求、所属と愛の欲求、承認の欲求、自己実現の欲求の順に4層性の社会的欲求が位置づけられている。最上位にある自己実現の欲求は成長欲求と呼ばれるのに対し、それより下の4段の欲求は欠乏欲求と呼ばれる。

第5章　性格

●159頁　(1)　正答は①：オ　②：イ　③：ケ　④：キ　⑤：カ　⑥：ク

　個人の性格は人間にとって大きな関心事である。性格に関する理論は、現在までさまざまなものが提唱されてきた。多種多様な個人の性格を一定の観点から分類しようとする類型論は、古くから存在する。これは、人間の性格を全体的にとらえ、認知的経済性の原理にもあっているため、多くの理論が提唱されてきた。しかし、多種多様な性格を少数の類型に押し込めてしまうことや社会文化的な要因を軽視し、性格の変化をとらえにくいことが批判の対象となった。これに対し、個人の性格を性格特性という要素に分解して、その量と組み合わせで性格をとらえようとするのが特性論である。性格特性の種類と数に関して、今までさまざまな理論が提唱されてきたが、1980年代後半より共通の5因子が繰り返し報告されるようになり、性格の基本次元として注目された。さらに、生理的な側面の研究の発展により、セロトニンなど神経伝達物質と性格との関連が注目され、クロニンジャーは気質と神経伝達物質との関連を想定した理論を提唱している。

●159頁　(2)　正答はイ

①　○　性格の形成における社会文化的要因は見逃せない。フロムは、ある社会に所属する人が共通して持つ性格の基本構造を「社会的性格」と呼んだ。

②　×　性格は親の育て方や生後の経験だけで決定されるわけではなく、遺伝的な影響も受ける。遺伝的影響を強く受けるのが気質で、生後間もない乳児にも気質の個人差がみられる。

③　×　受験の失敗などライフイベントは、個人の性格の形成に影響を与える。しかし、同じイベントでも、受け止め方によって、その影響は異なる。

④　×　性格は、遺伝と環境の影響を受けて形成される。しかし、それらに対して、

　　個人が受身的に影響を受けるだけではなく、自分の意志で能動的に自分の性格を
　　作る側面も見逃せない。
⑤　○　個人の性格に影響を与える家庭環境は重要である。しかし、生活習慣など同
　　一の家族のなかで共有されている環境だけでなく、兄は兄らしく、弟は弟らしく
　　など、家族のなかでも個人によって異なる環境の影響が大きいとされている。

● **160頁**　（3）　正答は A：⑨　B：⑦　C：④　D：⑩　E：⑥　F：⑤　G：
②
A　特性論の提唱者であるオールポートは、目に見えない性格特性の概念をとらえる
　　ために、オバートとともに、ウェブスターの辞書から性格特性語を抽出した。
B　クレッチマーは精神病の患者の観察を基に、気質と体型を関連づけた。体型を作
　　り出す体質が気質に影響を与えていると考えた。
C　フロイトは無意識の世界を重視し、性格の構造として、本能的な衝動の渦巻くイ
　　ド、イドの衝動を現実的に満足させようとする自我、社会的規範や道徳の内在化
　　した超自我の3層を考えた。
D　ロッターは、社会的学習理論に基づき、社会的行動における期待の機能を重視し
　　た。一般化された期待である信念のタイプには、社会的出来事を個人の内的な要
　　因でコントロールできると考える内的統制型と、社会的出来事は運などの外的要
　　因によってコントロールされるという外的統制型の2種類があり、それが行動の
　　個人差と関連すると考えた。
E　ミシェルは、いろいろな行動を調査し、個人の行動には状況を超えた一貫性など
　　存在せず、個人は状況に反応して行動しているだけであると主張した。その主張
　　が行動の一貫性論争のきっかけとなった。
F　アイゼンクは、行動療法の推進者で、神経系の機能の個人差を重視した。性格に
　　ついて、その場その場で観察される反応のレベルから、習慣のレベル、特性のレ
　　ベル、類型のレベルと4つの階層を考えた。
G　キャッテルは、オールポートの流れを汲み、性格特性を表面的に観察可能な表出
　　特性とその背後にある根源特性に整理した。観察不能な根源特性を把握するため
　　に、因子分析という手法を用いた。

第6章　心の発達
● **193頁**　（1）　正答はウ
a　自発的微笑は乳児期の反射と同様の原始的反応であり外界の刺激とは無関係。
b　誘発的微笑はおよそ生後3週目以降に外界の視覚・聴覚的刺激によって誘発され
　　る微笑であり、養育者が乳児に働きかける動因となり社会的相互作用へとつなが
　　る。

c　アイ・コンタクトは生後2ヶ月から生じ養育者と乳児の情緒的絆を実感させる。

d　モロー反射は仰向けになった乳児が頭の支えを失う物理的な刺激によって抱きつく動作を行う原始的反射である。

e　間主観性とは、自分が体験している心を他者も体験していることを予測し、他者との心の共有可能性を認識することであり社会性の重要な要素である。

f　情動調律とは、乳児が表出した情動を共有し、別の形で表出しかえす交流であり、社会的な交流の始まりである。

　以上より、a、dは原始的反射であり、他者からの情緒的働きかけに反応しているものではなく社会性の発達と直接関連しているといえない。したがって、正答はb c e fのウ。

● **193頁**　(2)　正答（間違っている組み合わせ）は③

① ○　共生期は、生後3〜4ヶ月に始まり、特定の人物を見分けることはないが人物全般に対する定位と発信を行う。

② ○　分離個体化期は、3歳以降で　愛着対象と空間的に接近していなくても安心して過ごせるようになる。

③ ×　正常な自閉期は、生後3ヶ月以前で人物を選ばない定位と発信が特徴。

④ ○　分化期は生後5ヶ月以降であり、人物を見分け特定の人物に対する定位と発信が認められる。

⑤ ○　再接近期は、14ヶ月以降に愛着対象との空間的接近を求めて後追いする時期。

● **193頁**　(3)　正答（間違っている組み合わせ）は②

① ○　基本的信頼 vs. 不信の対立は、最初の対立原理であり、乳児は、信頼できる外界と信頼できない脅威的な外界の反転を経験する。これはクライン（Klein, M.）の述べる妄想分裂的態勢における good な対象と bad な対象の体験に対すると考えられる。

② ×　自律性 vs. 恥・疑惑の対立は、排泄自立が可能になる1歳後半以降の対立原理であり、自分自身をコントロールできる自律の原理と、コントロールの失敗に関連する恥・疑惑の原理の対立である。疑惑は自己コントロールに関する疑惑であり他者に対するものではない。

③ ○　自主性 vs. 罪悪感の対立は、エディプス期の葛藤とも関連する。この時期、幼児は自分自身の欲望について罪悪感を抱き、主体性の確立とともに秘密を抱えられるようになる。

④ ○　勤勉性 vs. 劣等感は、主として学童期の対立原理である。この時期、社会で生きていくための基本的な技の獲得過程に勤勉性が求められるが、同年配集団のなかで劣等感を持つ体験も多く体験される。

⑤　○　自我同一性の確立 vs. 拡散は、思春期に始まる対立原理であり、自己決定に
より何らかの目標や活動、対象に強くコミットする体験により、自分が自分であ
る実感を強めることができる。

第7章　社会行動
●219頁　(1)　正答は、①：ア　②：ウ
①　自己開示とは、相手（話の聞き手）に対して、言語を介して伝える自分の情報や
その伝達行為のことである。狭い意味では、相手に対して特に意図なく伝達され
ることが多い。
②　自己呈示では、相手に与える自分についての印象をコントロールしようとする意
図を持って行われ、その結果として自分に望ましいものを得ることを目指す。

●220頁　(2)　正答はイ
ア　×　バーンとネルソンの実験の結果、自分と相手の回答の一致度が高いほど相手
に魅力を感じることが示された。
イ　○　ホブランドとワイスの実験で、信憑性の高い人物からの情報を与えられたグ
ループの方が、信憑性の低い人物からの情報を与えられたグループよりも説得さ
れることがわかった。
ウ　×　レーベンサールらの実験において、恐怖喚起コミュニケーションを受けると
説得されやすくなってしまうことが示された。
エ　×　フリードマンとフレーザーによって行われた実験において、フット・イン・
ザ・ドア・テクニックが有効な説得方法のひとつであることが示された。
オ　×　チャルディーニらの実験結果によって、ドア・イン・ザ・フェイス・テクニ
ックが有効であることが示された。

●220頁　(3)　正答は③
①　×　アッシュの同調実験では、日本人以外でも同調行動がみられるという結果が
示されている。
②　×　アッシュの同調実験は、周囲の人が明らかに間違えた答えを言うという設定
のため、「自分の判断に自信がもてない状況」ではない。
③　○　妥当である。
④　×　アッシュの同調実験では、立場が上の人から命令されるような実験操作は行
われていない。
⑤　×　同調は「流行にのる」という行動の原因のひとつとしても考えられているが、
アッシュの同情実験が、流行の個人差を検討したとは言えない。

第8章　臨床心理

●**246頁**　（1）　正答（間違っているもの）は②

① ○　ヴントがライプチッヒ大学で世界初の心理学実験室を開設した1879年が、近代心理学誕生の年とされている。

② ×　ビネーがシモンと協力して、「ビネー・シモン式知能検査」を1905年に作成したことから、この年が発達・知能検査の誕生年と考えられている。

③ ○　フロイトにより精神分析が創始され、こころには独力で意識することができない無意識の領域があり、無意識に抑圧された葛藤より症状が形成されると考えられるようになった。

④ ○　ウィットマーが心理クリニックを開設した1896年を、近代臨床心理学成立とみなすことが多い。

⑥ ○　ロジャーズにより始められたのは、クライエント中心療法である。

●**247頁**　（2）　正答（正しい説明）は④

① ×　心理検査としての質を担保するために求められるのは、信頼性ともう一つは妥当性である。

② ×　知能検査により測定されるのは、知的機能の特徴のみで、性格や病態水準は原則として測定できない。

③ ×　人格検査の質問紙法では、受検者の考える自己概念を把握することができるが、客観的に正しいとは言えない。

④ ○　神経心理学的検査により、高次脳機能障害の特徴が測定される。

⑤ ×　作業検査により測定されるのは、性格や病理水準と言われている。

●**247頁**　（3）　正答（間違っている説明）は④

① ○　クライエント中心療法の支援者の3態度である、無条件の肯定的配慮、共感的理解、純粋性または自己一致は、どの学派の心理カウンセラーであっても基本的態度と考えられている。

② ○　日本発祥の心理療法として、森田療法、内観療法、動作法がある。3療法の共通点は、面接者との交流よりも、クライエント自身で課題に取り組むことに重点が置かれていることである。

③ ○　ユングの創始した分析心理学においては、無意識には、個人的無意識より深い層に、文化を越えてどの人にも見られる普遍的無意識があると考えられている。

④ ×　家族療法では、家族メンバーに問題が起きた場合、それは家族システムに生じたなんらかの課題を個人が体現しているものと考える。

⑤ ○　認知行動療法では、対象や問題に応じて、認知療法と行動療法を組み合わせて使用する。

索引

あ～お

IQ（知能指数）……………14
アイ・コンタクト………163
アイゼンク
　Eysenck, H. J.……147
愛着……………………166
愛着行動…………166, 167
アーキタイプ……………237
悪魔払い………………227
悪霊学…………………227
アッシュ
　Asch, S. E.……………200
アトキンソン
　Atkinson, R. C.…………86
アドラー
　Adler, A.………………154
アリストテレス
　Aristotelēs………………9
あるがまま………………239
暗順応……………………63
安全の基地………………169
アンダーソン
　Anderson, C. A.………210
怒り……………………120
閾………………………62
意識………………………3
意識的な処理……………73
異常心理学………………227
維持リハーサル……………87
異端審問官………………227
一貫性…………………202
一貫性論争………………150
遺伝……………………138
遺伝子……………139, 151
イド……………………153
イニシエーション………186
if-then パターン………151

イベントスキーマ………196
意味記憶…………………88
意味ネットワーク………88
色の様相…………………76
岩倉村…………………231
陰影に基づく凹凸の知覚…71
因子分析…………147, 148
印象形成………………200
ウィットマー
　Witmer, L.………224, 225
ウィーナー
　Wiener, N.………………19
ウェクスラー
　Wechsler, D.……………14
ウェクスラー知能検査……233
ウェーバー
　Weber, E. H.………………6
ウェーバーの法則………6, 63
ウェルトハイマー
　Wertheimer, M.…………17
内田クレペリン精神作業検査
　………………………234
内田勇三郎………………232
ヴント
　Wundt, W. M.……5, 6, 224
エインズワース
　Ainsworth, M.…………168
エクマン
　Ekman, P.………………114
SD 法……………………77
エディプス期……………181
エピソード記憶…………88
エビングハウス
　Ebbinghaus, H.…………84
エリクソン
　Erikson, E. H.……154, 177
エンカウンター・グループ
　………………………230

援助行動……………113, 206
遠転移…………………100
エンペドクレス
　Empedoclēs………………8
エンメルトの法則…………64
横断的調査………………39
応用行動分析……………238
奥行き知覚………………69
オバート
　Odbert, H. S.……………145
オペラント（道具的）
　条件づけ………………97
オールポート
　Allport, G. W.……………15
オールポート
　Allport, F. H.……21, 136, 145

か～こ

絵画的奥行き手がかり……70
外向型…………………143
外向性…………………148
解釈……………………237
外集団差別………………210
外的要因………………202
介入……………………238
海馬……………………128
外発的動機づけ
　（extrinsic motivation）
　………………………125
解離性障害………………228
顔………………………75
学習………………………93
カクテルパーティ効果
　………………………73, 196
仮現運動…………………17
加重……………………64
仮説……………………31

家族療法……………………238
葛藤…………………………125
カテゴリー依存型処理……200
ガーナー
　Garner, W. R.………………68
カニッツァの三角形…………69
ガレノス
　Galēnos………………………9
河合隼雄……………………238
感覚………………………56, 57
感覚間相互作用………………57
感覚記憶………………………84
感覚遮断
　（sensory deprivation）
　………………………………125
感覚照応………………………58
眼球運動………………………71
環境要因……………………202
観察学習（モデリング）……99
観察法…………………………50
間主観性……………………164
感情……………………56, 73, 108
感情の二要因理論…………118
感性…………………………56, 76
感性知……………………77, 78
カント
　Kant, I.………………………12
感度……………………………62
気………………………………230
記憶………………………56, 84
幾何学的錯視…………………65
危機介入……………………244
気質……………………141, 151
記述統計………………………41
基準関連妥当性………………45
帰属…………………………202
北山忍………………………155
狐憑き………………………231
規範的影響…………………212
気分…………………………109
基本感情（情動）
　………………………108, 109, 115
基本的帰属のエラー………202
基本的信頼……………178, 179
記銘……………………………86

逆転眼鏡………………………75
キャッテル
　Cattell, J. M.………………225
キャッテル
　Cattell, R. B.………………146
キャノン
　Cannon, W.…………………118
キャノン・バード説…………118
キャラクター…………………137
キューイング…………………73
強化……………………………95
共感…………………………114
共感覚…………………………58
共感的理解…………………238
狂人塔………………………228
共生期………………………169
強調化………………………215
共通運命………………………67
共通特性……………………145
恐怖喚起コミュニケーション
　………………………………205
共変モデル…………………202
共有環境……………………140
虚偽記憶（フォールスメモリ）
　………………………………90
近接……………………………67
近接性………………………203
近転移………………………100
鎖からの解放………………228
クライアント………………224
クライアント中心療法……230
クライン
　Klein, M.……………………165
グランド・プラン…………177
呉秀三………………………231
クレショフ効果………………71
クレッチマー
　Kretschmer, E.………15, 142
クロニンジャー
　Cloninger, C. R.……………151
群化……………………………67
群集……………………………20
経験主義………………………11
継時対比………………………65
系統的脱感作法……………238

ケイヒル
　Cahill, L.……………………129
系列位置曲線…………………85
系列位置効果…………………85
ゲシュタルト…………………17
ゲシュタルト傾向……………67
ゲシュタルト心理学…………98
ケーラー
　Köhler, W.………………17, 99
ケリー
　Kelley, H. H.………………202
ゲール………………………231
権威…………………………214
言語的自己感………………165
顕在記憶………………………89
検索……………………………86
検査バッテリー
　（テスト・バッテリー）
　………………………………44, 235
減算法……………………………5
現実自己……………………197
原始的反射…………………162
現代心理学………………………2
5因子説……………………148
行為者－観察者バイアス
　………………………………203
合意性………………………202
効果の法則……………………97
交感神経系………109, 119, 122
攻撃行動……………………206
交差文化的研究………………39
高次視覚野……………………74
恒常性…………………………65
口唇期………………………154
構成概念妥当性………………45
行動………………………………4
行動遺伝学……………138, 149
行動主義…………………18, 35
行動療法…………………147, 238
公認心理師…………………243
肛門期…………154, 180, 181
高良とみ…………………23, 232
心の理論……………………174
固執…………………………152
個人差……………………76, 225

個人主義……………………116
個人心理学…………………154
個人心理療法………………229
個性記述的……………………15
古典的条件づけ………………94
コーピング…………………127
コフカ
　Koffka, K.……………………17
個別特性……………………145
コミュニケーション…………73
ゴールトン
　Galton, F., Sir………13, 225
コロニー……………………231
コンウェイ
　Conway, M. A.………………90
根源特性……………………146
根本気分……………………141

さ～そ

罪悪感………………………183
ザイアンス
　Zajonc, R. B.………………204
再検査法………………………44
サイコグラフ（心誌）………145
サイコロジー……………………8
サイコロジカル・ファースト
　エイド……………………244
最小条件集団パラダイム
　………………………………211
再接近期……………………170
再接近危機…………………170
催眠…………………………228
催眠法…………………………16
作業検査……………………234
錯視……………………………64
佐治守夫……………………232
錯覚記憶…………………58, 65
作動記憶（ワーキングメモリ）
　………………………………92
残効……………………………64
残像……………………………64
三宮真智子…………………102
地…………………………18, 67
シェマ………………………172

ジェームズ
　James, W.
　……………21, 117, 196, 229
ジェームズ・ランゲ説……118
シェリフ
　Sherif, M.…………………213
シェルドン
　Sheldon, W. H.……………142
自我…………………………153
視覚発達………………………74
自我同一性…………………184
自我同一性拡散……………187
時間の同期……………………59
時間見本法……………………50
刺激…………………31, 35, 94
刺激閾……………………………6
刺激般化………………………95
自己…………………………196
自己一致……………………238
試行錯誤学習…………………97
自己開示……………………198
自己概念……………………196
自己感………………………164
自己形成……………………141
自己効力感…………127, 128
自己受容感覚…………………57
自己準拠効果…………………87
自己スキーマ………………196
自己制御学習………………101
自己知識……………………196
自己調整学習………………101
自己呈示……………………198
自己評価維持モデル………198
事象見本法……………………50
ジスト…………………………72
姿勢反射………………………74
自然科学的方法…………………3
自尊感情……………………197
私宅監置……………………231
質感……………………………76
実験…………………………28
実験群…………………………31
実験条件………………………31
実験心理学…………………6, 29
質的データ……………………43

質問紙法……………………234
自伝的記憶……………………90
児童福祉法…………………232
自発的微笑…………………163
シフリン
　Shiffrin, R. M.………………86
ジマーマン
　Zimmerman, B. J.…………101
シモン
　Simon, T.……………………14
社会心理学……………………20
社会的自己……………………21
社会的性格…………………140
社会的促進……………………21
「社会認知的」アプローチ
　………………………………151
シャクター
　Schachter, S.…………50, 118
尺度水準………………………42
シャドー……………………237
シャノン
　Shannon, C. E.………………20
シャルコー
　Charcot, J. M.…………16, 228
習慣的な反応………………148
自由再生………………………85
従属変数………………………31
集団極性化…………………211
集団錯誤………………………21
集団式知能検査………………15
集団思考……………………211
集団主義……………………116
縦断的研究……………………46
周波数…………………………62
周辺特性……………………200
収容施設……………………227
自由連想法……16, 229, 237
主観的自己感………………164
主観的輪郭……………………69
シュテルン
　Stern, W.……………………15
純粋性………………………238
順応……………………………63
条件刺激………………………95
条件反応………………………95

冗長度‥‥‥‥‥‥‥‥‥‥68
情緒的対象の恒常性確立
‥‥‥‥‥‥‥‥‥‥‥170
情動（基本感情）
‥‥‥‥‥108, 109, 115
情動記憶‥‥‥‥‥‥‥‥112
情動調律‥‥‥‥‥‥‥‥165
小児性欲説‥‥‥‥‥‥‥154
少年院法‥‥‥‥‥‥‥‥232
少年法‥‥‥‥‥‥‥‥‥232
情報的影響‥‥‥‥‥‥‥212
剰余変数‥‥‥‥‥‥‥‥32
初頭効果‥‥‥‥‥‥‥‥86
処理水準‥‥‥‥‥‥‥‥87
処理負荷‥‥‥‥‥‥‥‥68
ジョーンズ
　Jones, E. E.‥‥‥‥‥198
自律神経系‥‥‥119, 122, 138
進化‥‥‥‥‥‥‥‥‥‥73
ジンガー
　Singer, J. E.‥‥‥‥‥118
人格‥‥‥‥‥‥‥‥‥‥137
人格検査‥‥‥‥‥‥‥‥233
進化論‥‥‥‥‥‥‥78, 114
新奇性追求‥‥‥‥‥‥‥152
新近効果‥‥‥‥‥‥‥‥86
神経症的傾向‥‥‥‥‥‥148
神経伝達物質‥‥139, 151, 152
心誌（サイコグラフ）‥‥145
新生自己感‥‥‥‥‥‥‥164
深層心理学‥‥‥‥‥‥‥143
身体的魅力‥‥‥‥‥‥‥203
心的外傷後ストレス障害
‥‥‥‥‥‥‥‥‥‥‥112
シーンの知覚‥‥‥‥‥‥72
信憑性‥‥‥‥‥‥‥‥‥205
シンメトリー‥‥‥‥‥‥67
信頼性‥‥‥‥‥‥‥44, 233
心理アセスメント‥‥‥‥223
心理カウンセラー‥‥‥‥222
心理カウンセリング‥‥‥223
心理検査‥‥‥‥‥‥‥‥233
心理検査法‥‥‥‥‥‥‥225
心理社会的発達理論‥‥‥154
心理療法‥‥‥‥‥‥‥‥223

図‥‥‥‥‥‥‥‥‥18, 67
推測統計‥‥‥‥‥‥‥‥40
随伴性‥‥‥‥‥‥‥‥‥98
推論‥‥‥‥‥‥‥‥‥‥68
スキナー
　Skinner, B. F.‥‥‥‥97
スケープゴート‥‥‥‥‥227
図地反転‥‥‥‥‥‥‥‥67
スターン
　Stern, D. N.‥‥‥‥‥164
スティーブンス
　Stevens, S. S.‥‥‥‥63
ステレオタイプ‥‥‥‥‥196
ストーナー
　Stoner, J. A. F.‥‥‥212
ストレス‥‥‥‥‥126, 127
ストレッサー‥‥‥‥‥‥126
スーパーヴィジョン‥‥‥242
スパーリング
　Sperling, G.‥‥‥‥‥84
スピアマン
　Spearman, C. E.‥‥‥14
性格‥‥‥‥‥‥‥‥‥‥136
性格の特性論‥‥‥‥15, 145
性格の類型論‥‥‥‥‥‥15
性器期‥‥‥‥‥‥‥154, 177
正常な自閉期‥‥‥‥‥‥169
精神交互作用‥‥‥‥‥‥239
精神年齢‥‥‥‥‥‥‥‥14
精神病院‥‥‥‥‥‥‥‥231
精神病質的傾向‥‥‥‥‥148
精神物理学‥‥‥‥‥‥‥6
精神分析‥‥‥‥‥‥16, 229
精神分析学‥‥‥‥‥‥‥153
精神分析的精神療法‥‥‥237
精神分析理論‥‥‥‥‥‥175
精神保健福祉法‥‥‥‥‥231
生態学的妥当性‥‥‥‥‥92
精緻化リハーサル‥‥‥‥87
正の強化‥‥‥‥‥‥‥‥97
正の強化子‥‥‥‥‥‥‥97
正の罰‥‥‥‥‥‥‥‥‥97
生物学的視点‥‥‥‥‥‥232
生物・心理・社会‥‥‥‥232
生理心理学‥‥‥‥‥‥‥49

生理的覚醒‥‥‥‥‥‥‥118
世代性‥‥‥‥‥‥‥‥‥190
説得‥‥‥‥‥‥‥‥‥‥205
折半法‥‥‥‥‥‥‥‥‥44
セリエ
　Selye, H.‥‥‥‥‥‥126
セルフサービング・バイアス
‥‥‥‥‥‥‥‥‥‥‥203
セルフ・ディスクレパンシー
　理論‥‥‥‥‥‥‥‥‥197
セロトニン‥‥‥‥‥139, 152
宣言的記憶‥‥‥‥‥‥‥88
潜在記憶‥‥‥‥‥‥‥‥89
全身適応症候群‥‥‥‥‥127
選択的注意‥‥‥‥‥‥‥72
先天性盲人‥‥‥‥‥‥‥75
前頭眼窩野‥‥‥‥‥‥‥74
潜伏期／潜在期‥‥‥154, 177
躁うつ気質‥‥‥‥‥‥‥142
層化抽出法（層別抽出法）
‥‥‥‥‥‥‥‥‥‥‥40
相関‥‥‥‥‥‥‥‥‥‥41
想起‥‥‥‥‥‥‥‥‥‥86
早期完了（フォア・クロージ
　ャー）‥‥‥‥‥185, 187
相互協調的自己観‥‥‥‥155
相互独立的自己観‥‥‥‥155
双生児法‥‥‥‥‥‥‥‥138
属性要因‥‥‥‥‥‥‥‥202
損害回避‥‥‥‥‥‥‥‥152
ソーンダイク
　Thorndike, E. L.‥‥23, 96

た～と

対応推論モデル‥‥‥‥‥202
対応バイアス‥‥‥‥‥‥202
体験学習‥‥‥‥‥‥‥‥242
対称‥‥‥‥‥‥‥‥‥‥76
対人援助専門職‥‥‥‥‥222
対人的影響‥‥‥‥‥‥‥216
対人魅力‥‥‥‥‥‥‥‥203
対数法則‥‥‥‥‥‥‥‥63
体制化‥‥‥‥‥‥‥66, 87
体性感覚‥‥‥‥‥‥‥‥57

第二次性徴……………………177
対比………………………………64
ダーウィン
　Darwin, C. R. …13, 114, 225
他我問題………………………60
多義図形………………………18
ターゲット……………………73
タジフェル
　Tajfel, H. ……………………210
妥当性……………………44, 233
田中ビネー知能検査…………233
ダブルフラッシュ効果………58
ダーリー
　Darley, J. M. ………………207
タルド
　Tarde, J. G. …………………20
タルビング
　Tulving, E. …………………89
短期記憶………………………84
単語完成課題…………………89
男根期…………………………154
単純接触効果…………………204
知覚…………………………56, 65
知覚学習………………………75
知覚の可塑性…………………76
知能検査………………………233
知能指数（IQ）………………14
注意…………………………56, 59
中央実行系……………………92
中核自己感……………………164
中間領域………………………175
中心特性………………………200
中枢起源説……………………118
長期記憶……………………85, 128
超自我…………………………153
丁度可知差異…………………63
貯蔵……………………………86
チョムスキー
　Chomsky, A. N. ……………171
通過儀礼………………………186
デイヴィス
　Davis, K. E. ………………202
抵抗……………………………16
ディーナー
　Diener, E. …………………36

テオフラストス
　Theophrastos …………136
デカルト
　Descartes, R. ………10, 163
敵意的攻撃……………………208
適応……………………………126
テスト・バッテリー
　（検査バッテリー）
　………………………44, 235
手続き的記憶…………………88
転移………………………100, 237
転換性障害……………………228
癲狂……………………………231
展望記憶………………………91
ドア・イン・ザ・フェイス・
　テクニック…………………206
当為自己………………………197
動因……………………………98, 123
投映法…………………………234
同化………………………………64
統覚………………………………7
等価刺激…………………………6
同化と調節……………………172
動機づけ………………………123
道具的攻撃……………………208
道具的（オペラント）
　条件づけ……………………97
統合化…………………………215
動作課題………………………239
洞察……………………………99
統制群…………………………33
統制条件………………………33
統制の位置（ローカス・オブ・
　コントロール）……………154
同調………………………213, 216
動物磁気………………………228
特殊神経エネルギー説………5
特殊反応………………………148
特性……………………………148
特性論…………………………145
特徴統合理論…………………59
独立変数………………………31
ドーパミン……………………152
トムキンス
　Tomkins, S. S. …………118

トリプレット
　Triplett, N. ………………21
ドンデルス
　Donders, F. C. ……………5

な〜の

内観法…………………………3
内観療法………………………239
内向型…………………………143
内向性…………………………148
ナイサー
　Neisser, U. ………………72, 91
内集団ひいき…………………210
内省……………………………10
内的要因………………………202
内的ワーキングモデル………169
内発的動機づけ
　（intrinsic motivation）
　…………………………124
内容妥当性……………………45
中村古峡………………………232
成瀬悟策………………………239
喃語……………………………171
日本心理臨床学会……………232
人間科学………………………232
人間性心理学派………………238
認知…………………………56, 71
認知科学………………………19
認知−感情システム理論
　…………………………151
認知行動療法…………………238
認知心理学…………………92, 100
認知的評価…………………110, 118
認知的評価モデル……………127
認知的不協和理論……………50
認知バイアス…………………216
認知療法………………………238
ネガティビティ・バイアス
　…………………………200
ネルソン
　Nelson, D. …………………204
粘着気質………………………142
ノイマン
　Neumann, E. ………………187

ノルエピネフリン………152

は〜ほ

ハイマン
　Hyman, I. E.……………90
パーソナリティ…………137
波長………………………61
発達検査…………………233
ハーツホン
　Hartshorne, H. ………149
バデリー
　Baddeley, A. D. ………92
バード
　Bard, P. ………………118
場の理論…………………154
パブロフ
　Pavlov, I. P.……………94
パーマー
　Palmer, J. C.……………90
原口鶴子…………………23
ハーロー
　Harlow, H. F. …………28
バロン
　Baron, R. A. …………208
バーン
　Byrne, D. ……………204
一般化……………………95
バンデューラ
　Bandura, A.………99, 209
反特性論…………………150
反応………………31, 35, 94
バーンランド
　Barnlund, D. C.…………37
ピアジェ
　Piaget, J. ……………172
ピアソン
　Pearson, K.……………14
比較心理学………………36
非共有環境………………140
PCA………………………230
ヒステリー…………16, 228
ピースミール依存型処理
　……………………200
ビーダーマン

Biederman, I. …………71
ビッグファイブ…………148
ヒッチ
　Hitch, G. ………………92
ピットマン
　Pittman, T. S. …………198
人スキーマ………………196
ビネー
　Binet, A. …………14, 225
ビネー・シモン式知能検査
　……………………14
ピネル
　Pinel, P. ………………228
ヒポクラテス
　Hippocrates ………8, 227
ヒューリスティック………78
描画法……………………234
表示規則…………………116
表出特性…………………146
標準化……………………44
標準偏差…………………41
病前性格…………………142
評定法……………………37
標本集団…………………39
標本調査…………………39
ファンタジー……………174
フェスティンガー
　Festinger, L.……………50
フェヒナー
　Fechner, G. T. ………6, 63
フェヒナーの法則…………6
フォア・クロージャー
　（早期完了）………185, 187
フォールスメモリ（虚偽記憶）
　……………………90
副交感神経系………119, 122
服従………………………214
符号化……………………86
プシュケー
　Psyche ……………………8
ブッシュマン
　Bushman, B. J.…………210
フット・イン・ザ・ドア・
　テクニック……………206
負の強化…………………97

負の強化子………………97
負の罰……………………97
普遍的無意識……………237
プライミング…………73, 89
プライム…………………73
フラクタル解析…………77
フラッシュラグ効果………60
プレグナンツ……………68
フロイト
　Freud, S. …………………
　………16, 143, 153, 175, 229
ブロッホの法則…………64
プロミン
　Plomin, R. ……………138
フロム
　Fromm, E.………………140
分化期……………………169
文化心理学………………155
分析心理学…………143, 237
文脈依存効果……………87
文脈効果…………………71
分離意識…………………169
分離－個体化……………170
分裂気質…………………142
平均化……………………214
平均値……………………41
閉合………………………67
平行検査法………………44
並列分散処理……………59
ベキ法則…………………63
ヘス
　Hess, E. H.……………48
ヘルバルト
　Herbart, J. F. ……………6
ヘルムホルツ
　Helmholtz, H. L. F. von
　………………………5, 71
『変態心理』……………232
扁桃核……………………74
扁桃体……………………128
弁別閾…………………6, 63
弁別性……………………202
報酬依存…………………152
法則定立的………………15
ボウルビィ

Bowlby, J. ・・・・・・・・・・・・・166
補完知覚・・・・・・・・・・・・・・・68
保持・・・・・・・・・・・・・・・・・・86
母集団・・・・・・・・・・・・・・・・39
ポストディクション・・・・・・・60
ポッペル
　Pöppel, E.・・・・・・・・・・・・・59
ホブランド
　Hovland, C. I. ・・・・・・・・・205
ポルト
　Polt, J. M. ・・・・・・・・・・・・48

ま〜も

マガーク効果・・・・・・・・・・・58
マーカス
　Markus, H. R. ・・・・・・・・・155
マクドゥーガル
　McDougall, W. ・・・・・・・・・20
マーシャ
　Marcia, J. E.・・・・・・・・・・185
魔女狩り・・・・・・・・・・・・・・227
マズロー
　Maslow, A. H. ・・・・・・・・124
マッガウ
　McGaugh, J. L. ・・・・・・・・129
末梢起源説・・・・・・・・・・・117
マツモト
　Matsumoto, D. ・・・・・・・・116
マーラー
　Mahler, M. S. ・・・・・・・・・169
マレー
　Murray, H. A. ・・・・・・・・154
ミシェル
　Mischel, W. ・・・・・・・・・・150
見捨てられ不安・・・・・・・・170
ミュラー
　Müller, J. P. ・・・・・・・・・・・5
ミルグラム
　Milgram, S.・・・・・・・・・・214
無意識・・・・・・・・・・・・16,153
無意識的推論・・・・・・・・・・71
無意識的な処理・・・・・・・・73
無意味綴り・・・・・・・・・・・・92
無作為抽出・・・・・・・・・・・・39

無条件刺激・・・・・・・・・・・・95
無条件の肯定的配慮・・・・・238
無条件反応・・・・・・・・・・・・95
村上英治・・・・・・・・・・・・・232
メイ
　May, M. A. ・・・・・・・・・・・149
メスメリズム・・・・・・・・・・228
メスメル
　Mesmer, F. A. ・・・・・・・・228
メタ言語能力・・・・・・・・・172
メタ認知・・・・・・・・・・・・・101
メタ認知的活動・・・・・・・・102
メタ認知的知識・・・・・・・・102
メーデ
　Moede, W. ・・・・・・・・・・・21
妄想的・分裂的ポジション
　・・・・・・・・・・・・・・165,179
目撃記憶・・・・・・・・・・・・・90
モダリティ・・・・・・・・・・・・57
モデリング（観察学習）・・・99
モラトリアム・・・・・・・186,187
森田正馬・・・・・・・・・・・・・238
森田療法・・・・・・・・・・・・・238
問題箱・・・・・・・・・・・・・・・96

や〜よ

役割スキーマ・・・・・・・・・196
誘因・・・・・・・・・・・・・・98,124
誘発的微笑・・・・・・・・・・・163
ユング
　Jung, C. G. ・・・・143,188,229
よい形・・・・・・・・・・・・68,76
よい連続・・・・・・・・・・・・・67
幼児性器期・・・・・・・・176,181
幼児性欲論・・・・・・・・175,177
要素主義・・・・・・・・・・・・・17
抑うつ的ポジション・・・・・179
吉本伊信・・・・・・・・・・・・・239
欲求・・・・・・・・・・・・・・・・123
欲求−圧力説・・・・・・・・・・154
欲求階層説・・・・・・・・・・・124
欲求不満・・・・・・・・・・・・・125

ら〜ろ

ライフイベント・・・・・・・・140
ライプニッツ
　Leibniz, G. W.・・・・・・・・・・5
ラタネ
　Latané, B.・・・・・・・・・・・207
ランゲ
　Lange, C. ・・・・・・・・・・・118
力動的心理療法・・・・・・・237
リーケン
　Riecken, H. W.・・・・・・・・・50
理想自己・・・・・・・・・・・・197
リチャードソン
　Richardson, D. R. ・・・・・・208
リッコの法則・・・・・・・・・・64
リハーサル・・・・・・・・・・・・84
リビドー・・・・・・・・・・16,153
リベット
　Libet, B. ・・・・・・・・・・・・60
流言・・・・・・・・・・・・214,216
流行・・・・・・・・・・・・・・・215
両眼立体視・・・・・・・・・・・74
量的データ・・・・・・・・・・・43
臨床・・・・・・・・・・・・・・・224
臨床実践・・・・・・・・・・・・242
臨床心理学・・・・・・・・・・222
臨床心理学研究法・・・・・242
臨床心理職・・・・・・・・・・224
臨床動作法・・・・・・・・・・239
倫理・・・・・・・・・・・・・・・241
倫理綱領・・・・・・・・・・・・241
類型・・・・・・・・・・・・・・・148
類型論・・・・・・・・・・・・・・142
類似性・・・・・・・・・・・・・・204
類同・・・・・・・・・・・・・・・・67
ルビン
　Rubin, E. J. ・・・・・・・・・・18
ル・ボン
　Le Bon, G. ・・・・・・・・・・・20
レヴィン
　Lewin, K. ・・・・・・・・21,154
レジリエンス・・・・・・・・・127
レスポンデント条件づけ・・・94
レーベンサール

Leventhal, H. ············ 205
連合·····························94
連合主義······················11
連合心理学···················12
練習期························ 169
連続体モデル··············· 200
ローカス・オブ・コントロー
　　ル（統制の位置）······· 154
ロジャーズ
　　Rogers, C. R. ············ 229
ロス

Ross, E. A.·····················21
ローゼンバーグ
　　Rosenberg, M. ············ 197
ロック
　　Locke, J. ·····················11
ロッター
　　Rotter, J. B.··············· 154
ロフタス
　　Loftus,　G. R. ··············71
ロフタス
　　Loftus, E. F. ················90

ロールシャッハ・テスト· 234

わ

ワイス
　　Weiss, W.··············· 205
ワーキングメモリ（作動記憶）
　　····························92
ワトソン
　　Watson, J. B. ·······18, 35, 94

編者・執筆分担

和田万紀（わだ　まき）…………………………………………… はじめに、序章
日本大学法学部　教授

執筆者（五十音順）・執筆分担

伊坂裕子（いさか　ひろこ）………………………………… 第5章
日本大学国際関係学部　教授

小池はるか（こいけ　はるか）……………………………… 第7章
東海大学児童教育学部児童教育学科　准教授

三宮真智子（さんのみや　まちこ）………………………… 第3章
大阪大学・鳴門教育大学　名誉教授

高木彩（たかぎ　あや）……………………………………… 第7章
横浜国立大学大学院環境情報研究院　准教授

津川律子（つがわ　りつこ）……………………… 第8章、序章トピック
日本大学文理学部心理学科　教授

戸澤純子（とざわ　じゅんこ）……………………………… 第1章
川村学園女子大学生活創造学部　教授

永岑光恵（ながみね　みつえ）……………………………… 第4章
東京工業大学リベラルアーツ研究教育院　教授

三浦佳世（みうら　かよ）…………………………………… 第2章
九州大学　名誉教授

山口義枝（やまぐち　よしえ）…………………… 第8章、序章トピック
日本大学文理学部心理学科　教授

吉川眞理（よしかわ　まり）………………………………… 第6章
学習院大学文学部　教授

Next教科書シリーズ 心理学 ［第4版］

2011（平成23）年 3 月15日	初　版 1 刷発行
2014（平成26）年 1 月30日	第 2 版 1 刷発行
2017（平成29）年12月30日	第 3 版 1 刷発行
2021（令和 3 ）年 3 月15日	第 4 版 1 刷発行
2024（令和 6 ）年 4 月15日	同　　 3 刷発行

編　者　和　田　万　紀

発行者　鯉　渕　友　南

発行所　株式会社　弘　文　堂　　101-0062　東京都千代田区神田駿河台 1 の 7
　　　　　　　　　　　　　　　　　TEL 03（3294）4801　　振替 00120-6-53909
　　　　　　　　　　　　　　　　　https://www.koubundou.co.jp

装　丁　水木喜美男

印　刷　三美印刷

製　本　井上製本所

ISBN978-4-335-00246-5

■Next 教科書シリーズ

■好評既刊

授業の予習や独習に適した初学者向けの大学テキスト

（刊行順）

『**心理学**』［第4版］　和田万紀＝編
定価(本体2100円＋税)　ISBN978-4-335-00246-5

『**政治学**』［第3版］　渡邉容一郎＝編
定価(本体2300円＋税)　ISBN978-4-335-00252-6

『**行政学**』［第2版］　外山公美＝編
定価(本体2600円＋税)　ISBN978-4-335-00222-9

『**国際法**』［第4版］　渡部茂己・河合利修＝編
定価(本体2200円＋税)　ISBN978-4-335-00247-2

『**現代商取引法**』　藤田勝利・工藤聡一＝編
定価(本体2800円＋税)　ISBN978-4-335-00193-2

『**刑事訴訟法**』［第2版］　関　正晴＝編
定価(本体2500円＋税)　ISBN978-4-335-00236-6

『**行政法**』［第4版］　池村正道＝編
定価(本体2800円＋税)　ISBN978-4-335-00248-9

『**民事訴訟法**』［第2版］　小田　司＝編
定価(本体2200円＋税)　ISBN978-4-335-00223-6

『**日本経済論**』　稲葉陽二・乾友彦・伊ヶ崎大理＝編
定価(本体2200円＋税)　ISBN978-4-335-00200-7

『**地方自治論**』［第2版］　福島康仁＝編
定価(本体2000円＋税)　ISBN978-4-335-00234-2

『**教育政策・行政**』　安藤忠・壽福隆人＝編
定価(本体2200円＋税)　ISBN978-4-335-00201-4

『**国際関係論**』［第3版］　佐渡友哲・信夫隆司・柑本英雄＝編
定価(本体2200円＋税)　ISBN978-4-335-00233-5

『**労働法**』［第2版］　新谷眞人＝編
定価(本体2000円＋税)　ISBN978-4-335-00237-3

『**刑事法入門**』　船山泰範＝編
定価(本体2000円＋税)　ISBN978-4-335-00210-6

『**西洋政治史**』　杉本稔＝編
定価(本体2000円＋税)　ISBN978-4-335-00202-1

『**社会保障**』　神尾真知子・古橋エツ子＝編
定価(本体2000円＋税)　ISBN978-4-335-00208-3

『**民事執行法・民事保全法**』　小田　司＝編
定価(本体2500円＋税)　ISBN978-4-335-00207-6

『**教育心理学**』　和田万紀＝編
定価(本体2000円＋税)　ISBN978-4-335-00212-0

『**教育相談**』［第2版］　津川律子・山口義枝・北村世都＝編
定価(本体2200円＋税)　ISBN978-4-335-00251-9

『**法学**』［第3版］　髙橋雅夫＝編
定価(本体2200円＋税)　ISBN978-4-335-00243-4

Next 教科書シリーズ

■ 好評既刊

（刊行順）

『経済学入門』［第 2 版］ 楠谷　清・川又　祐＝編
定価（本体2000円＋税）　ISBN978-4-335-00238-0

『日本古典文学』 近藤健史＝編
定価（本体2200円＋税）　ISBN978-4-335-00209-0

『ソーシャルワーク』 金子絵里乃・後藤広史＝編
定価（本体2200円＋税）　ISBN978-4-335-00218-2

『現代教職論』 羽田積男・関川悦雄＝編
定価（本体2100円＋税）　ISBN978-4-335-00220-5

『発達と学習』［第 2 版］ 内藤佳津雄・北村世都・鏡　直子＝編
定価（本体2000円＋税）　ISBN978-4-335-00244-1

『哲学』 石浜弘道＝編
定価（本体1800円＋税）　ISBN978-4-335-00219-9

『道徳教育の理論と方法』 羽田積男・関川悦雄＝編
定価（本体2000円＋税）　ISBN978-4-335-00228-1

『刑法各論』 沼野輝彦・設楽裕文＝編
定価（本体2400円＋税）　ISBN978-4-335-00227-4

『刑法総論』 設楽裕文・南部　篤＝編
定価（本体2400円＋税）　ISBN978-4-335-00235-9

『特別活動・総合的学習の理論と指導法』 関川悦雄・今泉朝雄＝編
定価（本体2000円＋税）　ISBN978-4-335-00239-7

『教育の方法・技術論』 渡部　淳＝編
定価（本体2000円＋税）　ISBN978-4-335-00240-3

『比較憲法』 東　裕・玉蟲由樹＝編
定価（本体2200円＋税）　ISBN978-4-335-00241-0

『地方自治法』［第 2 版］ 池村好道・西原雄二＝編
定価（本体2100円＋税）　ISBN978-4-335-00254-0

『民法入門』 長瀬二三男・永沼淳子＝著
定価（本体2700円＋税）　ISBN978-4-335-00245-8

『日本国憲法』 東　裕・杉山幸一＝編
定価（本体2100円＋税）　ISBN978-4-335-00249-6

『マーケティング論』 雨宮史卓＝編
定価（本体2300円＋税）　ISBN978-4-335-00250-2